ons Montorgueil
emoiselle 75015 Paris
74-040-8

llustration de la couverture, est un tableau de Corinne,
premier récit. La reproduction photographique est de Wilfrid Rouff.

e et la mise en page de cet ouvragesont ont été réalisés
Camus - Ductus : Tel : Paris 40 34 30 58

L'ENVERS DU REEL

OU

L'INCONSCIENT ET LES SIGNES

Du même auteur

Chez Albin Michel

JASERAN NOIR, roman 1963

Chez Gallimard

LE MEZAIL, roman 1968

A l'Association française de pansémiotique

LA PANSEMIOTIQUE, plaquette, préface de Gilles Deleuze, en collaboration avec Daniel Daligand et Bruno Duval, 1989

Chez Montorgueil

LA NOUVELLE FRONTIERE DE L'INVISIBLE, en collaboration avec Georges Hadjo, 1991

A paraître

LE SAS ET LE SENS OU L'INCONSCIENT COSMIQUE
SISYPHE OU DE L'ETHER NAIT LE RETOUR

*

LE CHATEAU D'IF, antiroman pansémiotique

RI(

L'ENVE

L'INCONSCI

Montorgu
Collection Pansé

21, rue Mad
ISBN 2-878

Les Fillettes, i
l'héroïne du

La couvertu
par Philippe

INTRODUCTION

L'homme du Moyen-Age croyait que tous les événements insolites ou étranges, qui survenaient dans son existence, étaient des signes par lesquels Dieu se manifestait à lui. Ces signes pouvaient être positifs ou négatifs. Ils exprimaient, comme les présages de l'Antiquité, aussi bien la satisfaction que le courroux du Créateur et indiquaient, selon l'interprétation que l'on pouvait en faire, soit l'encouragement à persévérer dans la voie où l'on s'était engagé, soit l'incitation à s'en détourner. Ils signifiaient aussi bien la bénédiction que la malédiction, l'avertissement ou la menace. Mais ils étaient toujours prémonitoires, à condition d'en tenir compte pour modifier sa conduite, et constituaient donc tout à la fois les signes avant-coureurs du destin et le guide pratique – offert par Dieu lui-même – de l'existence quotidienne.

Dans les romans du Moyen-Age, Dieu est toujours présent sous la forme des signes qui annoncent le destin, tout en laissant apparemment et paradoxalement, il faut bien le dire, la liberté de choix à l'homme. Dans le roman de Perceval, le Graal, vase dans lequel fut recueilli le sang de Jésus, est le signe, par excellence, à côté duquel le chevalier innocent, c'est-à-dire l'inconscient, passe sans le voir. Il en allait de même chez les anciens Grecs. *L'Iliade* et *L'Odyssée* fourmillent de signes par lesquels les dieux de l'Olympe se manifestent aux hommes. Que Dieu ou les dieux se manifestassent aux hommes au moyen des signes était une croyance, vraisemblablement universelle, qui remontait à la haute Antiquité pour ne pas dire à la Préhistoire.

Mais ce serait une erreur de croire que l'homme du XXe siècle ne voit plus les signes qu'observaient ses ancêtres. Il est aussi superstitieux qu'eux et incline tout autant qu'eux à voir des signes, chargés d'une signification occulte, dans les événements insolites ou étranges de son existence, comme nous allons le montrer dans cet ouvrage.

Lui aussi n'aime guère passer sous une échelle ou voir un chat noir traverser sa route. Lui aussi évite de s'asseoir à une table qui compte déjà douze convives et il considère le vendredi 13 comme bénéfique ou maléfique selon les cas. Lui aussi évite d'allumer trois cigarettes avec la même allumette, sans savoir que cette superstition vient de la guerre des Boers – de nuit, en effet, le tireur ajustait son arme sur la première cigarette, visait sur la deuxième et tirait sur la troisième. Lui aussi interprétait, aux élections présidentielles de 1988, le nom du candidat Lajoinie comme la tristesse – la joie nie – qui présageait l'inéluctable échec. Lui aussi consulte les tarots et les boules de cristal, qui ne sont rien qu'une tentative, bien souvent vaine, de systématiser les signes que le destin peut donner à voir en les projetant sur des objets préparés pour la divination.

C'est encore l'idée que le monde est un système de signes qu'il faut apprendre à déchiffrer que Baudelaire exprimait dans "l' aventure du voyant" et dans ses *Correspondances* :

> La Nature est un temple où de vivants piliers
> Laissent parfois sortir de confuses paroles :
> L'homme y passe à travers des forêts de symboles
> Qui l' observent avec des regards familiers.

C'est également aux signes prémonitoires et aux présages que recourent, dans leurs films, les grands réalisateurs qui, comme Homère et Sophocle, cherchent à montrer la relation qui existe entre l'endroit visible du réel et son invisible envers. Ainsi Orson Welles – *Citizen Kane* – cherchant, dans le déluge des mots, à comprendre le mot de la luge : *Rosebud*. Ainsi Alfred Hitchcock dans *Soupçons* et Fritz Lang avec *Mabuse*.

De surcroît, l'inversion jouant un rôle essentiel dans les signes, c'est l'aveugle qui sera le signe du voyant – chez Sophocle aussi bien que chez Fritz Lang – et le fou qui parlera la sagesse, chez Shakespeare.

Toutefois, la conception que l'homme moderne se fait de Dieu, de l'Olympe ou de l'envers du réel est sans doute assez différente de celle que s'en faisaient ses ancêtres. Le déclin, en Europe occidentale, des religions en témoigne, sinon celui des "sciences" occultes qui prospèrent.

Le monde, autrefois dominé par la connaissance subjective ou intuitive, l'est aujourd'hui par la connaissance objective ou analytique, héritée de la science. L'homme du XXe siècle met donc beaucoup moins volontiers les signes au compte de la divinité. Rationaliste, il y verra de simples coïncidences, auxquelles il refusera d'attacher une signification. Il les relèvera cependant et, pour peu qu'elles le touchent un peu profondément, cessant de fonctionner sur son seul hémisphère gauche – à dominante objective –, il en sera troublé. Pour peu qu'il soit imprégné de psychanalyse freudienne et lacanienne, il les imputera au compte de “l’inconscient”.

La question se pose alors de savoir si l’inconscient ne serait pas tout simplement la forme moderne objectivée de Dieu et des anciennes divinités. Car, à y regarder de plus près, Dieu et l’inconscient, s’ils sont radicalement antagonistes, en ce sens que Dieu serait l’être absolument subjectif et conscient qui gouvernerait, à leur insu, les hommes et le monde, tandis que l’inconscient serait le non-être absolument objectif et inconscient qui gouvernerait, à leur insu, les hommes et – vraisemblablement –, par voie de conséquence, le monde, ils ont tout de même une identité essentielle en commun : le fait qu’on ne sache vraiment rien d’eux, ni de leur essence ni de leur nature, et qu’ils constituent bien, l’un et l’autre, relativement à nous, **l’inconscient**.

Nous allons donc tenter de répondre à cette question et d’éclairer l’identité véritable de Dieu et de l’inconscient, dans la dernière partie de cet ouvrage.

Mais auparavant, nous allons montrer, à travers deux psychothérapies – dont la première est particulièrement dramatique –, que nous avons conduites en tant que thérapeute, l’existence bien réelle des signes et la manière dont ils s’articulent dans la pensée. Cette partie de l’ouvrage – la plus importante – se lit comme un roman ou le scénario d’un film bien qu’elle ne traite que d’événements réels. Elle pourrait suffire à l’ouvrage. Mais, pour ceux qui veulent aller plus loin et comprendre pourquoi les signes existent de manière objective, nous tenterons, dans la troisième partie – la plus courte – d’expliquer et surtout de définir ce qu’est l’inconscient – ce que Freud ni ses successeurs n’ont été capables de faire – et la manière dont il s’articule avec le conscient.

R.S.

Paris, le 29 septembre 1991

PREMIERE PARTIE

LA FILLETTE QUI PORTAIT LES JAMBES TRANCHÉES DE SON PERE

I

L'ORPHELINE ET L'ANANAS

En août 1979, je suis en train d'écrire un ouvrage intitulé *Sisyphe ou le hasard est la née cécité*, quand une lettre de Charles M. m'apprend que Gabriel[1], un ami perdu de vue depuis un an, vient de se suicider, quelque deux mois après la naissance de sa fille. La nouvelle me frappe, mais d'une manière lointaine, un peu confuse, tant je suis préoccupé par mon livre.

Il s'agit d'un essai, dans lequel je cherche à établir la structure géométrique du monde, afin de démontrer que le cosmos est un système de signes, à l'origine inconscient, qui ne cherche, par sa propre dynamique, qu'à prendre l'absolue conscience de lui-même. Bref, il s'agit d'une théorie cosmique des rapports du conscient et de l'inconscient, qui ne débouche sur aucune pratique et dont je me rends bien compte qu'elle peut me faire prendre moi-même pour un aliéné.

En fait, cet ouvrage constitue ma propre quête du père, non pas de mon propre père, toujours vivant mais que, symboliquement au moins, j'ai tué depuis plus de trente ans, mais bien plutôt du père cosmique, seul moyen, que j'aie trouvé de liquider mon propre complexe d'Oedipe. Comme si, pour me débarrasser du sentiment de la culpabilité d'avoir tué mon père, il me fallait le ressusciter à une autre échelle, celle même du monde.

Rappelons que Laïos, roi de Thèbes, ayant appris par un oracle que son fils, Oedipe, devait le tuer pour épouser sa propre mère, Jocaste, et occuper le trône paternel, fait abandonner, pour conjurer le destin, le nouveau-né, dès sa naissance, sur le mont Cithéron. Mais, sauvé des fauves par un paysan, Oedipe est recueilli puis élevé par Polybos, roi de Corinthe. Revenu, à l'âge d'homme, vers Thèbes, il se querelle, au carrefour d'un chemin, avec un voyageur qui le frappe. Une lutte s'engage.

[1] Naturellement, bien que les récits de cet ouvrage soient authentiques, j 'ai changé les noms, les dates qui les concernent et les lieux, afin de leur conserver l'anonymat.

Oedipe tue le voyageur qui n'est autre – mais il l'ignore – que son père, Laïos. Après quoi, parvenu à répondre aux énigmes, il vient à bout du Sphinx, qui terrorise la région. Le monstre disparaît. En témoignage de leur gratitude, les habitants de Thèbes, en deuil de leur souverain, lui offrent le trône sur lequel il monte, après avoir épousé la veuve de Laïos, Jocaste, sa propre mère.

Pour punir la ville de la mort de Laïos, les dieux y répandent la peste. Oedipe fait alors rechercher le meurtrier de l'ancien roi. Tirésias, l'augure aveugle mais voyant, lui révèle que le criminel est sur le trône. Jocaste se pend. Oedipe se crève les yeux et, chassé par ses fils, il se rend à Colone, conduit par sa fille Antigone, où il disparaît mystérieusement, objet de la pitié des dieux.

Le mythe d'Oedipe, on le voit, est l'un des plus exemplaires des rapports de l'inconscient et du conscient, qui constituent le destin, tel que le conçoivent les anciens Grecs. Sans le savoir, Oedipe était en quête de son propre père qu'il avait tué. Tout comme Adam, d'ailleurs, qui, ne voyant plus Dieu, son créateur et père, autrement que dans l'arbre de la Connaissance – symbole de l'absolue conscience dont il est inconscient – en dévore le fruit et découvre qu'il est alors aux Enfers, d'où il ne pourra retourner à son père que sous forme humaine et mortelle, après le calvaire, à condition qu'il découvre le secret de l'arbre de Vie, c'est-à-dire le secret de la vie éternelle, qui fera de l'homme Dieu. Or, le calvaire d'Adam, qui, comme Oedipe, tue, sans le savoir, son créateur, c'est celui de Sisyphe : il consiste à remonter l'inconscient, du fin fond des Enfers, au sommet même du monde, afin de le rendre conscient.

Mon calvaire à moi, de 1971 à 1979, c'est cet essai sur la *Relativité absolue*, dont je suis en train d'écrire la quatrième ou la cinquième version, sans en voir la fin.

Et voici qu'au milieu de ce travail oedipien, Charles M. m'apprend le suicide de Gabriel, comme si la naissance même de sa fille était la cause de la mort du père! Le hasard ou plutôt l'inconscient – c'est-à-dire ma propre née cécité – ou, si l'on préfère, le fait que, comme tout le monde, je suis né aveugle ou inconscient pour n'apprendre que lentement à devenir conscient et voyant – a voulu que je mette imprudemment en relation Gabriel avec Charles. Sans Charles je n'aurais jamais appris la mort de Gabriel et jamais je n'aurais été entraîné à mettre la main dans l'engrenage de la psychothérapie, c'est-à-dire de la pratique des rapports de l'inconscient et du conscient. Or il se trouve que Charles, dont j'ai fait la connaissance par un journal, dont j'étais le directeur, est détenu dans une prison, après avoir été condamné à quinze ans de réclusion pour hold up. Je l'ai soutenu alors qu'il faisait une grève de faim, obtenant de Pierre Emmanuel un concours actif et de Mgr Etchegaray une prière, et Gabriel s'est alors intéressé à lui.

Le suicide de Gabriel me revient donc d'une prison, lieu hautement symbolique de l'enfermement, de l'inconscient et de l'aliénation. Charles l'a lui-même appris de la veuve de Gabriel, Corinne, une jeune-femme de vingt-sept ans que je ne connais pas et que je n'ai aucune envie de connaître, surtout maintenant.

Pourtant, je me sens contraint, comme par une volonté qui dépasse la mienne, à écrire à cette jeune femme une lettre de condoléances, dans laquelle, citant l'Aliocha des *Frères Karamazov*, j'affirme, fort de mes travaux, que la mort n'existe pas, qu'elle n'est qu'une illusion anthropocentrique de l'homme, qui incline à voir le monde à son image, et que la conscience survit à la disparition du corps biologique.

Mais, comme si je subodorais, dans cet étrange enchaînement de circonstances, un engrenage où, à la fois, je veux et ne veux pas mettre la main, je laisse cette lettre traîner un mois sur mon bureau. En septembre, je me décide tout de même à l'expédier mais comme à regret.

Le 15 septembre, me parvient la réponse, faite d'une écriture désordonnée :

“Gabriel m'avait parlé de vous. Je ne sais comment répondre à votre lettre. Pour l'instant je n'ai pas de problèmes matériels, mes problèmes sont d'un autre ordre (moral). Voyez-vous je suis très entourée mais seule. Nous sommes faits de telle façon que nos souffrances morales ne peuvent être assumées que seuls. Gabriel est libre maintenant. Il me reste la charge d'élever E., notre fille. C'est pour moi un but, un devoir vis-à-vis de moi, de Gabriel, de notre couple, de notre famille et enfin de la société. Lorsque mon enfant sera élevée, à ce moment-là, j'aurai le choix de le rejoindre mais pas avant...

“Gabriel et moi étions très proches, trop peut-être. J'ai vécu les années avec sa fragilité à être. Elle n'était pas aussi importante que la mienne mais elle nous réunissait...” etc.

Une correspondance s'établit.

Entre le 20 septembre et le 3 novembre 1979, je reçois trois autres lettres. J'y réponds dans le même sens, cherchant à étayer l'idée que la conscience survit à la mort du corps biologique par mes travaux sur les rapports du conscient et de l'inconscient.

Corinne, qui, tout d'abord, niait la survie de la conscience, semble finir par l'admettre. Elle parle beaucoup de peinture et de science et de

Dali. Puis, dans une lettre non datée, où, après m'avoir appelé "cher Monsieur", "cher Monsieur Richard Sünder", elle m'appelle enfin "cher Richard Sünder", elle m'écrit :

"J'ai essayé de penser comme vous avez essayé de penser mais moins abstraitement. J'espère que mes idées vous feront sourire pour ne pas dire rire (sic).Vos écrits [elle a lu des articles que j'ai publiés dans un journal, à propos de la Relativité absolue] et ce que vous me dites donnent la certitude que vous avez réglé en vous ce problème de l'inconscient, du conscient et de la mort [...]. Gabriel et moi recherchions un équilibre en chacun de nous et dans notre couple. Nous étions un couple en transsubstantiation. Le mot est exact.

"Nous arrivions à la fin du voyage et nous allions commencer notre chemin. La naissance de notre enfant doublait notre naissance intérieure (si je puis m'exprimer ainsi) [...].

"Gabriel pour une raison que j'ignore et qui est sa vérité et sa réalité s'est donné la mort à l'arrivée de notre enfant qui était aussi un nouveau départ dans la vie. Je suis restée pour notre fille E. Le changement intérieur qui commençait en moi depuis quelques mois s'est arrêté. Malgré la connaissance à laquelle je suis arrivée je ne peux empêcher mon "suicide intérieur" je l'appelle comme cela.

"J'ai reçu votre lettre comme un cadeau [...].

"La liberté que détenait Gabriel de continuer à vivre, d'être auprès d'E. et de moi ne peut m'enlever le poids qui pèse sur ma conscience, même si je peux le partager avec sa conscience.

"Gabriel et moi avions eu une discussion qui a duré douze jours exactement dont la conclusion était la vie ou la mort. Le treizième jour il s'est suicidé, chiffre qui ne semble pas un hasard. Il était né le 13 mai 1949 et il est mort le 13 juillet 1979. [...]".

Je réponds à cette lettre.

Deux ou trois jours après, je reçois de Corinne une lettre délirante, à l'écriture plus désordonnée que jamais. j'y réponds sans hâte. Si, dans ma correspondance, j'ai indiqué mon adresse, je me suis gardé, comme par prémonition, de donner mon téléphone. Je redoutais donc qu'une communication téléphonique s'établît entre elle et moi. Peine perdue ! Bien que mon numéro ne figure pas dans l'annuaire, elle se le procure, par l'indiscrétion d'un tiers et des voies détournées qui révèlent chez elle une opiniâtreté touchant à l'obstination.

La voici qui m'appelle une première fois. Puis, de nouveau, le lendemain. Puis le lendemain et chaque jour, des heures durant, sans que j'ose lui raccrocher au nez. A dire vrai, l'idée ne m'en vient pas, tant je me rends compte que je suis pour elle comme la bouée de sauvetage lancée à un noyé.

Nouvelle épître de Corinne qui parle de moi comme de "l'Autre", qu'elle veut naturellement rencontrer. Temps pour moi de mettre le holà ! Je réponds en termes mesurés qu'il n'en est pas question. Du coup, cessent la correspondance et les coups de fil. Pendant dix ou quinze jours. Pour reprendre de plus belle, à la fin de janvier. En quelques jours, le nombre et la durée des coups de téléphone ne cessent pas d'augmenter. Pendant quelque six ans, elle va me tenir, presque chaque jour, de deux à quatre heures d'affilée au téléphone.

Au cours de ces conversations ou plutôt, pendant la première année, de ces monologues – car, prudent, je me contente d'écouter – tantôt délirants, tantôt cohérents, j'apprends que Gabriel s'est tué en se jetant sous un train, qui lui a sectionné les deux jambes à hauteur des genoux. Il était père depuis quelque trois mois d'une petite fille, E., née prématurée et handicapée moteur. L'enfant se trouve toujours à l'hôpital. Corinne, la mère, semble finir par s'en désintéresser.

Là est l'une des deux raisons qui me poussent à l'écouter, tout armé de patience. Je crains, en effet , qu'elle ne sombre dans le délire ou ne se suicide et je souhaite, sans doute à cause de ma propre enfance, qu'elle s'intéresse à sa fille et la reprenne, dès que ce sera possible. E., d'une certaine manière, est un nouvel Oedipe – et moi une manière de Polybos. Son père, avant de mourir, n'a-t-il pas dit : "Je ne peux plus marcher. Je ne peux pas être à la fois professeur, écrivain, mari, amant et père !" L'autre raison est que Corinne, je le sens, est en train de m'apprendre beaucoup sur la pratique des rapports de l'inconscient et du conscient et, par conséquent, de la psychothérapie. Or j'ai l'intention de tenter de mettre au point, à partir de ma théorie cosmogonique, une pratique efficace de psychothérapie – plus efficace en tout cas que les psychanalyses, qui durent des années quand ce n'est pas toute la vie !

Le vendredi 4 janvier 1980, me voici invité à dîner chez un ami, Frédéric P., en compagnie de Kitty, l'épouse d'un camarade émigré aux Etats-Unis. Droguée, paumée, Kitty a récemment été violée par quatre garçons. Le personnage m'intéresse, au cours du dîner, mais, là encore, à distance. A tel point qu'après mon départ Kitty me qualifiera de "voyeur". Au cours du dîner, elle parle de son désir inassouvi de maternité et d'une affiche représentant une petite fille en robe blanche, chaussée des souliers de sa mère trop grands pour elle. Manière d'indiquer qu'elle se sent trop enfant pour chausser les souliers de la mère. Le lundi 7 janvier, j'apprends par Frédéric qu'elle a résolu, le samedi 5, d'aller passer le week-end à Etretat. *Etre*, contraire d'*état* ou *être tas*. Elle s'est jetée à la mer, du haut de la falaise. Les gendarmes qui ont retrouvé son corps

Je n'ai pas pu empêcher le suicide de Kitty – l'aurais-je voulu d'ailleurs, si j'avais été averti du projet ? Mais la crainte me hante que Corinne ne songe à la même fin.

Au début de février, elle me parle, au téléphone, d'une lettre qu'elle me destinait mais qu'elle a déchirée. Elle n'a plus aucun souvenir de son contenu. Puis elle me parle d'un tableau de Renoir, *La Loge*. "Je suis la femme en blanc, ambiguë et vide, dit-elle, qui cherche un homme à dévorer. Toi [elle me tutoie maintenant], tu es l'homme en habit noir qui regarde au-delà, à travers les jumelles. Tous deux sont reliés par le blanc et le noir et, pourtant, ils sont séparés... Tiens, j'ai découvert une gravure d'Etretat et des photos d'Alain Perceval. *La Loge* de Renoir, je la relie aux caloges[1] de la gravure."

Le dimanche 10 février, elle m'appelle à deux reprises dans la soirée et dans la nuit. "Je t'aime !" me dit-elle. Elle m'a également prié – car elle fait de la peinture – de l'accompagner au Grand-Palais voir l'exposition de Monet qui, comme par hasard, a peint les falaises d'Etretat. "Gabriel m'accompagnait aux expositions", précise-t-elle. C'est clair : elle tente, par ce que les psychanalystes appellent le "transfert", de me substituer à lui, moi qui lui ai affirmé que la mort n'existait pas. Bien que n'ayant aucune envie de l'accompagner, je réponds évasivement : "On verra... Peut-être le jeudi 21".

Nouvel appel un quart d'heure après. En pleurs cette fois, elle évoque la mort de Gabriel, qui avait fait deux ou trois séjours en hôpital psychiatrique. "Nietzsche le passionnait. Il était en train d'écrire un ouvrage dont il voulait faire une somme philosophique. Il déchirait ses brouillons à mesure qu'il les écrivait. Ca le désespérait de ne pas pouvoir mener ce travail à terme. Pendant les trois mois qui ont suivi la naissance d'E., j'étais affaiblie et je ne sortais pas de l'appartement. C'est lui qui allait voir notre fille en couveuse à l'hôpital. Huit jours avant sa mort, il voulait que nous nous suicidions ensemble, E., lui et moi... Cette pièce toute blanche, à l'hôpital, le jour de sa mort, avec son sac plein de sang...".

Ainsi donc, comme Laïos, Gabriel avait voulu la mort de sa fille, avant de succomber lui-même sous le poids de cette naissance ajoutée à d'autres pesanteurs.

Le lundi matin, sur un ton plus gai, elle me dit que, cette lettre déchirée, elle se rappelle son contenu – l'amour qu'elle nourrit à mon égard. Puis elle m'annonce qu'elle ne pourra pas se rendre à l'exposition de Monet, le jeudi 21, car elle doit conduire sa fille chez le pédiatre. "Je te rendrai visite cette semaine", ajoute-t-elle.

[1] Ancien bateau de pêche d'Etretat, hors d'usage et transformé en hutte à toit de chaume.

Interloqué un bref instant, je lui réponds sèchement que je ne reçois que sur rendez-vous. Comme elle insiste, je précise que je ne crois pas souhaitable que nous voyons seuls. “Ah bon, me répond-elle, c’est ce que je voulais savoir !”

J’ai tout à fait l’impression d’être avec elle comme un équilibriste sur la corde raide. Ou plutôt c’est elle l’équilibriste. Quant à moi, il faut que je l’encourage, que je la pousse même à avancer, à la fois avec force et doigté pour ne pas la déséquilibrer. Elle est sur la corde raide et moi, sur des oeufs. Mais, cette fois, il fallait être clair et ferme.

Le soir, vers 19 heures, me voici en conversation téléphonique avec mon ami Frédéric P., quand on frappe à ma porte. Je ne supporte pas qu’on me dérange sans rendez-vous et encore moins qu’on frappe à ma porte sans s’annoncer par l’interphone. Le plus souvent, alors, je n’ouvre pas. J’y vais pourtant. C’est elle. Ahuri, je la regarde, la fais entrer, asseoir dans un fauteuil et retourne au téléphone prendre congé de Frédéric. Je reviens à Corinne que je regarde, debout, sans m’asseoir. Souriante, elle me tend un sac de fruits exotiques. J’ai un coup au coeur, croyant que c’est le dîner et qu’elle vient s’installer chez moi ! Pour une sensation exotique, c’en est une ! J’ai l’impression d’être face à un requin dans la mer des Caraïbes ! Une sourde colère monte en moi. Vraiment, j’ai été bien inspiré d’envoyer cette lettre de condoléances à cette fille que je ne connaissais même pas ! Je me contiens cependant mais je suis nerveux et résolu à mettre les choses au point. Nous commençons par parler de gêne – mais, alors que je la croyais gênée de son irruption, je m’aperçois que c’est moi qui le suis et je dois me calmer –, puis de politesse – on ne vient pas ainsi chez les gens sans crier gare –, enfin d’hypocrisie. Elle me dit en effet que, si je ne voulais pas la voir, je n’avais qu’à la mettre aussitôt à la porte. A quoi je réponds que cela dépend de la nature des gens et que je préfère lui faire comprendre calmement, fermement mais sans brutalité qu’elle va rentrer chez elle. Elle me tend alors le sac pesant qui est aux pieds de son fauteuil. Je lui fais remarquer qu’il s’agit d’un signe et qu’elle me propose de me charger du poids de ce *sac* – dont l’anagramme est *cas*.

“Mais il ne faut pas voir des signes partout !” me dit-elle, alors qu’elle ne cesse pas elle-même d’en voir.

La veille encore, elle me parlait d’une promenade, guidée par une “mystérieuse puissance ou une mystérieuse volonté” qui l’avait conduite dans une église, où avait lieu un baptême, puis, dans un cimetière, devant la tombe abandonnée et à moitié effondrée d’un nommé Narcisse, enfin à un étang où il y avait “des cygnes qui, à ses yeux, étaient des signes”. L’étrange est qu’à peu près au même moment, revenant de chez mon frère, à Varennes-en-Gâtinais, je m’étais arrêté devant le bassin du château du Pont pour y admirer les cygnes qui, dès qu'ils m'avaient vu, avaient nagé vivement vers moi. Coïncidence qui m'apparaît aussitôt comme un signe de l'inconscient, semblable à celui d'Etretat. Ne m'a-t-elle pas parlé de la falaise, au lendemain du suicide de Kitty et de Perceval, le chevalier au coeur d'enfant, qui doit découvrir le Graal, en perçant le val de l'inconscient et auquel, dans mon enfance, je me suis souvent identifié ?

Je n'ose pas refuser les fruits et, pourtant, je ne veux pas les accepter. Je finis par couper la poire en deux. "J'accepte les oranges, les nèfles et l'avocat. Il parlera pour toi. Mais je n'aime pas l'ananas". Je le lui rends avec le sac. J'ai toujours eu horreur de l'ananas – la nana – et je me demande si cette horreur ne me vient pas de ma mère et des deux femmes dont je me suis séparé, après une liaison de dix ans et un mariage de sept ans. Toujours est-il que mon refus de l'ananas est bien un signe. Je me lève, car j'ai fini par m'asseoir. Elle se lève à son tour, souriante.

"N'est-ce pas mieux de se quitter ainsi, calmement et sans se fâcher ? lui dis-je.

– Oui", dit-elle.

Elle s'en va.

Une heure plus tard, sans doute à peine rentrée dans sa banlieue, elle m'appelle.

"Je casse tout chez moi... C'est pourquoi je ne garde pas E.... en fait, je suis venue pour t'emmerder... je t'emmerde comme personne, c'est vrai que tu es gentil... j'espérais, en venant, que tu allais me frapper, me battre et que nous ferions l'amour... mais c'est fini... je te promets que je ne t'emmerderai plus."

Nouveau coup de fil le lendemain.

"Je suis venue hier parce que j'ai vu une femme enceinte, chez le neurologue. Je l'ai beaucoup regardée... souvent les femmes enceintes sont belles... je me suis rappelé que je mangeais des fruits exotiques, lorsque j'étais enceinte... c'est pour ça que je t'en ai apporté..."

Corinne aborde rarement les gens ou les problèmes de face. Elle préfère les contourner. Elle tourne toujours autour du pot, en spirale. Manière de faire qui accroît l'impression de délire que donne fréquemment son discours. Loin de moi, cependant, l'idée de la croire folle – bien que ce soit le jugement de la plupart de ceux qui l'entourent et même de neuropsychiatres qui la qualifient de psychotique et même de dangereuse. En fait, je suis depuis des années convaincu que les "malades mentaux" sont simplement des gens qui voient l'envers du monde – à nos yeux inconscient – quand nous n'en voyons que l'endroit.

Pour moi, l'envers du monde – le surréel ou l'inconscient – et l'endroit – le réel ou le conscient – sont les deux aspects, dialectiquement à la fois antagonistes et complémentaires, séparés par l'écran de notre perception, d'un même système logique. Ce que nous nommons délire – littéralement ce qui sort du sillon – n'est, pour moi, qu'un ensemble inorganisé, jeté en vrac, de pièces d'un puzzle qu'il faut avoir la patience de reconstituer pour le faire apparaître aux yeux du "malade" et le ramener à une pensée cohérente. Le "malade" voit, sans souci de cohérence, l'envers du monde que le psychothérapeute doit apprendre à comprendre pour le faire coïncider avec l'endroit. Il est le médium qui peut nous permettre de comprendre l'inconscient. Le terme même de malade peut sembler abusif dans la mesure où il ne s'agit pas d'une altération de la santé mentale mais d'une perception différente du monde.

Si la proportion des "malades mentaux" et des individus considérés comme sains était inversée, au point que la majorité des gens soit aveugle au réel et voie le surréel, les notions mêmes de malades et d'individus sains seraient inversées – ce que Diderot a montré dans sa *Lettre sur les aveugles à l'usage de ceux qui voient.* Corinne doit sentir que mon écoute est attentive et exempte de diagnostic.

Bien qu'une fois de plus son discours ait été spiralé, je crois comprendre ce qu'elle veut me dire. Les prendre en charge, elle et sa fille, voilà ce qu'elle veut me proposer. Tel est le sens symbolique du sac de fruits exotiques, qu'elle m'a offert et que j'ai, en partie, refusé. Il faut lui faire comprendre ce qui est, pour elle, le plus important de son prétendu amour pour moi ou de son amour pour sa fille. Je cherche à lui faire dire pourquoi elle ne pourra pas aller voir les Monet avec moi. Elle élude la question et finit par répondre, après de longs détours, que c'est parce qu'elle doit conduire sa fille, de l'hôpital, chez le pédiatre. Je tente alors de lui faire dire que le souci de sa fille passe avant celui qu'elle a de moi.
Elle fuit mes questions. Je l'y ramène sans cesse.

"Pourquoi ne pourrons-nous pas aller voir les Monet, le 21 ?
– A cause du pédiatre, s'obstine-t-elle à répéter.
– Mais encore ?
– C'est tout.
– Mais, voyons, si quelqu'un passe avant un autre, ça veut dire quoi ?

Elle prétend ne pas comprendre et me parle d'autre chose. Et soudain :

"J'aime ma fille et je t'aime, toi, d'un amour égal...

– Mais, voyons, si quelqu'un passe avant un autre, c'est qu'il est privilégié et, s'il est privilégié...

– Non, j'ai un amour pour t... (silence, puis :) pour E. et j'ai un amour pour toi, mais on ne peut pas les comparer. Ils sont de nature différente.

– Mais c'est toi qui as comparé. Tu as dit qu'ils étaient égaux.

– ...

– Pourquoi as-tu inversé ?

– Moi, j'ai inversé?"

Elle parle d'autre chose.Je me tais. Elle revient enfin à ma question.

"Si j'ai inversé, c'est que c'est ma fille qui importe.

– Ce qui importe, c'est ce qui passe avant, ce qui est privilégié. L'amour, c'est le fait de s'identifier à un autre, de le reconnaître comme soi-même, comme une partie de soi.

– Mais on peut aimer différentes sortes de gens.

– Sans doute mais il y en a qui importent davantage."

Je crains d'avoir trop parlé et reprends le parti de me taire.

"Est-ce que nous ne pourrons pas aller voir les Monet un autre jour ? me demande-t-elle.

Je me tais.

"Tu ne réponds plus... Oui, tu ne veux pas y aller... Mais ces tableaux sont des ondes !... C'est vrai, tu as dit que tu ne voulais pas avoir de relations particulières avec moi... Mais, dans ta première lettre, tu disais qu'on se retrouverait après la mort... alors, adieu !

– Au revoir.

– Adieu... au revoir."

Elle raccroche, me laissant sur l'impression d'un chantage à la mort. Sa voix, pendant cette conversation, semblait venir non pas exactement d'outre-tombe mais d'un autre monde. Corinne était comme dans un état second, comme sous l'effet d'un choc.

Le lendemain, mercredi 13 février, elle m'appelle, au bureau, et m'annonce qu'elle va entrer dans une "maison", qu'elle croyait pouvoir vivre libre mais que ce n'est pas possible et qu'elle m'appelle pour me dire adieu.

Comme je ne peux guère parler au bureau, je la prie de me rappeler à 13 heures, chez moi, mais elle a rendez-vous chez son neurologue.Qu'elle me rappelle après.

A 14 heures, elle n'a pas rappelé. Que va-t-il se passer ? Est-elle maintenant enfermée dans un hôpital psychiatrique ?

Vendredi 16 février. Plus de nouvelles de Corinne. Qu'est-elle devenue ? Le soir, à la télévision, je revois le film d'Elia Kazan, *L'Arrangement* avec Kirk Douglas et Deborah Kerr, qui commence par l'accident du cabriolet Alfa-Romeo qui passe sous un camion. Kirk Douglas, le héros accidenté, las de travailler dans la publicité et de sa vie de famille, est hospitalisé et, quand il rentre chez lui, il feint d'avoir perdu la parole pour ne plus parler à sa femme et cesser son aliénant travail. Corinne se plaignait que je ne réponde pas.La voici qui a, elle aussi, perdu la parole. Il y a quelques jours je me plaignais de sa logorrhée. J'écrivais même, dans mon journal, qu'elle me faisait chier. Je me demande si elle est internée, comme le héros du film est menacé de l'être. Voici qu'elle me manque ou presque ! Son silence, aussi étrange que celui de Kirk Douglas, dans le film, à la fois me soulage et m'inquiète.

Ce film, vu ce soir-là, me semble comme un signe. Je l'ai vu, pour la première fois, il y a deux ou trois ans, alors que G. – ma compagne – vagabondait, me laissant seul, le soir, à mon satané travail sur la Relativité absolue et les rapports cosmiques du conscient et de l'inconscient qui me préoccupaient bien plus qu'elle. Le silence avait fini par s'installer entre elle et moi. J'étais dans un autre monde, la physique cosmique, le surréel, quand elle restait tout ancrée dans le réel, ce qui devait nous conduire à la séparation. Mariée à un autre , elle vient d'accoucher d'une fille, à la clinique du Belvédère, le 10 février. Je me suis fait du souci pour elle. On a dû lui faire une transfusion de sang après son accouchement. L'idée m'a effleuré qu'elle pouvait mourir et laisser seules sa fille et Vénus, notre adorable petit cocker tricolore. Je devais lui rendre visite aujourd'hui mais ma voiture, en panne de batterie, ne démarrait pas. J'ai appelé G.. Elle m'a dit qu'elle était fatiguée, ce matin, mais qu'elle allait mieux et qu'elle rentrerait chez elle dimanche. Elle pensait que j'allais venir mais, en effet, sans voiture, c'était tout un problème... Chère G. !

Je pense à cet affreux avortement de février 1971, que j'ai provoqué, alors qu'elle était enceinte – moi au chômage –, il y a neuf ans, comme Laïos ! L'horreur à voir ses draps maculés de sang, lorsque j'étais allé la chercher à la clinique ! Et les complications dans les jours qui avaient suivi, les 17, 18 et 19 février ! Etrangement, c'est aujourd'hui, 16 février, l'anniversaire de cet avortement. Encore un signe.

Je cherche un lien entre elle et Corinne...

Gabriel voulait, dans un suicide collectif, tuer sa fille. J'ai, moi, tué mon enfant. D'une certaine manière, Gabriel a été tué non par sa fille mais par la naissance de sa fille, comme Laïos. E. en est aussi innocente qu'Oedipe mais elle est Oedipe. G. a manqué être tuée par la naissance de sa fille. En 1971, elle était comme le rôle de Jocaste. Comme c'est étrange que le mythe ne cesse jamais d'être rejoué, comme un drame, par la réalité, comme s'il s'agissait d'un modèle du destin même du monde que chacun, pour sa part, doit revivre, au point de mettre le thérapeute lui-même en question.

Autre signe : cette cure de sommeil, dont m'a parlé Corinne et qu'elle doit faire en ce moment, me rappelle la cure de sommeil que Marcel Proust a faite, à Boulogne, là où G. a avorté, tandis que je tentais vainement d'écrire la suite de mon autobiographie – cette autothérapie –, là où maintenant elle vient d'accoucher. Il y a un jeu de miroirs entre l'avortement de G. et celui de mon autobiographie, comme si l'un me renvoyait à l'autre. Elle a fini par accoucher, moi pas.

Mardi 19 février. Je suis profondément bouleversé par la lecture du *Mars* de Fritz Zorn – de son vrai nom : *Angst : angoisse* –, qui est mort à 32 ans, d'un cancer. Il dit que c'est une maladie de l'âme, qui lui a été inoculée par sa famille. Je le savais déjà, puisque j'ai fini, il y a quelques années, par comprendre que le cancer de ma grand-mère, morte le 17 décembre 1956, avait bien pour cause le désespoir et l'angoisse que lui causait le déchirement de notre famille. Elle est morte un mois avant mon départ pour l'Algérie en guerre, comme pour ne pas me voir partir... Ceci, il y a neuf ans, quand j'écrivais la suite de mon autobiographie, je ne l'avais pas encore compris. L'ouvrage de Zorn s'achève par ces mots, que j'ai vus, l'autre jour, griffonnés sur une affiche, dans le métro : "Je me déclare en état de guerre totale". Il a légué le produit de son oeuvre à une organisation révolutionnaire, comme si le cancer, maladie de l'âme, était aussi une maladie sociale – évidence qui ne saurait atteindre l'entendement étroit du Pr Schwartzenberg !

N'a-t-il pas dit, à la télévision : "Pour que l'ouvrage de Zorn ait une valeur scientifique, il aurait fallu qu'il l'écrive sans savoir qu'il avait le cancer !" Eh oui, l'objectivité absolue, c'est l'inconscience et, par conséquent, l'ignorance absolue ! Dire qu'il n'y a pas un journaliste, à la télévision, pour relever de telles âneries ! Schwartzenberg peut continuer de pontifier. En matière de cancer, il est certainement l'objectivité – c'est-à-dire l'inconscience – absolue. Naturellement, la mère de Fritz Zorn a entamé une procédure pour faire casser le testament. Laïos a cherché à tuer son fils une fois. Mme Angst aura tué le sien deux fois. Mais ce genre de meurtre, si courant, ne relève pas de la Cour d'Assises, qu'elle soit française ou helvétique.

Le mercredi 20, Corinne me téléphone, au bureau, pendant mon absence et me prie de la rappeler. Rentré chez moi à 6 heures du matin, le 21, je ne la rappelle pas. Mais dans la journée, je demande conseil à mon ami Alain B., secrétaire du département de psychanalyse à Vincennes.

"Tu n'es pas thérapeute, me dit-il, tu dois donc avoir avec elle un comportement normal, spontané, ordinaire. Tu sais, il y a toutes les chances que la fille de Corinne ait, plus tard, le même comportement que la mère."

En somme, le mythe du péché originel, tout comme celui d'Oedipe, n'est qu'un symbole de la réalité quotidienne. J'en suis depuis longtemps convaincu. Cependant, en l'occurrence, cela me semble insupportable. Quant à l'idée que je ne sois pas *thérapeute – celui qui accompagne* – elle me paraît saugrenue. Certes, j'ignore tout de ce métier que je suis en train d'apprendre sur le tas. Mais, ce que je fais, très prudemment, avec Corinne, c'est très exactement de la psychothérapie. Si, d'ailleurs, celle-ci ne consiste en rien qu' en une écoute – comme c'est le cas dans les psychanalyses freudienne et lacanienne –, c'est bien là ce que j'offre à Corinne, sans compter ni monnayer mon temps, au contraire des professionnels.

A 13 h 30, le téléphone sonne. C'est Corinne. Elle a fait le ménage qu'elle négligeait depuis longtemps, acheté un aspirateur, veut se débarrasser de caisses de livres qui l'encombrent et n'est pas satisfaite de son mobilier. Elle est allée se promener, la veille, dans une rue où il y avait une galerie de peinture. Elle y est entrée et, comme frappée par un signe, s'est aperçu que l'établissement s'appelait "Galerie du cygne". Elle en a parlé à son voisin, Christian, qui lui a dit que "tout cela était de l'imaginaire". Elle persiste cependant à y voir le signe d'une communication entre le réel et un mystérieux envers invisible du monde. Je lui demande si elle ne doit pas conduire sa fille chez le pédiatre. "Oui, à 15 heures".

Un véritable psychothérapeute doit demeurer objectif, neutre, ne porter aucun jugement sur son patient et s'interdire de guider son comportement. Or, d'une part, je ne puis m'empêcher d'être non pas scandalisé mais violemment interpellé par l'espèce d'indifférence qu'elle semble manifester à l'égard de sa fille. D'autre part, tout mon effort vise à vaincre cette indifférence et à faire en sorte que Corinne s'attache à sa fille. En revanche, un "véritable" psychothérapeute porte un "diagnostic" sur son "malade", ce qui revient à le juger et à le considérer comme malade, aliéné. Quant à moi, je ne porte pas de diagnostic et – je le répète – je ne la considère pas comme malade mais comme ouverte à l'envers du réel, auquel je suis relativement clos. Elle est aliénée, moi aussi, mais chacun de façon différente. Cependant, elle m'ouvre à l'inconscient, elle me l'enseigne, en échange de quoi je tente de la réouvrir elle-même au réel, auquel elle court le risque de se fermer définitivement. Sauf, bien sûr, quand elle fait le ménage...

"J'ai un comportement terrible... dégueulasse avec ma fille. Je suis séparée d'elle, comme de Gabriel. Je rejette ma fille, comme Gabriel.

– Mais tu n'as pas été séparée de Gabriel !

– Si, au mois d'août, peu avant son suicide. Il disait qu'il ne pouvait pas à la fois écrire son livre, être professeur de français, mari, amant et père. Il avait décidé de se séparer de moi et de sa fille. Au début, il ne voulait pas d'enfant. Moi, j'en voulais. Il avait fini par accepter. Après l'arrivée d'E., ça n'allait plus et il avait décidé de partir. je lui avais dit de trouver un appartement. Ensuite, il a voulu que nous nous suicidions ensemble, tous les trois. J'ai refusé. Alors il a décidé de partir.

– Il aurait fallu réfléchir avant.

– Gabriel n'a jamais accepté E.. Il la rejetait. Et maintenant je la rejette aussi... je suis dégueulasse, je m'en rends compte quand je vais à la crèche... j'ai des difficultés avec les puéricultrices et avec la directrice... je suis mal à l'aise là-bas... on me juge... je me sens coupable... on me juge... je m'en rends compte à l'attitude de mes voisins, de mes amis. E. est toujours chez mes parents... Elle est née prématurée de deux mois... Elle a du mal à se tenir assise, elle ne sait toujours pas appréhender les objets.

– Evidemment, être séparée de sa mère ne peut que bouleverser l'enfant.

– Mais je ne peux pas la garder... je la rejette... je m'en rends compte... je ne m'aime pas moi-même... je projette ce non-amour de moi-même et ma culpabilité sur ma fille... je l'ai même battue... au moment de la nourrir... j'ai toujours beaucoup de mal à la nourrir, ça m'énerve, alors je ne la supporte plus et je fais une crise... à ce moment-là, j'ai des obsessions de couteau... Quand je n'avais pas mes règles, je croyais que je me vidais de mon sang... alors je prenais une lame de rasoir et... je me cherchais les veines... pour voir si j'avais encore du sang...".

J'écoute, légèrement angoissé, mais sans rien dire. Elle m'apprend que Gabriel a fait un séjour psychiatrique à Sainte-Anne. Gabriel, soudain, m'inspire de l'horreur, mais je n'en dis rien.

"Je suis dégueulasse avec ma fille, tout le monde me le fait sentir...

– Est-ce que tu tiens encore à Gabriel ? Est-ce que tu voudrais qu'il ne soit pas mort ?

– ...Oui, je tiens à lui... Mais il n'est pas mort, il est en E.... c'est ce que je me dis parfois... mais il rejetait sa fille et, moi aussi, je la rejette...

– E. est une image de toi. C'est aussi une image de l'innocence. Qu'est-ce qui peut effacer la culpabilité ?

– L'amour, dit-elle après un silence.

– Oui, l'amour. Eh bien, aime ta fille, ta culpabilité s'effacera.

– Ce n'est pas facile d'aimer.

– Mais tu as dit qu'E. était belle. Apprends à la regarder, à la réfléchir en toi. Elle effacera ta culpabilité.

– J'y ai pensé... Tu as des enfants ?
– Non.
– Pourtant tu parles bien des enfants... Maintenant, je vais te laisser."

Elle raccroche. Je réfléchis. Elle a déjà remarqué que je ne l'appelais jamais, que c'était elle qui m'appelait. Si je l'appelle, elle en sera frappée. Ce que je fais un moment plus tard.

"Corinne ?"

Elle est tout étonnée.

"Oui.
– Tu devais aller à l'exposition.
– Oui.
– Tu y as renoncé.
– Oui.
– Tu y as renoncé pour conduire E. chez le pédiatre.
– Oui.
– Cette exposition était de qui ?
– De Monet.
– Monet... mon né..."

Silence.

"Mon né, qui est-ce pour toi ? lui demandè-je.
– ...
– "Mon né, né, qui est né, qui est-ce pour toi ?
– Mon nouveau-né...
– Nouveau ou pas, qui est-ce ?
– E..
– Oui, E.. Et c'est la plus belle peinture que tu aies faite. Alors, pourquoi aller chercher dans les expositions ce que tu cherches, quand tu l'as sous ton nez ?"

Elle rit.

"Où tu vas chercher ça ? me dit-elle.
– Tu aimes la peinture ?
– Oui.
– Eh bien, regarde ta fille comme une peinture. Tu as dit qu'elle était belle. Cherche en elle, qui est ton image, la beauté et l'innocence. Tu résoudras ton problème. Tu t'aimeras toi-même.
– Oui.
– Bon après-midi, à toi et à E. !

– Bon après-midi."

Un moment après, elle me rappelle. Elle attend un taxi pour aller chercher sa fille et me dit, plutôt gaie, qu'elle a compris comment résoudre son problème. Dans la soirée, elle me rappelle trois fois, à partir de 21 h 30 et m'annonce qu'elle ne reprendra pas sa fille dès lundi mais dans huit ou quinze jours, le temps d'aménager son appartement et de changer les meubles qui appartiennent à ses beaux-parents.

Au second coup de fil, elle me dit :

"Que faut-il dire quand on ne doit plus se revoir ?

- Adieu.
- Eh bien, adieu !"

Elle raccroche puis me rappelle, en pleurs cette fois. Ca ne va donc pas mieux. Je mesure la fragilité de mes résultats. Mais non, c'est autre chose. Le pédiatre lui annoncé que sa fille devait être surveillée : sa jambe droite est mal orientée, l'enfant risque de boiter ; en outre, l'un de ses yeux semble ne pas suivre le mouvement des objets. Le monologue se poursuit et, tout à trac, elle me demande :

"Est-ce que tu fais l'amour ?

– Je n'ai plus de temps à perdre !" dis-je peu soucieux de me laisser embarquer sur ce terrain.

A plusieurs reprises, elle me répète qu'elle va s'occuper de sa fille. A la fin, je la prie de raccrocher pour me laisser dormir et de ne pas me rappeler avant la semaine suivante.

Peine perdue. Elle me rappelle un peu plus tard, pendant que je regarde un film américain, très surprenant, *The Sugarland Express* de Spielberg , dans lequel un jeune couple, interné dans un hôpital psychiatrique, se débarrasse de ses parents, venus le chercher, et, s'emparant d'une voiture de police, part à la recherche de son enfant, placé chez des parents adoptifs qui refusent de le rendre et dont la maison, envahie par la police, peut soutenir un siège. On assiste à la folle équipée du jeune couple, auquel plusieurs dizaines de voitures de police donnent la chasse, malgré le soutien de toute la population. Le film s'achève par l'assassinat du jeune père. L'histoire est tirée d'un authentique fait divers et on nous annonce que la mère, après avoir récupéré l'enfant, vit dans un paisible village du Texas, tandis que les assassins du père poursuivent leur carrière dans la police.

Je laisse le téléphone sonner, puis, excédé, le débranche. Mais, pris de remords – toujours la culpabilité ! –, je le rebranche. Il sonne de nouveau ! C'est elle, bien sûr. Calmement mais fermement, je lui reproche de m'avoir appelé sept fois dans la journée et de m'avoir tenu la jambe pendant quatre heures. J'ajoute que je ne peux pas lui consacrer chaque jour autant de temps.

"Mais pourquoi est-ce que je t'emmerde comme ça ?" me dit-elle avant d'ajouter :

"Je t'aime. Je suis saoule mais je vais te laisser maintenant... Il y en a beaucoup qui te téléphonent, comme moi ?

– Il y en a.

– Beaucoup ?

– Non mais quelques-unes. Tu m'as demandé si j'avais des enfants. Eh bien, quand je sens le poids du monde sur mes épaules, j'en ai cinq milliards. Autant que d'êtres humains".

Elle rit.

"Je te prie de ne plus m'appeler avant la semaine prochaine.

– Je ne t'appellerai plus. Ni la semaine prochaine, ni les autres. Je vais simplement recommencer à t'écrire, comme avant."

Enfin elle raccroche et ne me rappelle plus.

II

Le diner des analystes

Hier matin, vendredi 22 février, avant de me rendre au journal où je travaille, je trouve, dans ma boîte, une lettre de Charles M. Il me parle de Corinne et me dit “qu'il se sent solidaire”. Je lui ai en effet appris mes relations avec elle. Tout en lisant sa lettre, je prends le métro à Nation et j'aperçois le panneau : “Direction Porte de Montreuil”, que je traduis comme “qui montre à l'oeil”, qui donne à voir, et, machinalement, je prends la direction Montreuil. Je poursuis ma lecture, tandis que les stations défilent : “Maraîchers”, “Buzenval”. Ma lettre achevée, je regarde le quai. J'éprouve la désagréable impression de ne pas reconnaître les lieux et, soudain, je m'aperçois que, absorbé par ma lecture, j'ai pris la direction opposée à la mienne, “Pont de Sèvres”.

Je sors précipitamment de la rame. Un pont, au-dessus des voies, permet de rejoindre le quai opposé. J'y cours, passe entre deux Noirs et redescends sur le quai, où, lumières à demi-éteintes, arrive lentement l'autre rame, qui me paraît étrange. Je me dis qu'il se passe quelque chose. J'ai comme l'impression d'être à cheval entre deux mondes, le réel et le surréel. Je monte en tête. Le train ne démarre pas. J'aperçois, sur le pont, la cabine du chef de station, où l'on s'agite. Puis les hauts-parleurs : “Appel général à tous les trains...” Il y a eu un incident à la station “Maraîchers”, où je viens de passer, lisant la lettre de Charles qui me parlait de Corinne. Quelqu'un s'est jeté sous la rame qui suivait la mienne. Le mot suicide est prononcé. On annonce une demi-heure d'attente ! Et moi qui suis en retard ! Je sors précipitamment de la voiture, monte les escaliers en courant et j'enfile un couloir de sortie, comme si je fuyais les signes qui m'assaillent. Ne me suis-je pas trompé ? Hésitation. J'arrête ma course et me retourne. Et alors, là, seule dans l'angle auquel je faisais face l'instant d'avant, je vois la grande affiche, devant laquelle je viens tout juste de passer, en courant, sans la voir. C'est l'affiche du Grand-Palais : “Hommage à Claude Monet” ! Le signe est allé plus vite que moi. Il m'a rattrapé, alors que je l'avais dépassé et que, désorienté, je le fuyais, en haut de l'escalier où il m'attendait ! Parce que, évidemment, ces affiches qui couvrent les murs de Paris – je vais bientôt m'en apercevoir – sont douées, comme l'inconscient, d'ubiquité ! Je reprends ma course. Dehors, je cherche un taxi. En vain. Enfin j'en trouve un qui me conduit à "Montmartre", après "Bonne nouvelle", en passant par "Nation", qui signifie *naissance*.

Je suis bien conscient qu'à travers tout ce qui vient de se passer c'est l'inconscient qui vient de me parler, avec qui je viens d'avoir une communication privilégiée. A travers Monet que, comme "mon né" – quelque chose qui est en gestation en moi –, j'ai sous le nez, c'est la pratique des signes dont je dois accoucher. C'est très exactement une autre vision des choses qui, par-delà ce qu'elles représentent formellement, donne à voir l'empreinte symbolique, dans le réel, de l'envers du réel, le monde de l'énergie, de la lumière invisible dont elles sont chargées. D'ailleurs, c'est ce que fait l'impressionnisme de Monet, qui reproduit l'image floue des objets, variable selon l'heure à travers la lumière brumeuse qui les nimbe et qui est l'inconscient. Chez lui les ondes de la lumière qui apportent l'image surréelle de l'objet réel, qui n'en est qu'une superstructure (la matière faite d'énergie), sont plus importantes que l'objet, dont la forme se dissout presque dans le champ de la lumière. Au fond, l'impressionnisme, c'est, en peinture, l'idée même du champ des ondes électromagnétiques d'Einstein, dont la matière n'est qu'une condensation superstructurale.

Naturellement, je songe à l'hésitation qui m'a fait me retourner sur l'affiche de Monet que j'avais regardée sans la voir. Qu'elle m'ait alors frappé comme un signe, le signe d'une volonté inconsciente qui cherche à se faire voir, à se faire saisir et comprendre de moi, à travers les objets de la réalité objective, pourvu que j'apprenne à en faire une lecture subjective, symbolique, au second degré, au niveau des messages inconscients, dont, symboliquement, l'inconscient les a chargés, c'est une évidence. Les particules atomiques – les plus petits constituants de la matière – ont une charge, positive ou négative, liée au sens de leur mouvement dans l'espace-temps. Les atomes aussi. Bien sûr, il ne s'agit que d'une charge électrique qui indique le sens de leur mouvement physique dans l'espace.

Mais, puisque la matière, physique ou biologique, ne peut, *logiquement*, rien être d'autre qu'une superstructure du champ d'énergie de l'espace, pourquoi les objets et les êtres n'auraient-ils pas eux-mêmes une charge non plus simplement électrique mais symbolique, indiquant un sens, psychique et inconscient, bien plus complexe évidemment que le sens physique élémentaire, et visiblement liée à l'envers du monde, c'est-à-dire à l'invisible tissu spatio-temporel de l'énergie électromagnétique, qui est, pour nous, l'inconscient et dont le monde matériel – le réel – n'est que la superstructure visible, dont nous sommes conscients ? Auquel cas tous les objets du cosmos seraient des signes, symboliquement chargés du sens inconscient du destin même du monde, que chacun d'eux, à sa manière, plus ou moins simple ou plus ou moins complexe, reproduirait. Auquel cas le cosmos ne serait qu'un système de signes symboliques, une sémiotique, et même *le système de tous les signes possibles,* bref **une pansémiotique** qu'il faudrait apprendre à lire pour comprendre l'inconscient – le surréel – et le relier logiquement au réel dont nous sommes conscients.

C'est là très exactement la conclusion à laquelle m'avaient, depuis 1971, conduit mes travaux théoriques. Je ne pensais pas que ma relation avec Corinne allait me conduire si rapidement à en faire l'expérience. Cependant, je devais bien le subodorer, puisque j'avais, tout un mois, différé le moment de mettre la main dans l'engrenage épuisant et diabolique des rapports pratiques du conscient et de l'inconscient.

Voici que j'y étais happé, tout entier. C'est là ce que me signifiait, quasiment goguenarde, l'affiche de Claude Monet, sur laquelle je m'étais retourné, après l'avoir regardée sans la voir.

Mais là, devant l'affiche qui me regardait, je ne pouvais pas ne pas les voir, les symboles qui, depuis quelques jours, s'étaient accumulés.

La rencontre de Kitty, son suicide à Etretat. L'exposition de Monet, qui a peint les falaises d'où s'est jetée Kitty. Corinne qui me parle, le lendemain, d'une gravure d'Etretat et de Perceval, le chevalier au coeur d'enfant qui regarde le Graal sans le voir. Ce film, vu la veille, où le père, comme Gabriel, sorti d'un hôpital psychiatrique, court à sa propre mort au moment de récupérer son enfant. La direction de l'inconscient qui "montre à l'oeil" et que je prends, inconsciemment, par un acte manqué (les actes manqués sont, en fait, parfaitement réussis), à Nation, qui signifie naissance, alors que je suis en train de lire la lettre de Charles qui, emprisonné, me parle de Corinne, dont l'époux, par peur de la paternité, s'est jeté sous un train. L'erreur dont je m'aperçois à "Buzenval" – la buse que je suis, perdu dans l'obscure et souterraine vallée du métro, si symbolique de l'inconscient. L'inversion de la direction, d'une rame à l'autre, après être passé entre deux Noirs – symbole de l'obscurité –, de "qui montre l'oeil" à "Pont de Sèvres", le pont, par-dessus les voies, entre le conscient et l'inconscient qui permet de sevrer l'esprit. La nouvelle du suicide. L'affiche de Monet et le retour à... Nation, comme à une nouvelle naissance.

Christian – et, avec lui, combien de neuropsychiatres, de psychanalystes et de psychologues ! – dit que tout cela est de l'imaginaire, mais un imaginaire délirant qui ne reposerait pas sur des bases objectives et cohérentes et, de ce fait, n'aurait pas vraiment de signification. Certes, c'est de l'imaginaire, puisque c'est une association d'images. Mais, si l'imaginaire existe, il a bien une fonction. Et celui que j'expose non seulement repose sur des faits objectifs mais encore révèle, me semble-t-il, une singulière cohérence.

Pour moi, comme pour Corinne, il s'agit d'un ensemble de *coïncidences* – stricto sensu : *ce qui va avec* – non aléatoires qui me livrent un message de l'inconscient. C'est l'envers énergétique du réel matériel, c'est le surréel qui s'exprime alors dans l'endroit. Ce disant, je suis bien conscient que je pourrais faire moi-même l'objet d'un diagnostic de la part de neuropsychiatres et de psychanalystes – qui ignorent ce qu'est l'inconscient – : délire psychotique, obsession maniaque, etc. Une nuance pourtant : j'en suis conscient, ce qui, en principe, n'est pas le cas du psychotique, si absorbé dans l'envers du réel qu'il ne croit pas *délirer* – c'est-à-dire *sortir du sillon* ou du sentier battu par les aveugles de Diderot. Autre coïncidence : le boulevard et le lycée Diderot sont à deux pas de chez moi.

Corinne voulait récupérer sa fille aujourd'hui, jeudi 28 février. Son père a préféré attendre demain, sous prétexte de préparer les affaires de l'enfant. Les grands-parents se sont attachés à E.. Cela doit leur être pénible de la rendre à sa mère. E. est très en retard. Elle n'appréhende toujours pas les objets. Sa jambe droite fait un angle de 29° – au lieu de 24° – avec le bassin. L'un de ses yeux ne suit pas le mouvement des objets. Naturellement elle ne parle pas et elle hurle quand d'autres bambins la touchent. Alain me dit que c'est ainsi qu'on fabrique des autistes.

Corinne voulait me voir mais j'ai refusé. Elle m'a alors demandé si je ne voulais pas voir sa fille. J'ai consenti à faire une exception. Elle doit me l'amener un prochain jour. Je lui ai raconté l'accident du métro, il y a quatre ou cinq jours. Elle m'a prié de le lui raconter une nouvelle fois. Ce que j'ai fait.

Quand je prends le métro – vendredi dernier –, je suis identifié à Gabriel puisque je suis l'objet d'un fantasme de Corinne, celui sur qui elle fait une projection de Gabriel et qu'elle imagine comme un substitut au père d'E.. Elle a senti mon intérêt pour l'enfant, qu'elle prend à la lettre, sans comprendre qu'il s'agit chez moi d'un transfert de ma propre enfance sur sa fille. Elle l'a si bien senti même que, sachant que je veux maintenir la mère à distance, elle a trouvé le moyen de revenir chez moi en me proposant de voir sa fille, ce que je pouvais difficilement refuser. Mais je suis aussi identifié à Corinne parce que je lis la lettre de Charles qui me parle d'elle. Ce faisant, je descends dans le monde souterrain du métro qui symbolise les obscures profondeurs de l'inconscient. Lequel me pousse à prendre la direction Montreuil, qui montre l'oeil, comme pour me donner quelque chose à voir. Or, ce qu'il va me donner à voir, c'est très précisément une pratique, propre à me frapper, de ma théorie selon laquelle le réel ou le monde visible est un système de signes chargés d'un sens dont nous sommes inconscients.

En effet, ma lettre achevée, je m'aperçois de mon erreur, d'autant plus surprenante que cela ne m'est jamais arrivé. L'inconscient m'a embarqué ailleurs et plus loin que je ne voulais aller sur les rails qui symbolisent le destin et sur lesquels Gabriel a choisi de mourir. Je fais demi-tour, passe entre deux Noirs, symboles de l'invisible, et suis surpris par la demi-obscurité de la rame de métro qui arrive. Tout cela n'est pas clair et je sens que quelque chose ne tourne pas rond. J'apprends alors ce que je pressens : un suicide, semblable à celui de Gabriel, à la station "Maraîchers", qui s'est produit sur l'autre voie que je viens de quitter. "Maraîchers" : marée chère ou chère marée. Avant de se jeter du haut des falaises d'Etretat, Kitty a dû attendre la marée haute. Corinne, quant à elle, disait qu'elle s'identifiait à "un tas sans être"... Je roulais donc dans le sens de la mort. Me voici dans l'autre sens – "Sèvres" –, celui de la vie, de l'enfant qu'il faut sevrer. Encore me faut-il, pour le comprendre, sortir du monde souterrain de l'inconscient, passer devant l'affiche de Monet, qui évoque "mon né" et rallier en taxi "Nation" qui signifie renaissance, puisque je m'y trouvais et que je m'y retrouve. Or c'est aujourd'hui que Corinne a repris sa fille.

Elle m'a appelé à deux reprises aujourd'hui. La première fois, j'entends un réveil dans son téléphone et lui en fais la remarque. Elle rit et me dit que c'est un vieux réveil qui n'est jamais à l'heure. Je songe que ce réveil est à son image à elle qui, lorsqu'elle est en crise, ne sait jamais ni l'heure ni le jour – ce qui peut la conduire à me téléphoner à deux heures du matin. Elle me demande ce que je fais. Fatigué de tenir l'écouteur, depuis des mois qu'elle me téléphone, je me suis acheté un appareil qui me permet de parler sans décrocher ni tenir le récepteur et de garder les mains libres, le cas échéant pour noter notre conversation.

Je lui réponds que je suis en train de recoudre le fond d'un pantalon qui a craqué la veille, au moment où je déchargeais un énorme extincteur qu'Alain B. et moi avions placé dans le coffre de ma voiture. Il s'agit d'un coupé Peugeot 204 que ma mère m'a donné, n'en ayant plus l'usage. La batterie étant à plat, j'avais demandé à Alain de descendre son break Peugeot 204 dans mon garage et de pousser ma voiture pour la faire démarrer. Le cul de ma voiture étant trop haut, nous y avions chargé cet extincteur. En le déchargeant, le fond de mon pantalon avait craqué.

Je précise à Corinne que, la batterie de ma voiture étant "dépressive", je suis allé en acheter une neuve au moment même où elle allait chercher sa fille. Or cette voiture, qui symbolise la mère puisqu'elle me vient de ma mère, maintenant, elle fonctionne.

"Oui, ta mère est dépressive, me dit-elle.
– Oui mais ça va mieux maintenant. Elle prend des tranquillisants."

Corinne me rappelle un peu plus tard, l'air absent, dans un état second.

"A propos de quoi as-tu employé l'expression *faire une exception*? me demande-t-elle.
– Tu sais très bien à propos de quoi.
– Non.
– Si, tu t'en souviens."

Silence comme si elle cherchait. Mais elle ne se le rappelle pas et il me faut lui dire que c'est à propos de la visite qu'elle veut me faire pour me présenter sa fille.

Ce samedi 1er mars, je suis invité à un dîner de neuropsychiatres, tous psychanalystes lacaniens, chez Alain. Le matin, Corinne m'appelle pour me dire que sa fille a grossi et embelli. Elle ajoute que l'idée de la reprendre s'est imposée à elle parce que je l'ai poussée à reporter son amour pour Gabriel sur l'enfant. Quant à moi, je songe que, si l'une des jambes d'E. est mal orientée, j'ai moi-même depuis quelques semaines, une sensation d'entorse à mon genou droit. Voici que je me rappelle la visite que Corinne m'a faite avec son panier de fruits exotiques. Avant de partir, elle s'est levée alors que j'étais assis sur le canapé, et, posant sa main sur mon genou droit, elle m'a embrassé sur la joue. La douleur à ce genou est parfois vive. Alors j'ai du mal à marcher. Notamment depuis ma partie de tennis d'hier avec Alain. J'en suis d'autant plus frappé que c'est Alain qui m'a inquiété à propos d'E. et m'a poussé davantage à faire en sorte que Corinne la reprenne. Bruno D., qui connaît Corinne, était plutôt irrité, lui, que je m'en préoccupe, comme si je me mêlais de quelque chose qui ne me regarde pas. Il me revient que j'avais très mal au genou et que je marchais difficilement quand Alain et moi avons chargé l'extincteur dans ma voiture. Et, soudain, j'aperçois l'enchaînement.

Corinne vient me voir pour que je couche avec elle, comme si j'étais Gabriel, le père de l'enfant que je pousse la mère à reprendre. Avant de partir, elle me touche la jambe à hauteur du genou, là où les jambes du père ont été sectionnées. Quelque temps après, j'ai une douleur au genou, qui n'est peut-être qu'une coïncidence mais en tout cas une coïncidence non aléatoire parce que significative. Me voici identifié encore davantage au père qui ne pouvait plus marcher. Et, en effet, je marche très difficilement le jour où Alain et moi remettons en route la voiture, qui symbolise la mère et qui ne fonctionne plus. C'est ce jour-là que Corinne reprend sa fille et, du même coup, son rôle de mère.

Alain m'a demandé si Corinne ne m'avait pas proposé de voir sa fille. Eh oui !

Dîner donc, hier, chez Alain dans la vaste cuisine de sa maison de campagne. La première chose qui me frappe de plein fouet, en y entrant, c'est un signe : l'affiche –représentant une petite fille en robe blanche, chaussée des souliers de sa mère, bien trop grands pour elle – dont a parlé Kitty, deux jours avant sa mort. Cette affiche symbolise maintenant l'incapacité non seulement de Kitty mais encore de Corinne a être mère, en même temps que leur désir de l'être. Décidément, les signes ne me lâchent pas.

Il y a là, outre Alain et sa femme, Anna-Maria, deux couples et une jeune femme. Hormis les hôtes, tous sont psychanalystes. Alain est curieux de savoir ce qu'ils peuvent penser de mes idées et de mes relations psychothérapeutiques avec Corinne.

La conversation roule bientôt sur le problème de l'identité. L'inconscient, tout le monde en parle mais personne ne dit ce que c'est. Alain me demande alors d'exposer ma théorie.

J'explique donc que le cosmos, lorsqu'il est apparu, il y a douze milliards d'années ou davantage, n'était constitué que d'une énergie ondulatoire – un système d'ondes – qui s'est superstructurée en particules, en atomes, en étoiles, en systèmes solaires et en galaxies. Puis, dans les systèmes solaires – le nôtre en tous cas –, l'énergie du soleil ayant fait fondre les glaces qui recouvraient la Terre, des molécules d'ADN (acides désoxyribonucléiques ou gènes) se sont formées, dans la "soupe prébiotique" ainsi créée. Ces molécules se sont associées et ont tissé des membranes de protéines, dans lesquelles elles se sont enfermées. Dès lors les premières cellules biologiques étaient donc apparues. Elles se sont associées pour former des tissus cellulaires. Le rayonnement solaire faisant muter les gènes des cellules, les tissus se sont différenciés et ont progressivement formé tous les êtres vivants de l'Evolution jusqu'à l'homme.

Tout ce qui existe dans le cosmos vient donc des ondes de l'énergie originelle, qui emplissent d'ailleurs tout l'espace-temps cosmique. Tout vient d'elles, y compris l'homme et la conscience. Ces ondes originelles, qui emplissent l'espace-temps et qui pilotent les particules, sont réputées inconscientes. **Elles constituent donc l'inconscient qui a produit l'homme et, par conséquent, la conscience.** Et , baignant dans ces ondes, la conscience baigne donc dans l'inconscient. Naturellement, ces ondes sont de *l'information*, puisque les cellules biologiques et les êtres vivants qu'elles ont formés sont eux-mêmes de l'information. L'homme et la conscience, humaine ou animale, baignent donc dans un tissu d'information inconsciente qui les informe sans qu'ils le sachent.

Comment cela ?

Eh bien, si le tissu même de l'espace-temps est un système d'ondes, nécessairement capables de *vibrer*, il forme un continu vibratoire. *Les ondes de ce tissu* spatial, agitées par les particules qu'elles pilotent, *vibrent* dans toutes les directions possibles *et constituent, en puissance, toutes les vibrations possibles du monde.* Or qu'est-ce qu'une vibration d'onde ? C'est un ensemble variable de figures géométriques concrètes, qu'on appelle, en mathématiques, une "fonction d'onde" et qui peut être décrit par une équation. L'équation est la projection numérique de la vibration, laquelle est la projection géométrique de l'équation. Or *toutes les vibrations d'ondes possibles du monde, constituent toutes les fonctions d'onde possibles du monde, c'est-à-dire toute la mathématique possible du monde, qui est bien de l'information.*

Par conséquent, **le tissu ondulatoire de l'espace-temps est l'ordinateur cosmique de toutes les fonctions d'ondes, c'est-à-dire toute la Mathématique possible du monde, laquelle est l'Inconscient.**

La conscience et nous-mêmes ne sommes donc rien d'autre, comme tous les objets du cosmos, qu'une très complexe superstructure consciente de l'inconscient, c'est-à-dire d'une *invisible information mathématique, dans laquelle nous baignons.* Si l'on ajoute à cela que la Mathématique est l'instrument même de la logique, il est clair que la conscience est bel et bien la superstructure logique de l'inconscient, qui en est l'infrastructure logique. Dès lors le cosmos et l'homme constituent les rapports logiques et cosmiques de l'inconscient et du conscient. Le réel n'est donc que la projection et l'endroit d'un envers qui est le surréel.

Einstein, sans parvenir à l'expliquer, s'émerveillait que tout le cosmos puisse être décrit par les mathématiques. Lichnerowicz dit que, le Créateur, c'est la Mathématique. Henri Laborit souligne que tout, dans le cosmos, est construit sur des modèles mathématiques. Cela n'a plus rien d'étonnant dès lors que l'on comprend que le cosmos est la Mathématique concrète – si abstraite soit-elle à nos yeux qui ne la voient pas, ils n'en voient que les grossières images de la réalité qu'elle dessine pour notre regard – et inconsciente des origines. Et rien d'autre ne peut expliquer que nous ayons dans le crâne, là où siège la conscience, ***un ordinateur certes autoréfléchissant*** – ce qui le distingue radicalement de l'ordinateur électronique objectif – ***mais un ordinateur tout de même, qui n'est qu'une superstructure de la Mathématique ondulatoire de l'espace-temps.***

D'ailleurs, l'ordinateur électronique n'est qu'une projection, dans la matière, des mécanismes de fonctionnement de notre cerveau. Lequel est donc le miroir que l'ordinateur de la Mathématique cosmique a lentement superstructuré pour se comprendre intégralement lui-même.

Et notre cerveau, comment s'informe-t-il, dans la vision par exemple ? Tout simplement en captant par les yeux les vibrations des ondes électromagnétiques de la lumière. Ces vibrations sont converties en impulsions électriques – l'influx nerveux – qui cheminent le long des nerfs optiques jusqu'aux synapses, qui relient nos cellules nerveuses et qu'elles font vibrer comme des cordes de piano, puis aux cellules nerveuses. Là, dans la couche électrique des cellules nerveuses – les neurones –, ces vibrations recréent les mêmes vibrations d'ondes que celles de l'espace-temps, qui, intériorisées sous forme d'ondes électriques, deviennent notre vision et notre pensée conscientes. Car ***la conscience n'est rien d'autre qu'une vibration d'onde entre le foyer qui l'émet et l'optique cristalline – cellule biologique, molécule chimique ou cristallisation de l'espace-temps – qui la réfléchit. Quant à l'inconscient, il n'est rien d'autre que vibrations d'ondes.***

En d'autres termes, nous ne cessons pas de puiser l'information, qui constitue notre conscience, dans les vibrations d'ondes de l'inconscient collectif, et nous les reconstituons, dans nos cellules nerveuses, très exactement de la même manière que la télévision, captant les ondes hertziennes d'une émission, en reconstitue les images sur un écran, par la simple conversion des vibrations d'ondes en impulsions d'électrons projetés sur cet écran.

Bref, nous baignons bel et bien dans l'inconscient collectif, cosmique et mathématique, système logique dont nous tirons toute l'information que notre cerveau superstructure. Quant à notre pensée, notre conscience, à mesure même qu'elle se forme à la surface de nos cellules nerveuses, elle s'imprime, sous forme de vibrations dans les ondes électromagnétiques du tissu de l'espace-temps, c'est-à-dire dans l'inconscient collectif, où elle retourne, toujours plus complexe, comme à sa source, d'où elle nous revient et ainsi de suite, ce qui explique la complexification croissante de la pensée. La mémoire ne consiste en rien d'autre qu'à l'y repêcher. L'espace-temps ondulatoire est donc non seulement l'inconscient collectif mais encore la mémoire de tous les êtres et de tous les événements du monde. Et c'est aussi *le mémoire*, l'ordinateur capable de calculer toutes les probabilités de sa propre évolution et d'en fournir les modèles mathématiques.

Rien d'autre que l'existence de cette relation cybernétique entre le cerveau humain et *l'espace-temps, mémoire et ordinateur de toute l'information cosmique*, ne peut expliquer l'existence de la mémoire, le progrès de la pensée et de la conscience, l'existence de l'inconscient et l'universalité des mythes, par exemple, sans parler des coïncidences de signes.

Tous m'ont écouté patiemment et il me semble que, même s'ils n'ont pas tout compris de mon discours, ils en ont saisi l'essentiel : la relation de la conscience individuelle avec un inconscient collectif omniscient : l'Esprit, nié aussi bien par Sartre et Camus que par Jean-Pierre Changeux qui, dans son ouvrage, *L'Homme neuronal*, publié quatre ans plus tard, ne citera même pas Henri Laborit et Karl Pribram, dont la théorie du fonctionnement holographique des cellules nerveuses fait alors autorité. Il est vrai les ouvrages de Pribram n'ont pas été traduits en français ! Peut-être Changeux ne lit-il pas l'anglais...

Je sens toutefois que mon exposé a un peu irrité au moins l'un d'entre eux, en ce sens qu'un amateur vient de leur expliquer les fondements mêmes de la magie qu'ils sont censés pratiquer.

Le plus jeune des neuropsychiatres présents, celui qui est irrité, un garçon imberbe et frisé qui se fait "materner" par sa compagne, me dit alors :

" Je n'ai rien contre la théorie que tu viens d'exposer. Elle semble cohérente et elle est peut-être valide. Mais que fais-tu, dans tout ça, de l'inconscient freudien ? Je note que tu évacues de ton discours tout ce qui fait sens, en particulier le sens des mots.

– Je ne comprends pas, dis-je. Et d'abord qu'est-ce que l'inconscient freudien ?"

Il semble embarrassé par ma question. Au lieu de me répondre, le voici qui m'attaque de nouveau sur le sens des mots que "j'évacuerais de mon discours". Je réitère ma question. Après une hésitation, il me répond enfin :

"Il n'y a pas de définition freudienne précise de l'inconscient. En général, on le définit par l'anecdote suivante. Freud traversait la Manche, à bord d'un ferry-boat, en compagnie d'un ami anglais. Une dame élégante, plantureuse, coiffée d'un chapeau à plumes, l'aborde, volubile, et d'une voix aiguë, l'interpelle : "Maître ! Ah, Maître, j'ai lu toutes vos oeuvres, c'est sublime ! Mais, c'est ridicule, je voulais vous raconter un rêve et j'ai tout oublié. Je n'ai retenu que le mot canal !" "The Channel !" dit l'Anglais. Freud se retourne vers lui et dit : "Voilà qui est fâcheux car, du sublime au ridicule, il n'y a qu'un pas !" "Oui, dit l'Anglais, balayant le paysage d'un geste, le Pas-de-Calais !" Voilà comment on définit l'inconscient."

J'ignore alors, n'ayant encore à peu près rien lu de Freud, que la version de cette anecdote, donnée dans *Introduction à la psychanalyse*, est un peu différente. En vérité, la version du psychiatre imberbe condense deux anecdotes différentes. Il reste que l'on comprend l'image. L'anecdote est amusante mais pas très convaincante. L'inconscient se résume en somme à l'oubli de la dame et au seul mot canal – anagramme de Lacan ! – qu'elle a retenu, ainsi qu'au jeu de mots de l'Anglais, qui, d'un pas décalé, comme l'humour, l'assimile au Channel. C'est peut-être un mode d'emploi ou de fonctionnement mais sûrement pas une définition, à moins qu'on se gargarise de mots.

Sur quoi l'analyste frisé se lève et se rend aux toilettes, contiguës, dans cette maison de campagne, à la cuisine où nous dînons, comme la scatologie – n'oublions pas que Freud assimilait la merde, devant laquelle l'enfant s'extasie comme devant sa première création, à l'inconscient – l'est à l'eschatologie (la révélation).

"En tous cas, dit Alain, ça pose bien le problème à travers les associations d'idées. Le rêve est retourné à l'inconscient, comme l'eau à la mer, et le seul souvenir de la dame, c'est le canal."

Retentit alors la chasse d'eau et, bouclant sa ceinture, ce qui ne laisse aucun doute sur la création à laquelle il s'est livré, l'élégant psychiatre frisé et constipé revient s'asseoir sans s'être lavé les mains. Je le regarde et déclare :

"L'inconscient est, que je sache, aussi symbolisé par les matières. Mais alors le cas anal est le cas laid."

Toute le monde éclate de rire. Les femmes applaudissent et l'une d'elles me dit que "je pourrais travailler avec Lacan". Cette fois, le psychiatre, à propos de l'autre forme de l'inconscient freudien qu'il vient d'évacuer, ne me reproche pas d'évacuer de mon discours les mots qui font sens. Pas de *trou* dans mon texte, les mots y ont fait *balle* ! Le psychiatre a-t-il inconsciemment voulu me faire comprendre que je l'avais fait chier ? C'est sûr. Mais du coup, je l'ai déconstipé. Et, comme si cette constipation – signe évident d'un déséquilibre nerveux –, tardivement expurgée, le débloquait, le voici qui évoque sa propre psychanalyse.

"A une époque où j'avais des problèmes, dit-il – laissant ainsi entendre qu'ils sont résolus, ce dont j'incline à douter rien qu'à voir, outre la constipation, la façon dont il se fait "materner" –, je ne voulais pas en parler à mon neuropsychiatre. Alors, pour dire quelque chose, j'évoque un film de Polanski que j'étais allé voir. Mais, au lieu de citer *Macbeth* (il prononce à la française :"Maquebesse"), je fais un lapsus et lui parle de *Hamlet*. Je m'aperçois de mon erreur et, tout à coup, je traduis : "Ma queue baisse" ! Jeu de mots spontané qui m'éclaire aussitôt. Je le dis au psychiatre et ce lapsus volontaire quoique inconscient me conduit naturellement à lui parler de ce que je voulais taire."

J'observe, au passage, la manière détournée et perverse dont l'inconscient se sert des objets du réel – en l'occurrence deux oeuvres, qui ont un rapport entre elles, puisqu'elles sont du même Shakespeare, substituées l'une à l'autre par un lapsus – afin de dévoiler, par un jeu de mots – dû à un défaut de prononciation ! – ce que la conscience veut taire. Ce n'est pas le moindre paradoxe de constater alors que l'inconscient est bien *doué de volonté* – et d'une volonté qui s'oppose, de manière perverse, hélicoïdale, à la volonté consciente, pour la contraindre, par un involontaire aveu, à prendre conscience de ce qu'elle refuse de voir, d'affronter ou de dire. Curieusement, Freud n'a jamais parlé de deux pulsions, peut-être plus fondamentales que toutes les autres, la pulsion d'inconscience, si caractéristique de la conscience, et la pulsion de conscience, si caractéristique de l'inconscient !

Cette manière en hélice, par laquelle l'envers du monde passe dans l'endroit, évoque la structure hélicoïdale des ondes électromagnétiques mais c'est aussi le principe même du ruban de Moebius, à savoir le verrouillage avec torsion du ruban, qui permet de passer de l'intérieur à l'extérieur d'un système clos et retour. Le ruban de Moebius, c'est le canal. C'est la torsion du verrouillage qui décale, jusqu'à l'inverser, l'un des deux "pas" ou d*-es deux bords du ruban, avant de les coller. Si le symbole de l'inconscient est le Channel – le canal – du Pas-de-Calais qui sépare les falaises de Douvres de celles d'Etretat, c'est bien parce que le conscient et l'inconscient marchent d'un pas décalé, de l'Angleterre – terre des angles et du Droit, "Dieu et mon droit" – à l'hexagone, qui n'est que la cristallisation d'une structure hélicoïdale. De deux pas décalés qu'il faut faire coïncider pour avoir le tunnel sous la Manche.

Nous passons au salon où je m'assieds par terre, le dos au mur, en face d'Alain, les psychiatres occupant les sièges à ma droite et à ma gauche. Je suis conduit à parler de Corinne, que je considère désormais comme ma première patiente – bien qu'elle ne me paie pas – mais aussi comme mon professeur. Bref mon “cas d'Anna” qui me déverrouille le cadenas.

Je leur raconte comment s'est nouée ma relation avec elle, comment je l'ai conduite à reprendre sa fille, l'incident de l'exposition et l'accident du métro.

“Naturellement, Corinne est dépressive, souvent jusqu'à l'effondrement. Ma mère aussi. J'ai d'ailleurs aperçu des analogies de comportement entre elle et ma mère. Or, le lendemain, elle me téléphone. J'entends un tic-tac dans l'appareil et lui demande ce que c'est. Un vieux réveil jamais à l'heure. Elle n'a, bien sûr, aucun sens de la chronologie. Elle ne sait jamais le jour ni l'heure qu'il est. Elle me demande ce que je fais. Je lui réponds que je suis en train de recoudre le fonds de mon pantalon qui a craqué.

“En effet, la veille au soir, la batterie de ma voiture était à plat. Il s'agit d'un vieux coupé Peugeot 204, en excellent état par ailleurs, que ma mère, n'en ayant plus l'usage, m'a donné. J'avais prié Alain de m'accompagner dans mon garage, avec sa voiture, afin de pousser la mienne pour la remettre en route. Comme l'avant de la voiture d'Alain, qui se trouve être un break Peugeot 204, était plus bas que le cul de la mienne, nous avons chargé mon coffre d'un très lourd extincteur pour amener les pare-choc à même hauteur. Seulement, dans l'effort, le fond de mon pantalon a craqué !”

Alain éclate de rire.

“Comme je portais un manteau, il ne s'est aperçu de rien.”

Alain se tient les côtes de rire.

“Mais, moi, je l'avais entendu. Et je n'étais pas fier ! Nous sommes montés, chacun dans sa voiture, et avons fait démarrer la mienne. Dans la soirée, je remplaçais la batterie du coupé de ma mère dépressive et ma voiture, quant à elle, n'était plus dépressive. Voilà !”

Alain est encore plié de rire.

“Qu'en pensez-vous ? demande-t-il.
– Tu analyses tout ça très finement, intelligemment, me dit le psychiatre imberbe, mais je n'ai pas compris l'histoire de l'extincteur.
– Mais si, dit Alain. Il fallait abaisser l'arrière de sa voiture. Alors on a chargé le coffre d'un extincteur qui se trouvait dans le garage.

– J'ajoute, dis-je, que la voiture d'Alain est un *break*. Or il fallait abaisser, mettre *down*[1] l'arrière de la voiture dépressive, celle qui, faute de batterie, faisait une *nervous breakdown*[2]. Or cette voiture est un coupé, symbole de ma propre castration par ma mère, qui me l'a offerte en cadeau !"

Alain éclate d'un rire encore plus tonitruant. Les psychiatres semblent songeurs.

"Il n'y a rien à dire, rien à ajouter, dit enfin la compagne du psychiatre frisé. L'analyse est parfaite.

– C'est le genre d'analyse que vous faites ? demandè-je.

– Exactement, dit le psychiatre frisé qui a rapporté inexactement l'anecdote freudienne du canal.

– Non, non ! dit sa compagne. Dans les analyses que nous faisons, il y a des zones d'ombre, des trous, des obscurités. Ca n'est jamais aussi complet. Tandis que là il n'y a pas de brèche, tout se tient, rien ne craque."

Le psychiatre frisé ne semble pas de cet avis et veut protester. Mais je me lève et, présentant mon postérieur, tout en me rendant compte de la nature homosexuelle du geste, je dis :

"Si, le pantalon ! Mon pantalon a craqué !"

Alain, avec un léger retard qui indique que le geste l'a interloqué, éclate d'un rire niagaréen.

"Non, il n'y a rien à ajouter, dit le psychiatre frisé. En revanche, ce dont on pourrait parler maintenant, c'est de toi.

– De moi ?

– Oui, pourquoi es-tu interpellé si fort par ce qui t'entoure ? Et d'abord qui est ton père ?

– Mon père, c'est moi !"

Sur quoi je parle du divorce de mes parents, de mon refus d'avoir des enfants, de l'avortement de ma femme, de notre séparation, de son remariage et de son accouchement qui a eu lieu le 10 février, de Kitty qui n'a pas eu l'enfant qu'elle voulait, parce que le père l'a contrainte – comme moi – à l'avortement, ce qui l'a conduite au suicide, et de Corinne qui a eu l'enfant que le père ne voulait pas, ce qui a conduit ce dernier au suicide. J'ajoute que ce qui m'interpelle, c'est le rejet de

[3] *Down* : *bas*, en anglais.

[4] *Nervous breakdown* : *dépression nerveuse* en anglais.

l'enfant, parce que, d'une certaine manière, j'en ai moi-même, dans l'enfance, été victime.

L'analyste frisé et sa compagne me répètent qu'"il n'y a rien à ajouter à ce que j'ai dit, sinon à délirer sur l'interprétation de l'interprétation, ce qui pourrait me mettre en danger..." Je tente de leur faire préciser ce qu'ils veulent dire. En vain. Ils me menacent de leur magie mais sans la dévoiler, sous prétexte de ne pas me mettre en danger, s'arrogeant ainsi une supériorité, un pouvoir sur moi que, déontologiquement, ils ne peuvent utiliser.

Le lendemain, Alain me dit que le danger dont ils parlaient était qu'en retournant l'analyse contre moi on ne découvre chez moi des symptômes de maladie mentale.

"Mais, dis-je, je suis parfaitement conscient d'être autant aliéné qu'eux. L'aliénation, c'est l'état fondamental de la condition humaine.
– Bien sûr et c'était naïf de leur part de dire ça. Ton analyse a été magistrale mais, en fait, ils n'ont rien compris."

A noter qu'au moment où je lui parlais de ma théorie, l'analyste frisé m'a demandé : "Mais comment ta théorie va-t-elle s'emboîter avec l'inconscient freudien ?" Il me demandait en fait comment je percevais l'expression : va-t-elle *s'emboîter* ou va-t-elle *sans boiter*.
Cela me frappe d'autant plus maintenant que je songe qu'hier, à cause de mon genou, je boitais réellement alors que, soulevant le toit des maisons, comme le Diable boiteux de Lesage, je cherchais à révéler l'inconscient. Il est vrai qu'il y a quelque chose à la fois d'intelligent et de diabolique à révéler l'inconscient. Dans la Genèse, celui qui pousse l'homme à dévorer l'inconscient – la Connaissance –, c'est le Diable ou le serpent – au corps spiralé autour de la Connaissance, comme le ruban de Mœbius, et qui est réputé "le plus intelligent des animaux du jardin". Et le Diable est aussi réputé boiter. Cela dit, ma théorie s'emboîte parfaitement avec les idées de Freud, de Jung et de Reich. Mais, ces idées, sans ma théorie, me semblent boiteuses parce qu'elles constituent des boîtes closes et non gigognes qui ne s'emboîtent pas.

Tout ceci me conduit à réfléchir à la psychothérapie – terme que je n'emploie pas au sens que lui donnent les psychanalystes mais au sens le plus général de thérapie du psychisme.

Au fait, qu'est-ce que la psychothérapie?

Très exactement, c'est aider quelqu'un à régler ses problèmes psychiques, c'est-à-dire les problèmes qu'il peut avoir dans les rapports de sa conscience avec l'inconscient. La conscience individuelle, c'est ce qu'on appelait autrefois l'âme. Quant à l'inconscient – qui ne peut être que collectif faute de quoi le mythe d'Oedipe, celui du péché originel et de la culpabilité et même l'ensemble des grands mythes ne sauraient être collectifs, ce qu'ils sont –, c'est une sorte d'information inconsciente, omnisciente, qui semble hanter l'espace et que les spiritualistes apellent l'Esprit. Il est donc clair que l'analyse psychique est la forme moderne des anciennes religions. L'inconscient, dont aucun psychanalyste n'a jamais pu nous dire exactement ce que c'était, y a remplacé Dieu, sur lequel, il faut bien le dire, les prêtres ne nous ont guère davantage éclairés. L'analyste ou le thérapeute y a remplacé le prêtre – le vrai, qui était *directeur de conscience*, en dépit de son ignorance, préfreudienne et absolue, des rapports du conscient et de l'inconscient. Le conscient a remplacé l'âme – mais ce n'est là quasiment qu'un jeu de mots puisque, selon Freud, le conscient serait une partie détachée de l'inconscient, de la même manière que l'âme ne serait qu'une partie détachée de l'Esprit.

Le divan ou le fauteuil a remplacé le confessionnal. Et l'analyse y a remplacé la confession – avantageusement, il faut le dire, en ce sens que le discours de l'analysé y va, en général, beaucoup plus loin que celui, superficiel, du confessé. Hélas, l'analyse incline toujours davantage, aujourd'hui, à se rapprocher de la confession, en ce sens qu'elle est de plus en plus courte – de l'heure d'autrefois, on tend, pour des raisons économiques, vers le quart d'heure. A quand les cartes à puce de minutes de thérapie?

En outre, si l'on veut bien admettre que l'angoisse essentielle, qui est à la source de toutes les autres et, sans doute, de tous les troubles psychiques, est, en vérité, l'angoisse de la mort, c'est-à-dire l'angoisse de ce qu'il y a ou de ce qu'il n'y a pas après la vie moléculaire et neuronique, laquelle ne peut avoir de sens que si, *après*, l'inconscient devient absolument conscient, ce qui implique la connaissance infinie – même si elle n'est que cyclique –, eh bien, les psychanalyses n'ont pas davantage résolu le problème que les religions. Celles-ci font appel à la foi, quant à celles-là, elles se taisent, avouant implicitement leur impuissance à résoudre cette question métaphysique et, du même coup, à achever l'analyse, faute d'une synthèse de l'homme et du cosmos qui l'a produit.

Qu'importe alors que la culpabilité d'Oedipe ait remplacé celle d'Adam, que l'analyse, qui vise à défaire l'homme de sa culpabilité envers lui-même, ait remplacé la confession, qui vise à absoudre l'homme de sa culpabilité envers Dieu, que la théorique neutralité de l'analyste ait remplacé la morale, plus sociale que divine, du prêtre, que l'analyste soit devenu le médiateur entre le patient et l'inconscient, au lieu du prêtre, médiateur entre le pécheur et Dieu, et que la très théorique guérison concrète ait été substituée à l'absolution spirituelle abstraite, tant que l'angoisse de la mort n'est pas résolue et que l'inconscient reste aussi voilé et mystérieux que Dieu? Définir l'inconscient, telle est l'entreprise inachevée qu'après Diderot – dans *Le Rêve de d'Alembert* – et le *Livre de Job* – où il est écrit en toutes lettres que Dieu, comme l'inconscient, parle à l'homme au moyen des rêves (XXXIII, versets 14 à 16) – nous ont laissée Freud, Jung, Reich, Lacan et les autres.

Prétendre faire de la psychothérapie, au sens large du terme, sans avoir défini l'inconscient, voilà une difficile posture qui frise l'imposture. Comment, en effet, peut-on prétendre diagnostiquer l'aliénation et la guérir sans cette définition?

Mais, d'abord, qu'est-ce que l'aliénation?

L'*aliénation* – terme qui vient du latin *alienare : rendre autre* et, par extension, *vendre, détacher,* ou *ôter* – c'est le fait d'être *rendu autre que soi-même,* de *vendre* donc *d'aliéner,* comme Faust, *sa conscience ou son âme.* Dans la mesure où c'est la conscience qui fait l'être, c'est donc l'évidence que perdre la conscience entraîne un état d'aliénation de soi. L'amnésie est une aliénation puisqu'elle détache l'individu de sa mémoire et la lui ôte. Or tout le monde est plus ou moins amnésique et, de ce fait, plus ou moins aliéné, car nul ne peut avoir présente à l'esprit, à un moment donné, toute la mémoire de sa vie – et cette mémoire s'estompe avec l'âge. Mais, plus simplement encore, le sommeil profond abolit la conscience et fait du dormeur un aliéné. Où va sa conscience, quand il dort? Qui – ou quoi – s'en empare? L'inconscient, bien sûr! Quant au sommeil paradoxal, s'il ne l'abolit qu'en partie, il l'abolit tout de même suffisamment pour livrer l'individu à l'inconscient, c'est-à-dire à une pensée mystérieuse, venue d'on ne sait où, et qui aliène le dormeur au point d'en faire un autre homme et de lui inspirer des idées que sa conscience réprouve, au réveil, comme si elles venaient d'un autre.

L'aliénation est donc un état bien plus fréquent et normal chez l'homme qu'il ne le croit.

D'ailleurs, c'est l'évidence que, pour n'être absolument pas aliéné, il faudrait avoir la conscience absolue, non seulement de soi mais encore du cosmos tout entier, de son origine à sa fin. Tout individu, quel qu'il soit, est donc aliéné, ne serait-ce que parce que la quasi-totalité de sa conscience ne cesse jamais de lui échapper pour se réfugier dans un invisible et impalpable espace, qui est précisément l'inconscient puisqu'alors il en devient inconscient. Pourtant, il lui arrive fréquemment de récupérer des bribes ou des pans entiers de cette conscience en faisant appel à sa mémoire. *Mémoire et inconscient sont donc forcément une seule et même chose.*

Or, si la psychothérapie consiste bien à faire prendre conscience de l'inconscient, afin de résoudre le conflit de leur opposition, elle consiste bien, du même coup, à désaliéner. Dès lors, qui ne voit que l'objectif final et ultime de la psychothérapie ***absolue*** ne peut rien être d'autre que d'atteindre à la ***conscience absolue***, qu'on ne prête qu'à Dieu, c'est-à-dire à la prise de conscience absolue de l'inconscient?

Ce qui signifie, bien sûr, que ***l'inconscient absolu***, tel qu'on peut l'imaginer, c'est-à-dire la ***dépression absolue*** du ***Vide infini***, en l'absence de toute conscience, de toute substance, n'est que ***l'envers*** de ***l'absolue conscience***, c'est-à-dire de DIEV, rigoureuse anagramme de VIDE et que Dieu, a contrario, ne peut rien être d'autre que ***l'endroit*** de ***l'inconscient absolu***, c'est-à-dire la ***Conscience absolue***, qui ne peut être que la ***pression infinie*** du Zéro, c'est-à-dire du Plein infini, contraire même du Vide.

Auquel cas c'est l'évidence que Freud a fondé, sans le savoir, la religion moderne, la seule qui soit ***universelle*** mais qui le dépassait de beaucoup.

Sans doute, ce passage sur la relation du Vide infini et du Zéro peut-il sembler absolument métaphysique, c'est-à-dire absolument abstrait. Pourtant, si l'on veut bien prendre garde aux deux théories physiques qui s'opposent sur l'origine du cosmos, on va voir le lien qui existe entre la métaphysique et la physique et, du même coup le psychisme et la psychothérapie.

Ces deux théories sont la théorie du "Big Bang" des physiciens relativistes et la théorie du Vide des physiciens quantiques.

Or, selon la solution apportée, pour ***l'instant zéro du temps*** (avant que notre monde n'apparaisse), par Robertson et Walker aux équations d'Einstein, la théorie du "Big Bang" fait apparaître que le cosmos serait issu d'un ***point mathématique***, de dimensions donc nulles, c'est-à-dire le Zéro, ***phallus absolu*** de l'énergie et de la matière cosmiques, auquel se serait alors réduit, de manière parfaitement œdipienne, le Père éternel.

D'autre part, selon la théorie de certains physiciens quantiques, le cosmos serait issu du Vide, qu'on ne peut imaginer qu'infini et qui, en tant que matrice vide, ressemble fort à la Mère éternelle. Or, si cette théorie est valide, il est clair que l'origine de notre monde concret est bel et bien la métaphysique absolue – le Vide absolu – dont les psychanalystes ont eu bien tort de se désintéresser.

En effet, si, plutôt que d'opposer la thèse du "Big Bang" et l'antithèse du Vide, on en faisait la synthèse – ce que fait la ***Relativité absolue*** –, alors l'origine même du monde mais aussi sa fin apparaîtraient bien comme la solution des rapports du Vide infini et du Zéro absolument plein, c'est-à-dire de l'Inconscient absolu et du Conscient absolu...

Et notre monde apparaîtrait comme la réalisation concrète du conscient et de l'inconscient absolus et métaphysiques et le champ clos de leur conflit, dont l'Histoire serait le théâtre et nous-mêmes, les acteurs. Là encore, l'idée n'est pas nouvelle. Elle existait, à l'état embryonnaire chez les Grecs : *L'Iliade et L'Odyssée* en témoignent. Homère nous montre les hommes comme les jouets inconscients à travers lesquels les dieux de l'Olympe règlent leurs conflits. C'est aussi, bien sûr, la même idée qu'on retrouve chez Hegel, exprimée de manière logique et non plus poétique mais, hélas, de manière pas vraiment dialectique... D'où le conflit encore irrésolu entre la thèse d'Hegel et l'antithèse de Marx, dont on aperçoit pourtant la synthèse dans la Relativité absolue.

Ceci posé, il faut bien voir que la conscience et l'inconscient sont tout à fait comparables au récepteur et à l'émetteur de la télévision. L'émetteur (l'inconscient) émet des images et des sons codés sous forme de vibrations des ondes électromagnétiques hertziennes de l'espace-temps. Cette information codée se répand, tous azimuts, dans l'espace-temps, à la vitesse de la lumière. Cette information est bien inconsciente en ce sens qu'aucune conscience n'est capable de la décoder directement, sans le secours d'un décodeur, en l'occurrence le récepteur de télévision. De surcroît, elle est bien collective dans la mesure où elle est véhiculée, dans toutes les directions, par le système continu et ondulatoire des ondes électromagnétiques. Le récepteur (le "conscient") capte, au moyen de son antenne, les vibrations des ondes, qu'il code en impulsions électriques qui cheminent jusqu'au canon à électrons.

Ce canon projette alors des électrons sur l'écran, lesquels forment l'image qui apparaît à nos yeux. Pour ce qui concerne le son, les mêmes impulsions électriques aboutissent aux membranes des haut-parleurs qu'elles font vibrer. Ces vibrations agitent les ondes moléculaires de l'espace et engendrent les sonorités que capte notre oreille. Naturellement, nous ne captons pas directement les images de l'écran et les vibrations des haut-parleurs. Les variations de la lumière, sur l'écran, engendrent des vibrations des ondes électromagnétiques, non plus hertziennes mais lumineuses, de la pièce. Ces vibrations sont captées par nos yeux, qui les codent en impulsions électriques de l'influx nerveux. Même chose pour les vibrations des ondes sonores, qui sont captées par l'oreille. Ce sont ces vibrations électriques de l'influx nerveux qui deviennent, dans nos cellules nerveuses, notre conscience individuelle.

La différence radicale qu'il y a, toutefois, entre la télévision et la conscience, c'est que le téléviseur ne peut rien faire d'autre que de capter le programme de l'émetteur. Il ne peut ni le réfléchir consciemment, ni le modifier en fonction d'une pensée propre – qui lui fait défaut–, ni y mêler d'autres programmes. Toutes choses que peut faire la conscience, parce qu'elle est un ordinateur de fonctions d'ondes électriques ***autoréfléchissant***. Toutes choses que peut également faire, de manière objective, ***l'inconscient***, puisqu'il est ***l'ordinateur cosmique de toutes les fonctions d'ondes possibles du monde*** et puisqu'il est capable de capter, dans ses ondes électromagnétiques vibrantes, l'ensemble de toutes les vibrations d'ondes électriques de toutes les consciences individuelles, dont il est la ***mémoire collective*** ! C'est-à-dire que l'inconscient réfléchit objectivement toutes les consciences individuelles, tout autant que celles-ci réfléchissent l'inconscient. L'échange – cybernétique – d'information entre l'inconscient collectif et les consciences individuelles est permanent.

C'est pourquoi on peut affirmer que la conscience individuelle est un fragment conscient de l'inconscient collectif, que les spiritualistes appellent l'âme. Quant à l'inconscient – qui ne peut être que collectif et, en vérité, cosmique –, c'est bien de l'information, inconsciente, collective et omnisciente qui hante l'espace-temps et que les idéalistes appellent l'Esprit.

Il est donc clair que la psycho-analyse est la forme moderne des anciennes religions mais aussi de bien des anciennes philosophies.

Freud reprochait à Jung d'être un prophète, c'est-à-dire de chercher à donner à la psychanalyse une dimension quasiment mystique. Pour Freud, l'inconscient n'était rien d'autre que le lieu où étaient verrouillées – et, du même coup, source de conflits et, par conséquent, de troubles psychologiques –, les tendances refoulées de l'enfance. C'était pourtant aussi le siège des pulsions fondamentales de vie et de mort, ce qui était paradoxal dans la mesure où ces pulsions avaient une dimension cosmique – elles gouvernent aussi bien l'homme et l'animal que la cellule biologique – et ne peuvent donc pas être réduites aux tendances refoulées de l'enfance.

Pour Jung, l'inconscient visait à recréer, à travers la personne même du thérapeute, un dieu. J'inclinerais à dire, quant à moi, que l'inconscient, s'il constitue bien toute l'information cosmique, est l'Esprit même du monde qui se réfléchit dans les consciences individuelles, par lesquelles il cherche à se faire saisir comme pour leur faire comprendre le sens même du monde. Ce qui n'est possible que si l'on finit par en connaître l'origine et la fin, qui déterminent le sens même du trajet et, de ce fait, le sens même du projet, à savoir la prise de conscience absolue de l'inconscient par la conscience.

La conscience absolue présuppose que tout l'inconscient soit devenu conscient. Mais, la conscience absolue, c'est, par définition même, Dieu, dont elle est, avec l'infinitude et l'éternité, l'un des attributs. La conscience absolue, en tant que telle, est censée connaître l'origine et la fin du cosmos et, du même coup, le projet qu'il remplit. La conscience absolue n'est certes pas l'objectif de la psychanalyse. En revanche, c'est l'objectif même de la philosophie – connaître les fins dernières de l'homme et du monde. Celui de la science est d'atteindre, si c'est possible, à la connaissance absolue du cosmos, ce qui implique de connaître, répétons-le, son origine et sa fin, c'est-à-dire de résoudre l'énigme de la création – ou de l'apparition même du monde, dont les cosmologistes s'accordent à reconnaître qu'il a eu un commencement.

Il y a donc bien une convergence des objectifs de la philosophie, des religions et de la science. D'autant que celle-ci, après avoir fait du ***principe de l'objectivité absolue*** des phénomènes – c'est-à-dire de ***l'inconscient absolu*** si cher au Pr Schwartzenberg et à Jean-Pierre Changeux – l'absolu, donc ***la divinité***, est en train de le ***relativiser*** et, de ce fait même, d'y ***renoncer***.

Peut-être serait-il temps de s'en apercevoir, près d'un siècle après Einstein, de dénoncer l'imposture des scientifiques et de leur imposer, à l'occasion du bicentenaire de la Constitution civile du clergé, imposée aux prêtres de Louis XVI, la Constitution laïque de la science. Afin de mettre fin à la religion absolutiste et obscurantiste du matérialisme prétendument dialectique, dont le glas a sonné, le 9 novembre 1989, avec la chute du mur de Berlin.

III

SUICIDE À L'EAU DE JAVEL

Nouvel appel de Corinne, ce jeudi 6 mars 1980. Elle me demande si je vais bientôt consentir à les voir, elle et sa fille. Oui, un prochain jour. Elle me reparle d'un incident, qu'elle a vaguement évoqué et qui s'est produit dans le métro, le 23 février, le lendemain du suicide des "Maraîchers". Elle a vu, dans une station, une femme toute vêtue de rose et, quand la rame s'est approchée d'elle, Corinne n'a pas eu le mouvement de recul qu'elle a d'ordinaire. Le métro s'est arrêté juste devant elle. Elle ajoute que, désormais, après l'accident du métro que je lui ai raconté, elle surmonte mieux la pulsion suicidaire, l'envie de se jeter sous le train qu'elle éprouve chaque fois qu'elle est sur le quai. "J'ai eu cette envie, l'autre jour, mais le métro s'est arrêté juste devant moi..."

Elle souligne à plusieurs reprises que le 23 février était la Saint-Lazare, avant que je ne m'aperçoive que Lazare est le symbole de la résurrection.

"Hier, je suis allée voir le neurologue. Il y avait des ciseaux sur son bureau... Je me rappelle d'un incident, quand j'étais petite. J'étais chez une voisine, qui allait me faire déjeuner, quand ma mère a fait irruption, furieuse, un couteau à la main, pour me reprendre. J'ai eu l'impression qu'elle voulait me tuer. En tout cas, c'est comme ça que je l'ai perçu. Puis ma mère s'est précipitée sur la voisine, comme pour la tuer. Un voisin est intervenu et, en lui tordant le bras, il lui a fait lâcher le couteau."

La mère devait elle-même être bien perturbée pour se laisser aller à de pareilles violences. D'ailleurs, elle n'avait guère le temps de s'occuper de Corinne, qui était soit placée en nourrice, soit chez sa grand-mère. Laquelle, d'après Corinne, attachait l'enfant à un arbre pour avoir la paix. Etrange idée de la mère d'avoir nommé sa fille Corinne, en souvenir de la soeur de son père, morte en bas âge ! "Quand j'ai appris ça, ça m'a fait quelque chose", m'a dit Corinne.

L'incident qu'elle a vécu dans le métro s'est produit à la station "Sèvres-Babylone".

"J'avais déjà confondu cette station avec la direction "Pont de Sèvres", me dit-elle.
– Sèvres, sevré, dis-je. Babylone, qu'est-ce que ça veut dire ?
– Quoi ?
– *Baby...lone*, cherche...
– Bébé.
– Oui, ensuite ?
– Je ne vois pas.
– *Lone* : seul en anglais.
– Non, c'est *alone.*
– C'est aussi *lone, lonely*, solitaire."

Elle me reparle de la visite qu'elle m'a faite, en m'apportant un panier de fruits.

"Je me rappelle que, avant de partir, je me suis levée et je t'ai embrassé. Je me suis penchée et j'ai mis la main sur ton genou.
– Lequel ?
– ...Tu avais les jambes croisées... j'ai mis la main sur ton genou droit et je t'ai embrassé sur la joue droite."

Je ne dis rien mais je songe que c'est précisément ce genou, dont l'articulation est enflammée, qui me fait boiter et, ce matin, m'empêchait quasiment de marcher. Je ne puis m'empêcher de songer que c'est peut-être elle qui, telle une sorcière, m'a endommagé le genou. Elle qui fait sans cesse le jeu de mots : je-nous.

Elle continue de m'appeler régulièrement chaque jour jusqu'au 13 mars. Ce soir-là, tandis que je regarde une pièce de Mauriac à la télévision, elle m'appelle à trois reprises pour me dire qu'elle ne m'appellera pas le jeudi suivant parce qu'il est inutile qu'elle m'amène E., le vendredi, comme nous en étions convenus.

"Je t'ai assez embêté comme ça.
– Mais ça ne m'embête pas. Ca me fera plaisir de voir E.. Comment va-t-elle ?
– Elle va bien. Mais, moi, je prends toujours des tranquillisants, du Temestat, comme ma mère."

Deuxième, puis troisième coup de fil pour me répéter qu'elle ne m'amènera pas sa fille.

"Ecoute, dis-je, tu es libre de faire ce que tu veux. Mais pourquoi m'appelles-tu trois fois de suite pour me dire que tu ne m'amèneras pas ta fille ?
– Je ne sais pas.
– Tu feras comme tu voudras. L'essentiel est que la mère et la fille se portent bien.
– La fille se porte bien et la mère se porte très bien...Au revoir."

Alain interprète ces étranges tergiversations comme le signe que la mère est jalouse de l'intérêt que je porte à la fille. En somme, Corinne se rend bien compte que le seul moyen, pour elle, de me voir, est sa fille. Elle ne se décide pas à me l'amener parce qu'elle voudrait que je consente à voir la mère pour elle-même. Pas question, bien sûr, de céder. Je me demande cependant si cette jalousie ne risque pas d'être dangereuse pour l'enfant. Alain me dit que non, du moins tant que je n'ai pas vu E..

Malgré sa promesse de ne plus me téléphoner, faite hier, Corinne me rappelle ce soir, jeudi 13 mars. Elle me reparle de cette dissolution de la personnalité qu'elle a vécue au moment où, "étant pensée par l'extérieur d'elle-même", elle ne savait plus ce qu'elle faisait. A tel point que, le jour de la mort de Gabriel, on a dû l'installer dans une chambre, à l'hôpital. Elle a alors posé les deux sacs – le sien et celui de Gabriel – sur deux chaises, "comme si c'était des personnes". Elle souligne qu'il y avait dans cette chambre une bouche d'aération, comme dans le métro à "Nation", le jour où elle est venue me voir. Elle dit qu'E. est adorable et me redemande quand elle pourra me l'amener. Nous arrêtons la date du 15 mars.

Samedi 15 mars, Corinne me téléphone, d'une voix fortement angoissée. Elle évoque de nouveau la mort de Gabriel. Il ne voulait pas se rendre à son école le lundi matin. Elle lui aurait dit la veille que "c'était O.K pour la fin". Le lendemain, il se jetait sous le train. Il est aussi question de devoirs à corriger. Son discours est confus. Mais je la sens trop angoissée pour tenter d'y voir plus clair. Elle semble délirer. Finalement, elle me dit qu'elle ne viendra pas : le train et le métro l'angoissent. Elle va donc rester chez elle à garder sa fille. Je lui dis qu'il me paraît normal que le train ou le métro lui donnent de l'angoisse après ce qu'elle a vécu mais que c'est le dernier obstacle à vaincre. Elle me répond que cette angoisse du train et de la foule est, en fait, antérieure à la mort de Gabriel. Quelle en est donc la cause ? Finalement, elle se résout à venir.

Lundi 24 mars. Elle n'est pas venue le 15. Je m'y attendais un peu. Jeudi, elle m'annonce qu'elle s'est remise à la peinture qu'elle avait abandonnée depuis la mort de Gabriel. Cela me semble le signe d'un retour à la normale. Elle ajoute que voir, à travers le réel, des signes venus du surréel, est de la folie. Je combats cette idée. A mesure qu'elle parle, sa voix devient de nouveau fortement angoissée. Elle s'inquiète du film vidéo, que Frédéric et moi aimerions tourner sur son cas et dont je lui ai parlé. Pourra-t-elle le voir ? Si nous le tournons, bien sûr ! Elle me reparle de l'obsession, qu'elle a, depuis longtemps d'un complot qui serait ourdi contre elle. Cette idée lui vient des signes qu'elle interprète comme des messages qui lui sont adressés par une sorte de puissance mystérieuse, occulte. Un invisible "on" qui "sait tout ce qu'elle sait et la manipule". D'où l'impression qu'elle a d'être dépossédée d'elle-même, d'être le jouet de cette puissance. Par exemple, il suffit qu'elle pense à quelque chose pour qu'aussitôt la télévision traite de ce sujet. De telles coïncidences sont si fréquentes qu'elle finit par s'imaginer que les gens de la télévision savent tout ce qui se passe chez elle. J'ai beau lui expliquer qu'il s'agit de coïncidences objectives et que, même si elles peuvent avoir une signification pour celui ou celle qui les perçoit, ceux qui, comme la télévision, sont les instruments de ces coïncidences en sont inconscients et ne savent rien de ceux qui les voient. Et ceci, bien que tous les événements du réel soient une représentation que l'inconscient ou le surréel fasse de lui-même à l'intention de la conscience.

"Les producteurs de la télévision sont aussi inconscients de ce qui se passe chez toi et dans ta tête que l'affiche de Monet était inconsciente que je la regardais et que le suicidé du métro l'était de me délivrer, malgré lui, un message. L'affiche me regardait, certes, mais elle ne me voyait pas. Sois confiante, tout s'arrangera.

– Tu parles bien, me dit-elle. Ta voix, au téléphone, a sur moi un effet tranquillisant."

Le lendemain, elle me reparle de m'amener sa fille, qui va beaucoup mieux et "qui est marrante".

"Comment se comporte-t-elle avec les autres enfants de la crèche ? Elle en a toujours peur ?

– Mais comment sais-tu cela ?
– Parbleu parce que tu me l'as dit !
– Oui, ca va beaucoup mieux.
– Elle n'a plus peur d'eux ?
– Non, elle est vive et curieuse. Elle joue. Elle s'intéresse à beaucoup de choses. Je la fais dessiner. Enfin presque ! Elle n'a que dix mois. Quel changement !
– Tu vois, le fait d'être séparée de sa mère la déséquilibrait. Elle se

rééquilibre maintenant.
– Oui, elle a fait d'énormes progrès.
– Qu'est-ce qui t'a poussé à la reprendre ?
– Je ne sais plus... Lorsque je l'avais emmenée chez le pédiatre, je m'étais aperçu qu'elle était très en retard... que quelque chose n'allait pas...
– Rien d'autre ?
– Si, il y avait une histoire d'ondes et cette exposition de Monet que je voulais voir, tu te rappelles ? Et puis tu m'avais dit : "Mon nouveau né"...
– C'est toi qui avais dit ça...
– Oh non !
– Si, je t'avais parlé, moi, de "mon né" et c'est toi qui avais dit "mon nouveau-né". Tu avais parlé de la peinture très ondulatoire de Monet et je t'avais demandé qui était "mon né" pour toi.
– Oui.
– Tu peins de nouveau ?
– Non.
– Tu m'avais dit avoir recommencé.
– Oh, j'ai fait un tableau pour E.... je lui parle souvent de son père... tout va mieux, pour moi, depuis que j'ai repris ma fille.
– Tes parents, qu'en disent-ils ?
– Rien. Ils sont plutôt dépressifs. Ma mère surtout. Elle pleure souvent. Elle a fait une tentative de suicide. Ma mère m'a toujours fait peur. Ce n'est pas comme mon père qui a toujours été gentil avec moi. Il m'emmenait faire des balades. Il avait été privé de moi quand j'étais petite. Il vient voir E.. Il se trompe et l'appelle Corinne (rire)...
– Il retrouve sa fille dans sa petite fille.
– Quand je l'ai reprise, ils avaient gardé un lit pour elle, au cas où je la leur laisserais pour le week-end. L'autre jour, ils m'ont dit qu'ils avaient rendu le lit.
– Tu ne la leur a pas laissée durant les week-ends ?
– Non."

Elle ajoute qu'elle voit encore des signes, qu'elle en a toujours vus mais qu'il lui arrive maintenant d'en rire, notamment d'un rapprochement qu'elle avait fait "entre le complot et les petits pots".

"Quand les parents de Gabriel viennent voir leur petite fille, ils me mettent mal à l'aise. Mais je commence à mieux les supporter. Ils sont venus dimanche. La grand-mère était habillée tout en noir. Je les ai laissés jouer avec E., tandis que je m'occupais à autre chose. Gabriel ne s'est jamais entendu avec son père, qui avait une boulangerie. Mais il jouait surtout aux cartes. Aujourd'hui il vit de ses rentes. Gabriel voulait parler à son père, peu avant sa mort. Lorsqu'il a annoncé à sa famille qu'E. allait naître, tout le monde lui est tombé dessus. Ils lui ont dit que c'était dément, pour lui et pour moi, de se mettre un gosse sur les bras, alors que Gabriel était au chômage. La naissance d'E. a été un choc pour Gabriel. Et puis il y a eu aussi "O.K. la fin", tu sais ?

– Oui, tu m'as parlé de cette histoire. Rapelle-la moi.

– E. était née depuis deux mois. C'était le dimanche. Gabriel était si perturbé, ce jour-là, qu'il ne parvenait pas à corriger les copies de ses élèves qu'il devait rendre le lendemain. J'avais dû l'aider. Il achetait des tas de grammaires pour vérifier les fautes. Il n'y arrivait pas. La dernière copie que j'ai corrigée était celle d'un garçon qui se nommait Laffin – L, A, deux F, I, N –. Il n'y avait pas de fautes dans cette copie. Gabriel aimait bien ce garçon, Laffin. Il le trouvait sympathique. J'ai noté sur une feuille à part le nom des élèves et les règles qu'ils n'avaient pas observées. Comme il n'y avait pas de faute dans cette copie, j'ai écrit : "O.K. Laffin". Et je lui ai tendu la feuille, sans me rendre compte que j'avais écrit, comme un signe, que "c'était O.K. pour la fin". Il voulait mourir... Je me demande si ça a pu l'influencer...

– Le jour de sa mort, c'était quand ?

– Le lendemain...

– Non, ça n'a pas dû jouer de manière consciente, ni chez lui ni chez toi. D'ailleurs, tu n'as fait le rapprochement qu'après."

Elle ajoute qu'elle a oublié tout ce qui s'est passé avant.

"Je songe sans cesse à Gabriel mais je ne le vois plus mort. Je le vois vivant... C'est un progrès... Il faudrait que je déménage. Il y a trop de souvenirs de lui ici... Avant, je n'avais pas d'angoisse. Maintenant, j'en ai. Je n'arrête pas de rire ou de pleurer... J'ai emmené E. au lac, mais il n'y avait pas de cygne. On les avait kidnappés. Il n'y avait que des canards. Devant eux, E. a ouvert des yeux ronds. Ce soir, on donne *Le lac des cygnes*, mais je ne sais plus où. Cette musique m'avait frappée quand j'étais jeune."

Elle me parle de la contraction sur soi qu'engendre l'angoisse.

"Pour s'en débarrasser, il faut se dilater vers l'extérieur. L'angoisse, le tragique, la contraction, ça va ensemble", dit-elle.

Le dimanche 30 mars, elle m'appelle, le soir, alors que je rentre de week-end pour me confirmer qu'elle viendra me voir avec sa fille le lendemain. Mais, lundi matin, elle me rappelle pour annuler sa visite.

"Ca ne va pas très bien. Je viendrai plus tard. Je suis trop angoissée en ce moment. Je suis obsédée par des mots qui me viennent à l'esprit. Je me demande s'ils ont un sens. En ce moment, le mot tocsin, de *tocar* : *toucher*. Cloche. On est à Pâques. Navet. Sas."

Elle me rappelle un peu plus tard. Elle va venir.

Dans l'après-midi, elle m'amène sa fille qui est adorable. Elle a pris le train sans angoisse mais s'est perdue dans le métro. Nous bavardons. Puis il faut qu'elle prépare le biberon qu'elle donne ensuite à sa fille. L'enfant bave. Au bout de deux heures, E., allongée sur le canapé, ne cesse de s'agiter et de pleurer. Corinne se décide enfin à partir. Elle me rappelle dès son retour chez elle, une heure plus tard.

“Nous n'avons pas parlé”, me dit-elle.

Nous ne parlerons pas davantage au téléphone. Sa fille braille et elle est obligée de raccrocher, non sans me demander si nous nous reverrons, question à laquelle je n'oppose que le silence.

Elle me rappelle chaque jour jusqu'au 9 avril, hormis le week-end où je suis à la campagne.

Elle a passé tout le week-end à chercher à me joindre, tantôt chez moi, tantôt chez Bruno. Je n'étais pas là et elle ne retrouvait pas le numéro de téléphone de Bruno. Elle me dit qu'elle vacille souvent, même dans la rue, et qu'elle a fait une chute, dans l'escalier, avec sa fille qui n'a pas été blessée.

“J'ai toujours des envies de suicide. Je passe en revue toutes les formes de suicide possibles, jusqu'à ce que j'en trouve une qui me paraisse satisfaisante...”

J'écoute sans rien dire. Pas question pour moi de donner prise à un chantage au suicide en montrant que je suis inquiet. Plus que jamais je me cantonne dans le rôle d'observateur neutre. Attentif, bienveillant mais neutre comme un clinicien.

“Je vais cesser de te téléphoner...
– Pourquoi ?
– Parce que je me piège moi-même.
– ...
– C'est moi qui appelle. Tu ne m'appelles jamais... qu'est-ce que tu avais dit à propos de nos rapports ?
– Que je ne voulais pas avoir de rapports personnels avec toi. C'est pourquoi je t'avais proposé que nous nous voyons dans le cadre d'un groupe, avec Alain, Frédéric et Bruno.
– Mais le téléphone, c'est un rapport personnel.
– En effet. Les termes que j'ai employés étaient mal choisis. Je voulais dire que, si tu avais besoin d'un soutien, j'étais prêt à te l'apporter –

par le téléphone – mais que je ne voulais pas aller au-delà. Tu comprends ce que je veux dire ?

– Oui... c'est ça que je ne veux plus t'appeler.

– Parce que, pour toi, cette relation est ambiguë ?

– Oui.

– Je ne crois pas que, pour l'instant, avec les problèmes que tu as à résoudre, il faille cesser de me téléphoner. Tu as besoin d'un soutien moral et, si ces coups de fil peuvent t'aider, il faut les donner. En fait, tu poses le problème du transfert que tu es en train de faire sur moi.

– Transfert...j'ai un problème avec les transports. Il y a une relation entre ces mots.

– Oui, *transferre* signifie *porter au-delà*, *transporter*.

– Le transfert que je fais sur toi, c'est celui que je faisais sur José, il y a cinq ans...

– Tu vivais avec Gabriel ?

– Oui... je ne supportais pas que José s'en aille. Or il voyageait sans arrêt. José est argentin. Je l'appelais Ulysse. Du nom de ton livre. Mais avec toi, c'est atténué.

– Que veux-tu dire ?

– Que vous n'avez pas la même personnalité, que tu parles, alors que José ne disait rien et que je supporte mieux tes voyages que les siens. J'ai passé le week-end à t'appeler, je savais que tu n'étais pas là. Mais j'ai mieux supporté cette absence.

– C'est à cause de ce transfert que je voulais que nous nous voyons en groupe.

– Oui, pour que le transfert se fasse sur le groupe.

– En fait, ton transfert, tu le fais sur plusieurs personnes. Par exemple sur ton voisin, Christian, dont tu m'as parlé.

– Oui mais c'était après toi.

– Tu m'as dit lui avoir déclaré que tu l'aimais.

– Il m'a répondu que c'était à Gabriel que je devais le dire.

– Tu as fait ce transfert avec d'autres ?

– Oui, avec un copain. Il m'a dit que je le prenais pour un con. Sa réponse m'a interloquée.

– Au fond, il faudrait que tu rencontres le prince charmant."

Elle rit.

"Quant à moi, j'en ai passé l'âge. Je ne me sens plus le physique de l'emploi, dis-je.

– Je ne suis pas de cet avis", me répond-elle.

Il est minuit. Elle se décide enfin à me laisser dormir.

Les conversations quotidiennes se poursuivent. Quinze jours plus tard, le vendredi 2 mai, elle m'apprend qu'elle est de nouveau séparée de sa fille. Sa mère, jugeant que Corinne "manque d'hygiène, ne stérilise plus les biberons et oublie même d'aller chercher sa fille à la crèche", a repris E. chez elle, le matin même. Il est vrai que Corinne est de nouveau ivre de pilules. Elle dit elle-même qu'elle se "bourre de cachets".

"Que caches-tu derrière ces cachets ?"

Elle me dit qu'elle cherche du travail mais qu'elle fait demi-tour, à peine arrivée chez l'employeur éventuel, ou qu'elle se rend à la convocation avec trois jours de retard ou encore qu'elle s'en va au milieu du test qu'on lui fait subir. Rude coup pour ma psychothérapie. Tous les résultats qu'à force de patience j'avais obtenus sont annulés. Je suis désespéré et, quoique sur un ton neutre, je me suis montré assez dur avec elle au téléphone, lorsque je lui ai rétorqué :

"On peut toujours assumer la responsabilité d'élever son enfant.
– Si on n'en a pas la force.
– Il fallait y y songer avant...mais on peut toujours l'avoir."

Le lendemain, elle me rappelle le matin puis à 16 heures. A 17 h 30 nouvel appel, la voix éteinte.

"Tu m'as bien dit que tu ne viendrais jamais chez moi, demande-t-elle.
– Oui et je t'ai dit pourquoi. Je ne sors jamais sauf pour mon travail.
– C'est curieux.."

Elle parle d'une voix faible, quasiment inaudible.

"Sang...Javel..."

L'idée qu'elle vient de s'ouvrir les veines me passe par l'esprit mais je ne m'affole pas.

"Que dis-tu ? lui demandè-je calmement.
– ...Je...je suis pleine de sang.
– D'où vient ce sang ?
– ...Javel...
– Quoi Javel ?
– J'ai bu de l'eau de Javel...j'ai vomi...du sang..."

Je prends un calepin où se trouvent des numéros de téléphone d'urgence.

"Tu vas aller chercher tes voisins. Il faut te conduire à l'hôpital".

Silence.

“Corinne ! Va chez tes voisins !

– ...

– Quel est le numéro de téléphone de tes parents ?

– Je ne sais pas.

– Donne-moi le numéro de téléphone de tes parents ou j’appelle la police !

– Non ! N’appelle pas la police...ça va être fini...”

Elle raccroche. J’appelle le 17 qui me communique le numéro du commissariat de A., que j’appelle aussitôt.

“Une amie vient de me téléphoner qu’elle avait avalé de l’eau de Javel. Son mari s’est suicidé et elle avait fait une dépression...

– Son nom ?”

J’indique le nom et l’adresse et j’ajoute :

“Il faudrait la conduire à l’hôpital, lui faire un lavage d’estomac.

– On envoie un car. Votre numéro d’appel ?

– 340 35 48.”

J’ai fait tout ça très calmement. Mais maintenant que la police et les pompiers vont chez elle, je ressens cette affaire comme un choc. Puis la colère monte en moi. Ce matin, elle me parlait de sa culpabilité dans la mort de Gabriel. “Je ne peux pas vivre seule”, disait-elle. Elle ne pense tout de même pas que je vais lui tenir compagnie ! Elle prétendait aimer tout le monde, Christian, Charles, moi, sauf elle-même. Comme je lui demandais si elle aimait sa fille, elle m’a répondu : “Ma fille, ce n’est pas pareil, c’est une partie de moi”. Elle a ajouté que, si je l’avais connue dans d’autres circonstances, je l’aurais probablement exécrée. Oh non ! Car, dès maintenant, je l’exècre – je ne suis pas encore parvenu à la belle neutralité du vrai psychothérapeute – de feindre de se suicider et de m’appeler aussitôt pour me signifier qu’elle se suicide à cause de moi, que j’en porte la culpabilité. Si elle me rappelle, je crois que, désormais, je lui raccrocherai au nez.

Ce matin, je lui faisais observer que Gabriel, après avoir voulu qu’ils se suicident tous trois ensemble, s’était tué en se déchargeant sur elle de sa responsabilité d’avoir fait un gosse et que, abandonnant l’enfant à son tour, elle s’en déchargeait elle-même sur sa fille. Bien sûr, ce ne sont pas là des choses à dire pour un psychothérapeute, qui ne doit en aucune manière être un juge.

"C'est ça, la réalité du mythe du péché originel, ai-je ajouté.
– C'est à répétition.
– Oui, je m'en doute bien. Chacun hérite ses problèmes de ses propres parents, mais ce n'est pas une raison pour abandonner ta fille."

Elle doit être maintenant à l'hôpital. Saurais-je où elle est que je n'irais en aucun cas la voir.

En relisant ces notes, huit ans plus tard, je ne puis m'empêcher de constater deux choses. La première, c'est qu'Alain avait raison sur un point. La jalousie de Corinne envers sa fille, à cause de moi, n'était pas dangereuse tant que je n'avais pas vu l'enfant. Après que je l'avais vue, Corinne, comprenant que je ne modifierais pas mon comportement, s'est laissée embarquer dans la dépression. Elle a donc repris des tranquillisants, ce qui l'a conduite à négliger sa fille et elle m'a fait une tentative de chantage au suicide. La seconde, c'est que, si j'ai eu raison de ne pas céder au chantage, j'ai eu tort de lui parler de l'abandon de sa fille dans les termes où je l'ai fait. J'avais beau être irrité que le résultat obtenu soit annulé, ce n'était pas une raison de lui tenir ce discours. Elle n'était tout simplement pas en état d'assumer cette charge. C'est une faute que je commettrais plus aujourd'hui. J'ai appris la relativité de toute chose, ce qui m'incline à ne plus porter de jugement. J'ai appris aussi à être plus constant et à ne pas désespérer parce que le patient fait une soudaine régression qui le ramène en arrière.

Il est vrai que, d'une part, ma relation à Corinne n'était pas vraiment celle d'un thérapeute à son patient et que, d'autre part, j'ai acquis l'expérience qui me manquait alors.

IV

Le voyage à Rome

Corinne est demeurée quinze jours à l'hôpital. Pendant qu'elle s'y trouvait, elle m'a fait téléphoner d'abord par une psychologue – mais je n'étais pas chez moi, où l'on a pris le message – puis par une infirmière, à qui j'ai répondu qu'il n'était pas question que je cède au chantage et que j'aille à l'hôpital. “Dites-lui, que, si elle veut se réfugier dans la mort, elle ira seule. Je ne la reverrai, quant à moi, que dans la vie.”

Elle est finalement rentrée chez elle le 22 mai et m'a aussitôt appelé, l'air enjoué, résolue à reprendre vie et à s'occuper de sa fille qu'il a fallu plâtrer, pour tenter de redresser sa jambe. Corinne a la hantise de voir sa fille boiter. Elle me dit qu'elle avait oublié mon numéro de téléphone, à l'hôpital, et qu'elle ne se l'est rappelé que la veille de son départ, parce que son voisin, Christian, lui avait rendu visite. C'est ce voisin chez qui elle s'est rendue, quand je lui ai dit que j'allais alerter la police. C'est lui qui a appelé le SAMU. Le simple fait de le revoir, à l'hôpital, a dû raviver ses souvenirs : elle a retrouvé mon numéro.

Depuis son retour, elle m'a appelé deux ou trois fois. Elle s'inquiète de la manière dont on peut faire interner les gens. Il a fallu que je la rassure. Elle dit qu'elle n'a pas cessé de m'emmerder, parle de sa fille, de Charles M. Elle veut aller le voir en prison, par fidélité à Gabriel. A quoi je réponds – sans doute à tort – qu'elle n'a aucun devoir de fidélité envers un mort qui l'a abandonnée.

Elle me rappelle peu après :

“Pourquoi est-ce que tu n'es pas venu me voir à l'hôpital ?
– Parce que, si tu veux aller dans la mort, tu iras seule. Quant à moi, je ne te reverrai que dans la vie.

– Oui, l'infirmière me l'a dit. Mais j'ai compris. C'est fini. j'ai cessé de tourner autour de la mort. Je vais vivre avec ma fille."

Elle me parle de ses besoins sexuels en me faisant promettre de garder ça pour moi. Elle parle de sa sexualité comme d'un moyen de régler son problème.

Elle me rappelle vendredi 29 juin. Nous sommes le 3 juillet. Plus de nouvelles. J'hésite à lui dire de venir me voir une fois par mois, comme me l'a conseillé Alain B. En vérité, je n'en ai aucune envie. Deux détenus avec qui je corresponds depuis des années, elle, mon ancienne maîtresse, mon ancienne épouse, sans parler de ma mère, cela fait trop de gens à problèmes dont il faut s'occuper !

Elle a recommencé de me téléphoner.

Samedi 19 juillet. Elle me téléphone apparemment anxieuse. Elle se souvient d'avoir, un jour, identifié Gabriel à sa mère à elle. Elle avait saisi un couteau et le menaçait en criant : "Je vais la tuer ! Je vais la tuer !" Blême, Gabriel a réussi à la désarmer. Elle ajoute aussitôt que le psychiatre qu'elle voit de temps en temps a déclaré à ses parents qu'elle pouvait être dangereuse pour sa fille, qu'il vaudrait peut-être mieux l'en séparer.

"Il y a E. maintenant, me dit-elle, alors mon problème, vis-à-vis de ma mère, est encore compliqué par mon propre rôle de mère."

Je note dans mon journal : "Je ne sais que dire, que faire. Cette affaire me pèse."

Corinne continue de m'appeler régulièrement presque chaque jour, des heures durant, pendant tout l'été et le début de l'automne. Je ne lui échappe guère que pendant les week-ends, à condition qu'au lieu de rester chez moi j'aille à la campagne.

A la fin de ce mois d'octobre 1980 – je la connais donc depuis un peu plus d'un an –, elle m'annonce qu'elle quitte sa banlieue parisienne pour s'installer en Dordogne, chez un certain Pierre, un cousin de Gabriel, dont elle m'a parlé à deux ou trois reprises et qui est le père de trois enfants. Elle l'a même amené chez moi, un certain jour. Peut-être que ce garçon va l'aider à résoudre son problème. En tout cas, je me sens soulagé.

Depuis huit jours qu'elle est partie, ses appels quotidiens ont cessé. Elle ne m'a appelé qu'une fois, un week-end, alors qu'elle était de passage à Paris, avec Pierre et la marmaille, pour me dire que tout allait bien.

Elle a laissé sa fille à Paris. E. est en fait hospitalisée en permanence. Ce Pierre est divorcé.

Elle me rappelle, début novembre, pour me dire qu'elle est au milieu d'enfants et que tout va bien. Plus de nouvelles jusqu'au 29 décembre 1980.

Ce jour-là, Pierre, de passage à Paris, me rend une visite inopinée qui me surprend. Corinne n'est pas avec lui. C'est un petit homme noir, de trente-cinq ans environ, la lèvre ornée d'une fine moustache de maquereau ou de petit dur de banlieue, l'oeil noir et perçant, légèrement inquiétant. Je songe que, depuis deux mois et demi qu'elle est en Dordogne, Corinne ne m'a appelé que deux ou trois fois et j'ai cru comprendre qu'elle ne pouvait me téléphoner qu'en cachette de Pierre.

Je le fais asseoir. Que veut-il ? Il me donne des nouvelles de Corinne "qui va bien". En fait, il est venu se renseigner sur mes relations sentimentales avec elle. Je le rassure. Il ne s'agit que de relations amicales et thérapeutiques. Ce qui m'intéresse, c'est de la guérir. Il insiste cependant :

"Pourtant elle voit en vous le bon Dieu."

Ah! Je suis donc bien un thérapeute, puisque Freud et surtout Jung affirment que le patient finit par voir comme un dieu dans le thérapeute.

"Je ne suis pas le bon Dieu. Je suis simplement quelqu'un qui s'intéresse aux rapports du conscient et de l'inconscient, qui, lui, est peut-être Dieu, puisque nous sommes précisément inconscients de Dieu. Je me suis intéressé à Corinne, parce que c'était la femme d'un ami, parce qu'elle était en plein délire et parce que je voulais l'aider à reprendre son équilibre pour qu'elle s'occupe de sa fille. C'est tout."

Rassuré, il s'en va, me donnant une poignée de main un peu trop ferme, comme brutale. Ce signe de franchise un peu forcée ne dissipe pas en moi le vague sentiment qu'il est étrange, qu'il a des yeux inquiétants d'illuminé ou de psychotique. Mais l'illumination, qui consiste précisément à voir l'inconscient – l'envers du réel – n'est-elle pas précisément ce délire qui caractérise la "psychose", c'est-à-dire la plus aiguë des maladies mentales ? Et Corinne, lorsqu'elle délire, ne présente-t-elle pas les symptômes d'une psychose ?

Le samedi 3 janvier 1981, cinq jours plus tard, Pierre m'appelle, affolé, désespéré, de Dordogne. Corinne a été transportée à l'hôpital de Bordeaux. Elle a "un cancer généralisé des ovaires, du ventre et des reins" ! Pierre ajoute qu'il a cherché à me joindre en vain depuis trois jours. Cette fois, c'est lui qui me prend pour Dieu car que puis-je faire ? Corinne lui a demandé s'il m'avait vu, où et quand. Il semble en proie à la panique. Quant à moi, je garde mon calme.

Je tente d'alerter un ami médecin, le Pr Bernard-Weil, qui, à la Pitié-Salpétrière, obtient, dans des cas désespérés, des régressions assez spectaculaires de cancers, par la régulation de certaines hormones au moyen d'un modèle mathématique. Il faudrait, me dit-il, empêcher l'opération et lui envoyer le dossier pour qu'il voie ce qu'il peut faire. Trop tard. La chirurgie est à l'oeuvre. Elle sera suivie d'une radiothérapie.

Pendant trois mois, j'aurai des nouvelles de Corinne par sa mère. Elle m'appellera elle-même deux ou trois fois de l'hôpital de Bordeaux.

En mai, elle est de retour à Paris, chez elle. L'opération et la radiothérapie semblent avoir réussi. Le cancer n'était surement pas généralisé comme l'a dit Pierre. Elle recommence bientôt à m'appeler des heures durant, me parlant de son séjour en Dordogne. Je la croyais au Paradis. C'était l'Enfer !

Pierre la frappait et la séquestrait. Un jour qu'elle s'était enfuie sur le chemin de la gare, il l'a rattrapée en voiture et ramenée de force chez lui. Elle ne pouvait plus me téléphoner. Il la menaçait de la tuer et il a tenté de l'étrangler à plusieurs reprises, affirme-t-elle. Une fois, elle se trouvait au bord de l'évanouissement. On ne l'a pas hospitalisée pour un cancer mais parce qu'elle se trouvait dans le coma, après une correction qu'il lui avait infligée ! C'est au cours des examens qu'on a découvert qu'elle avait un cancer ! Le paradoxe, c'est qu'elle a été sauvée par cette correction ! Sans l'hospitalisation, on ne se serait sans doute aperçu de rien et le cancer se serait généralisé – mais elle aurait aussi bien pu être tuée par le cousin.

En tout cas, cela semble bien montrer que Corinne n'a guère cessé d'osciller entre la psychose, c'est-à-dire une sorte de délire dans lequel le réel, cessant quasiment d'exister en tant que tel, n'est plus que l'expression du surréel qui la traque jusqu'à provoquer sa panique, et la névrose, c'est-à-dire le sentiment de son inadaptation au réel au point que sa vie lui apparaît sans aucun sens, ce qui entraîne chez elle un état de dépression suicidaire. Si le cancer est bien, comme j'en suis convaincu, une forme de suicide de inconscient, dont l'origine est une profonde dépression consécutive au sentiment que la vie n'a plus de sens, eh bien celui qu'elle vient de faire apparaît bien comme le prolongement presque réussi de la vaine tentative de suicide à l'eau de Javel. Il n'en reste pas moins que, depuis que je la connais et sans doute même depuis de très nombreuses années, Corinne n'a pas cessé d'alterner entre ces deux états. J'ajoute que la tentative de suicide à l'eau de Javel – bien plus feinte que réelle – était la sixième tentative de suicide qu'elle avait faite en trente années d'existence.

Toujours est-il que la voici maintenant en proie à la dépression nerveuse. Le jeudi 4 juin 1981, elle est pendue à mon téléphone à 23 heures. Elle va de nouveau mal, passe ses journées au lit, à ne rien faire, sans manger ni se laver, ce qui l'a conduite à se fâcher avec un nouvel amant, Fabrice, un garçon de 28 ans, au chômage, plaqué par sa femme, envolée pour Lyon, avec sa fille et les meubles, et auteur d'un roman inédit : *Portrait d'un jeune homme en état de marche*. Ils se voyaient depuis un ou deux mois. Hier matin, il lui a reproché de rester au lit, de ne rien faire et d'être égoïste. "Tu ne penses qu'à toi-même ! Rien nc t'intéresse !" lui a-t-il dit. Le soir, elle m'appelait en pleurant :

"Je veux lui dire salut... d'autant... d'autant qu'il ne supporte pas E.... il dit qu'elle lui rappelle sa fille...
– Réfléchis tout de même avant de rompre", lui ai-je conseillé.

Ce matin, elle m'a rappelé pour m'annoncer qu'elle a signifié son congé à Fabrice, la veille au soir. Elle m'a rappelé à trois reprises dans la journée et la voici de nouveau pendue au téléphone.

"Richard...je voulais te dire au revoir...je m'en vais...
– Quand ça ?
– Demain.
– Où ça ?
– Je ne sais pas."

Au cours des semaines qui suivent, elle me parle à plusieurs reprises d'un voyage qu'elle a fait à Rome, au cours de l'été 1978, au moment de la mort du pape Jean-Paul Ier, qui ne régna qu'un mois. Ce thème revient comme un leit-motiv délirant. Des bribes de son monologue, ressortent quelques obsessions : Napoléon, une paire de chaussures de style Louis XVI à boucles d'argent, qu'elle a voulu acheter tout soudain, comme une envie de pisser, au cours de ce voyage, la mort du pape, le Musée d'art moderne. Salade russe à quoi je ne pige que couic, mais que j'écoute dans l'espoir incertain que cela finira par s'éclairer, comme "O.K. la fin". C'est après ce voyage, en novembre, qu'E. a été conçue.

Un soir, je note intégralement notre conversation.

"Après, dit-elle, il ne pouvait plus y avoir quelqu'un d'autre que lui.
– Que qui ?

– Ben que Gabriel, parce qu'il était devenu tout.
– Que veux-tu dire ?
– Plus rien ne pouvait m'arrêter.
– De faire quoi ?
– Je ne sais pas comment te dire... j'étais devenue, je ne sais pas... Et puis... je sais pas, maintenant c'est différent... je redescends.
– Tu redescends d'où ?
– Je me le demande.
– C'est important, cette montée et cette descente ?
– C'est, je sais pas comment te dire, c'est une espèce d'inflation de l'esprit. On peut devenir psychotique. J'ai lu un livre de Jung, où il disait qu'un patient en cours de traitement était devenu psychotique. C'est la pensée qui est comme ça. C'est une énergie formidable... Il me semble que c'est très difficile de... A un moment, je dessinais des chapeaux de Napoléon. Et puis il y a eu E.... c'est difficile...
– Quel rapport entre Napoléon et E. ?
– E. ? Non, y en a aucun... E., j'ai voulu l'appeler E., je l'ai appelée comme ça parce que les deux femmes que j'aimais en peinture, Leonor Carington et Leonor Fini, s'appelaient comme ça... c'est uniquement pour ça... il n'y a pas de lien entre Napoléon et E..
– Tu es sûre ? Tu ne vois pas un rapport entre les deux noms ?
– Ah, dans les deux noms, oui , c'est ce que j'étais en train de chercher...
– Tu en vois un ?
– Le lait, on...
– Léon, oui !
– Ah, il y a un rapport entre Léon...
– Qu'est-ce que c'est Léon dans le nom de Napoléon"? demandè-je.

Mais, sur le moment, je ne vois pas que le rapport entre les deux noms qu'elle a rapprochés est le lion, symbole de la puissance, et qu'elle a parlé d'une énergie formidable et d'une inflation de l'esprit qu'elle sentait en elle, comme l'inflation napoléonienne, après le voyage qu'elle avait fait à Rome, avec Gabriel. Or c'est deux ou trois mois après ce voyage qu'elle a conçu sa fille. L'enfant est sans doute une inflation du ventre de la mère et, sans doute aussi, de son moi. De surcroît, le fils de Napoléon, sacrifié à la gloire du père au point d'en être mort à vingt et un ans, fut, à sa naissance, nommé “roi de Rome”. Toute sa vie, il a eu un problème d'identité puisqu'il s'est appelé successivement Napoléon, François et Franz et fut successivement roi de Rome, empereur des Français pour quelques heures, prince de Parme, duc de Reichstadt avant d'être, à titre posthume, Napoléon II. Or E. elle-même, tiraillée entre ses grands-parents, sa mère et l'hôpital, doit avoir un sérieux problème d'identité.

Pas de réponse à ma question.

"C'est la finale ? dis-je.
– Oui.
– Et dans le nom d'E. ?
– ...Lé...
– Hein ?"

Long silence puis :

"Je ne veux pas chercher ça pour E.. E., je l'ai choisie pour le plaisir que j'ai dans ces femmes peintres... Cela ne sert pas... Je ne veux pas chercher de significations car, d'abord, elles ne m'appartiennent pas. Elle les cherchera, elle, si elle veut. Ou d'ailleurs elle ne le fera jamais. D'ailleurs, je souhaite qu'elle ne le fasse pas... et d'ailleurs j'arrête ces significations là parce que je peux voir maintenant ce qu'il y avait derrière... et c'est surtout pour comprendre mon comportement.
– Qu'est-ce qu'il y avait derrière ?
– C'est ma maladie... Mais c'est tout. E. s'appelle E.. Point, c'est tout. C'est terminé.
– Bon ! Eh bien, je vais te laisser. Ca va mieux, à part ça ?
– Oui, ça va mieux.
– Bonsoir."

Elle raccroche et me rappelle à 20 heures.

"Richard ?
– Oui.
– Il y a quelque chose qui s'est déclenché autour de moi...je n'arrive pas...
– Qu'est-ce qui s'est déclenché ?
– C'est très difficile de te dire...
– Quoi ?
– Je ne sais pas... j'ai l'impression comme ça qu'il y a des... je sais pas, c'est peut-être une impression... il faut que j'essaie d'arriver à faire quelque chose... mais quoi ?...
– Tu dis que tu as l'impression qu'il y a des quoi ?
– Quelque chose qui s'est déclenché... ça devient du Kafka...
– C'est-à-dire ?... Qu'est-ce qui s'est déclenché ?
– Je sais pas... en tous les cas, lui, il a ressenti ce qui allait se passer après... c'est curieux que les cas soient comme ça, les cas de Kafka, le Ku Klux Klan...il a ressenti son époque avant...
– Qui ?
– Kafka.
– Mais toi, tu n'as pas l'impression d'avoir senti des choses qui

allaient se passer quand tu étais à Rome ?

– Je sais pas... il fallait y aller... j'emmerdais Gabriel pour y aller. C'était déjà très violent. Le chauffeur de taxi nous parlait de l'attentat qui avait eu lieu à Rome.

– Pourquoi fallait-il y aller ?

– Je ne sais pas.

– Gabriel ne voulait pas y aller ?

– Non... lui, il n'aimait pas tellement l'Italie. Il préférait Londres, l'Angleterre... je ne sais pas pourquoi j'ai voulu aller là-bas. Il y avait beaucoup de policiers. Au Vatican, c'était épouvantable, l'armée, la police. La ville était complètement... il y avait un énorme service d'ordre, ça m'impressionnait..."

Me voici interrompu par la visite d'Alain. Je rappelle Corinne à minuit.

"Je te disais, reprend-elle, que c'était vraiment la communication totale.

– C'est-à-dire ?

– Ben la télé que j'ai regardée... c'est vraiment vite fait... ce dont me parlait Fabrice... ce doit être ça qu'il a écrit. En plus, c'est con comme tout...

– Qu'est-ce qui est con ?

– J'ai fait une blague avec le chauffe-eau Bayard. Alors Fabrice m'a dit : "Je vais écrire une pièce qui se passe dans un asile avec le Dr Bayard !"

– Tu disais que Gabriel ne voulait pas aller à Rome.

– Oui. D'ailleurs, à notre retour, il m'a dit qu'il n'avait pas aimé du tout, parce que je commençais à changer.

– Que veux-tu dire ?

– Quand tu vas, quand tu traînes le soir, à droite, à gauche, ben...

– Ben quoi ?

– Je crois qu'il avait un peu deviné ce qui se passait.

– Mais qu'est-ce qui se passait ?... Hein ?

– Je changeais beaucoup, quoi...

– Comment ça ?

– J'étais plus épanouie... j'avais plus...

– Mais tu sortais sans lui?

– Oui, ça m'est arrivé. Non, ça ne m'est pas arrivé. Il a été embêté par d'autres types.

– C'est-à-dire ?

– Il n'aimait pas la façon dont se comportent les Italiens. Il ne savait pas quoi leur répondre. Alors ça ne lui a pas plu... je sais pas si c'est leur façon d'être... on avait pris le rythme... on restait l'après-midi à l'hôtel et on sortait le soir tard... c'était un peu normal... je crois qu'il était... il avait commencé à changer à ce moment-là. Enfin, je sais pas...

– Comment il avait changé ?
– Il était plus ombrageux. Petit à petit, heu... il se passait quelque chose depuis la visite de son cousin. Je ne sais pas ce qui s'était passé... où j'avais été.
– La visite de quel cousin ? Pierre ?
– Oui, on lui avait rendu visite. Peut-être que, lui aussi, ça lui a fait quelque chose de voir le pape mort... après il s'est senti épié [elle parle de Gabriel]...il avait changé et puis il avait fait des dessins assez curieux.
– Quels dessins ?
– Des dessins qu'il faisait.
– Qui représentaient quoi ?
– Je peux pas tellement t'expliquer, c'était surtout macabre.
– En quoi ?
– Souvent des... je sais ce qu'il... je sais de quoi il souffrait.
– De quoi ?
– ...
– Bon, Corinne, on va arrêter là, il est tard. Si tu veux me rappeler demain matin, je serai là. Salut !
– Salut !"

Le mardi 17 novembre 1981, elle semble plutôt délirante. Elle affirme avoir vu un homme brûler vif dans le bois de Vincennes, alors qu'elle ramenait E. à l'hôpital. A l'hôpital, elle a vu une poupée sur le sol, dans le couloir vide. D'ailleurs, il n'y avait ni enfants, ni personne. L'envie brutale l'a prise, dit-elle, de reprendre sa fille et de s'enfuir avec elle.

"Je suis aveugle, ajoute-t-elle.
– Il y a des aveugles qui voient et, pour une aveugle, tu vois beaucoup de choses. Le problème qu'il te faut résoudre, c'est de relier ce que tu vois de l'envers du monde à son endroit."

Chez elle, Fabrice – dont le congé semble avoir été annulé – a posé une paire de ciseaux sur l'ouvrage d'Artaud, *L'Ombilic des limbes.* " Des ciseaux sur *L'Ombilic des limbes !*" s'est-elle écriée. Ca l'a fait penser "à la naissance et à la coupure avec l'inconscient". Fabrice lui a laissé un briquet orange.

"Ça m'a rappelé l'époque où je piquais les briquets par mégarde. J'ai rattaché *L'Ombilic des limbes* coupé au briquet sur lequel était inscrit "communiqua" et j'ai lu co comme Corinne, mue (changement), nie le K symbole de l'inconscient comme Kafka, Ku Klux Klan. Donc Corinne change et redevient consciente."

Comme elle souhaite me voir, j'accepte de la recevoir, dans l'après-midi, dans l'espoir d'éclairer ce curieux délire. Avant qu'elle n'arrive, j'ai lancé un briquet blanc "Feudor" marqué des lettres rouges "R.T.L." et qui ne fonctionne plus, sur le fauteuil que je réserve à mes visiteurs. A 14 heures, lorsqu'elle arrive, j'ôte le briquet du fauteuil. Elle a apporté un ouvrage consacré à l'artiste italien Piero Manzoni. Elle me le tend, précisant que c'est Gabriel qui l'a acheté au Musée d'art moderne de Rome, lors de leur voyage. Je feuillette l'ouvrage.

Piero Manzoni, un garçon brun d'une trentaine d'années, avec deux yeux ronds, noirs et brillants d'illuminé qui contrastent avec les masses adipeuses de son corps, semble à fois malsain et répugnant.

L'ouvrage présente des photos de lui et de ses oeuvres, parmi lesquelles ses deux chefs d'oeuvre : une plaque de bronze sur laquelle est inscrite la mention : "Socle du monde" et plantée à l'envers dans le sol, puis des petites boîtes de conserve scellées, contenant cinquante grammes de la "*merda dell l'artista*", vendue au prix de l'or. Plus loin l'artiste s'est fait photographier à côté de la cuvette de ses chiottes. Je regarde tout cela avec une certaine répugnance. Manzoni chante un hymne au non-sens, à l'absurde, aux matières – et, de ce fait, peut-être, à l'inconscient : l'artiste retourné à sa "première création", comme dirait Freud. Gabriel l'adorait. Manzoni le faisait rire.

J'insinue que Manzoni devait être un grand malade. Corinne parle de "la régression de l'artiste". Oui, une régression au stade anal le plus infantile. Et, soudain, évoquant l'enthousiasme de Gabriel pour Manzoni, comme traversée d'un éclair, elle ajoute :

"Est-ce que Gabriel avait un pressentiment?"

Elle m'apprend en effet – ce qui ne me surprend pas – que Manzoni s'est suicidé en 1963. Elle parle de "feu créateur", comme si l'artiste avait été dévoré par ce feu. Machinalement, je saisis le briquet "Feudor", qui ne fonctionne plus et que j'ai posé sur le canapé.

"C'est un briquet "Feudor", dis-je, mais son feu dort. IL n'est plus créateur. Il est mort comme Manzoni. Le feu créateur, c'est autre chose, c'est le feu de la vie. Ce briquet n'est plus qu'un objet de matières inutiles. Ce qui me frappe, chez Manzoni, c'est son goût des matières et du non-sens, un côté kafkaïen. Encore que, Kafka, ce fût bien autre chose. Et c'est étrange que, dans le nom de Kafka, le F, initiale du feu, soit noyé dans les deux syllabes Ka-ka."

Corinne regarde le briquet.

"C'est curieux, dit-elle, il y a, à l'hôpital où se trouve E., un pavillon où est apposée une plaque avec les mêmes lettres “R.T.L.”

– Le pavillon a peut-être été construit avec l’aide “R.T.L.”.”

Je continue de feuilleter l’ouvrage et je m’aperçois que Manzoni, né en 1933 – année de l’arrivée au pouvoir d’Hitler –, à Soncino, s’est suicidé le 6 février 1963, à 30 ans. Gabriel, né en 1949, s’est suicidé le 13 juillet 1979. Je souligne ces faits. Tout à coup, Corinne s’aperçoit que Gabriel est mort, lui aussi, à 30 ans.

“Ah mais il y avait une relation! Gabriel faisait souvent le dessin d’un phallus au milieu de symboles nazis. Il avait peur que la période nazie ne revienne!”

Je fais remarquer à Corinne que les mots Piero Manzoni peuvent s’entendre d’une autre manière : Pie (le prénom papal) ero (en latin : je serai) man (l’homme qui) zoo (la vie) nie.

Elle se met soudain à pleurer. Comme si elle venait de s’apercevoir que l’enthousiasme de Gabriel pour Manzoni était comme le signe prémonitoire de son suicide.

“Je ne veux pas continuer, dit-elle.

– C’est bon, arrêtons !

– C’est pas possible...c’est pas possible de voir des choses pareilles !”

Elle pleure encore et se ressaisit.

“Ce n’est pas bien d’interpréter les signes négatifs du passé... c’est de la délation... j’attribue à Gabriel ce qui n’est à attribuer qu’à moi.

– Qu’est-ce que tu lui attribues ?

– Non, non! Je ne veux pas le dire.”

J’insiste doucement.

“Le lecture de ces signes, ça voulait dire un désir de pouvoir , un désir de puissance. Quand j’étais inconsciente, j’avais envie de bouffer le monde... non, non, je ne voulais pas. Tout pouvoir a un aspect positif mais aussi un aspect négatif... Le nazisme, j’en parlais souvent avec Gabriel, c’était ça mais ils ont été dépassés, c’est allé au-delà de ce qu’ils voulaient... Moi, je voulais rendre la justice, être comme un chevalier... mais, si on veut faire ça, c’est parce qu’au fond de soi on n’a pas réglé quelque chose. Et ça se casse la gueule parce que c’est bancal au départ.”

Elle me dit encore qu’à Rome elle portait souvent une casquette et même qu’elle portait volontiers celle de Gabriel, qui en avait acheté une.

Le lendemain, nous reprenons nos conversations téléphoniques quotidiennes, au cours desquelles reviennent, comme les bribes d'un délire – c'est-à-dire d'un puzzle qu'il faut reconstituer – : le chapeau de Napoléon, la mort du pape, les chaussures Louis XVI à boucles d'argent, un dessin qu'elle a fait et qui représente plusieurs personnages dans une barque, en mer – tous portent le bicorne de Napoléon –, la révolution.

V

LES JAMBES DU PERE

Le vendredi 27 novembre, les choses commencent de s'éclairer.

"J'ai trouvé, me dit-elle au téléphone. J'ai trouvé !

– Quoi ?

– L'inconscient...je ne peux pas être inculpée ?

– De quoi ?

– De la mort de Gabriel...

– Pourquoi ?

– Il y a longtemps qu'on m'avait mise sur la voie... je suis coupable de la mort de Gabriel.

– En quoi ?

– Par mon inconscience. Tu connais le complexe du front ?

– Non.

– Ça veut dire que je suis dangereuse pour E., tant que je n'aurai pas mis de l'ordre dans mon inconscient... il faut que je réussisse à ce que mon changement ne soit pas seulement extérieur mais aussi intérieur... je sais que je suis à côté de ce que je dois faire... complètement.

– Que veux-tu dire quand tu dis qu'on t'a mise sur la voie ?

– Ben, où je travaillais avant... peut-être même au lycée... si j'avais eu un garçon, j'aurais eu moins de problèmes.

– Que veux-tu dire ?

– Oh, des amis à Gabriel... mais je ne sais pas du tout d'où ça vient.

– Quoi ?

– Mon inconscience... si j'arrivais... je suis vraiment à côté de ma nature...

– Qu'appelles-tu ton inconscience ?

– Ce qui ne correspond pas à une femme...

– C'est-à-dire ?

– Cette appropriation d'un pouvoir...

– De quel pouvoir?

– De quel pouvoir?... peut-être que c'est bête comme ça en théorie mais je le vis comme ça...

– Qu'est-ce qui est bête comme ça en théorie ?

– En pensée... c'est en pensée...

– Qu'est-ce qui est bête ?

– Il faudrait que je parte dans un autre pays... si je partais en Inde ou je sais pas trop, ça irait mieux... ça va avec les chaussures, le chapeau, ça va avec la façon dont Gabriel s'est suicidé...

– Que veux-tu dire ?

– Ca va avec ce que je t'ai dit, la mort du pape... je parle des chaussures que Gabriel n'a pas mises le jour où il est mort, des chaussures jaunes pointues et de celles que j'ai achetées à Rome... il a mis de vieilles chaussures.

– D'où venaient les chaussures qu'il n'a pas mises ?

– Je ne sais pas... d'Italie... finalement c'est plutôt une énergie...

– Le chapeau, as-tu dit, quel chapeau ?

– Le chapeau de Napoléon que, par ironie, j'avais mis sur la femme.

– Le chapeau de l'empire, de la puissance ?

– Oui, il représentait tout ce qui est un pouvoir. Il représentait une énergie, un pouvoir de fonction...je sais pas, moi...alors je crois que...bon...

– Que veux-tu dire quand tu fais un rapport entre ce chapeau et la mort de Gabriel ?

– Je sais pas, ce chapeau, je mettais une casquette...

– Quelle casquette ?

– Une casquette que Gabriel avait achetée pour lui... je la mettais. A la clinique, il m'a dit que j'étais têtue, que ma fille serait comme moi. Il m'a tout laissé, il m'a laissé un sac, je l'ai plus, je sais pas ce qu'il est devenu. Il y avait *Le Figaro* du 13 juillet dans ce sac. J'ai fantasmé. Ca voulait dire qu'il me laissait à mon orgueil, à mon ambition. C'était une opposition à quelqu'un...

– De qui à qui ?

– Je sais pas, parce que tout ça est inconscient...

– Il était ouvert à quelle page, ce *Figaro* ?

– Je ne sais pas...En fait, je ne crois pas que c'était une opposition, c'était un constat. J'ai essayé de régler ça depuis des années. Mon entourage me mettait sur la voie... En fait, je n'aurais jamais dû avoir d'enfant... Il me faudrait beaucoup de temps pour me rééquilibrer, pour que ça ne retombe pas sur E....

– Je crois que tu es en train d'y arriver.

– Parce que le dessin que je t'ai apporté, eh bien c'est moi, la jeune femme qui est à droite, c'est moi qui ne veux pas passer...

– Passer où ?

– Pas passer mais devenir une femme comme cela...

– Comment ?

– Je ne sais pas, une femme phallique, une sorte d'amazone.

– Est-ce que qu'il n'y a pas de contradiction entre ce que tu dis maintenant et ce que tu as dit avant ?

– Laquelle ?

– Une femme qui a un pouvoir.

– Non, non, si j'avais un pouvoir, je serais équilibrée mais je ne peux pas en avoir. Je suis très éloignée de ma nature. Tu comprends ce que je t'explique ?

– Oui mais tu as parlé d'appropriation d'un pouvoir ?

– C'était dans l'inconscient.

– Tu veux dire que tu t'appropriais un pouvoir dans l'inconscient mais que tu n'en exerçais pas dans la réalité?

– Oui mais... oui, c'est ça... mais il faut savoir quelle réalité.

– Mais quelle était la signification de porter la casquette de Gabriel ?

– Quand je la mettais, ça n'avait pas de signification... mais aujourd'hui ça en a une... peut-être de cette femme...

– Mais tu as parlé d'appropriation d'un pouvoir.

– C'était pas ça... c'était l'énergie...

– Que veux-tu dire ?

– L'énergie de vie.

– C'est-à-dire ?

– Tout ce qui pousse... tout ce qui progresse... tout ce qui pousse à vivre... la vie...

– Quel rapport avec la mort de Gabriel ?... hein ?... Cette énergie, c'était au niveau inconscient ?...

– Pas tellement, elle représente la vie pour moi...

– Quel rapport entre cette énergie et la mort de Gabriel?

– C'est surtout avec la naissance d'E.... Cette naissance, il l'a peut-être ressentie contre lui... mais je me demande si mes études n'ont pas fait ça... parce qu'en Histoire, pendant trois années, j'ai étudié 1789...

– Et c'était des chaussures comment ?

– Louis XVI.

– Tu vois un rapport là ?

– Ca a rejailli comme ça, un amalgame.

– C'est-à-dire ?

– Un amalgame d'objectivité et de subjectivité..

– Dans lequel les objets devenaient symboliques ?

– Oui...

– C'est une question que je te pose.

– Oui, je pense que c'était cela...mais je n'arrive pas à comprendre ça maintenant, mais il y a certainement des ramifications avant. Ce n'est pas étonnant que je me sente responsable de la mort de Gabriel parce que ça s'inscrit dans...

– Dans quoi ?

– Dans... dans... je me méfiais déjà beaucoup de ce que je pouvais faire. Un ami m'avait prévenue qu'il fallait que je ne sois pas contre mais avec... pas contre mais avec... que mon énergie ne soit pas opposée à Gabriel mais avec... Il y a eu là une grande inconscience qui s'est traduite négativement... je pense qu'il y a beaucoup de gens qui sont comme ça mais peu qui en ont conscience...

– Tout le monde est comme ça. Ma mère tue tout le monde autour d'elle sans s'en rendre compte. C'est très banal comme situation. C'est d'ailleurs là le vrai sens de la "communion chrétienne". Non seulement le besoin biologique de dévorer le corps du monde, qui est le vrai Christ cosmique – par les cycles de la nutrition, nous mangeons les cadavres de nos ancêtres – mais encore le besoin de leur dévorer l'âme, en les soumettant. C'est là le vrai sens de toute domination. Rien de plus banal. On est tous chrétiens comme M. Jourdain faisait de la prose.

– Banal... quand ça amène la mort de quelqu'un... on ressent beaucoup le comportement des autres... de notre entourage... mais peut-être que Gabriel... il y a quelque chose de naturel... je finis par voir ça comme un complot...

– Comme un complot ?

– Oui, il y a quelque temps, j'étais complètement prise dans ce méli-mélo...

– Et alors ?... et alors ?...

– Parce que, cela, je le ressentais comme étranger... comme s'il y avait quelqu'un d'autre en moi, comme si j'étais double.

– Et le complot ?... C'était un complot du double ?

– Oui... peut-être parce que je n'avais pas conscience, comme s'il y avait deux personnes...

– L'impression de complot venait de quoi ?

– De ne pas pouvoir prendre conscience de ça...

– Du double ?

– De tous ces mécanismes... de ne pas pouvoir faire de liaison...

– Entre le conscient et l'inconscient ?

– Oui... il me semble que Bruno m'avait indiqué...

– Indiqué quoi ?... Hein?

– La volonté de puissance... comment te dire ?

– Bruno t'avait parlé de la volonté de puissance ?

– Je crois que ça revient à ça... quand je disais que je n'étais pas à ma place... à cette volonté de pouvoir... je ne sais même pas si... je me demande même si, dans les photos qu'il avait rapportées de Tunisie, il n'y avait pas la solution...

– Qu'est-ce qu'elles avaient de remarquable ?

– Je ne sais pas... il y avait un signe...

– Qui t'a frappée ?

– Oui.

– Lequel ?

– On le retrouve quand il y a des attentas contre des statues...

– On retrouve le signe ?
– Oui, le symbole.
– Qu'est-ce que tu veux dire ?
– Est-ce que tu te souviens de ces photos ?
– Oui, un peu. Il y avait la maison de son enfance.
– Oui, la maison de son enfance...un petit jardin, mais il y avait autre chose... il n'y avait pas une colonne ?
– Je ne sais pas. Il me semble qu'il y avait peut-être une statue, au premier plan, avec la mer au fond.
– Mais je sais... enfin j'avais l'intuition qu'il y avait quelque chose qui pouvait m'indiquer une solution à ce qui..."

Silence.

"Pourquoi ne téléphones-tu pas à Bruno ? dis-je.
– Parce qu'il me semble avoir égaré son numéro...
– Tu veux que je te le donne ?
– Tu crois qu'il me le dira ?
– Il peut te dire ce qu'il y avait sur les photos.
– Ca l'énervera peut-être.
– Je ne sais pas. Moi, il m'a raccroché au nez l'autre jour. Il ne m'a pas rappelé. Je ne le rappelle pas non plus. C'est curieux que tu me parles de lui maintenant.
– Avec ce qui était inconscient, j'aurais pu agir... mais je n'arrive pas à m'exprimer.
– Tu ne t'exprimes pas si mal. Tu as des choses intéressantes à dire. C'est très subtil, ce que tu dis.
– Je ne m'en rends pas compte...le numéro de Bruno, ce n'est pas le 203 56 10 ?
– Oui, c'est ça.
– Je l'avais noté sur un bout de papier au dos duquel était écrit : "Les murs de la ville sont des écrans".
– Demande-lui qu'il te montre les photos. C'est curieux, d'une certaine manière, tu es en train de me pousser à rappeler Bruno pour savoir ce qu'il y a sur ces photos. Mais je n'ai aucune envie de le rappeler. D'un autre côté, qu'est-ce qui est le plus important ? Satisfaire notre orgueil ou élucider les rapports du conscient et de l'inconscient ?
– Tu me dis ça à cause du "complexe du front" ?
– Non, à cause de l'orgueil. Que ferais-tu à ma place?
– Je l'appellerais pour savoir ce qu'il y a sur les photos.
– Pourquoi m'as-tu parlé du "complexe du front" ?
– Parce que, quand Gabriel m'en avait parlé, ça m'avait frappée.
– Qu'est-ce qu'il t'avait dit ?
– Il m'avait touchée sur le front en me disant : "Ta fille sera comme toi !" Ca peut être un symbole mais c'est lié aussi au caractère.

La dernière fois, il me semble que je t'avais dit que, moi aussi, je m'étais opposée à Bruno.

– Tu ne m'en avais pas parlé.

– L'inconscient, c'est quelque chose qu'on ne peut pas voir. Si un autre cherche à te le faire voir, d'une manière voilée, eh bien on s'oppose à lui.

– Bruno t'a dit des choses voilées ?

– Je me demande si c'était très voilé mais, à ce moment-là, il y avait des choses qui passaient. C'était pas très voilé parce que les photos... parce qu'à ce moment-là il n'y avait aucun écho... du moins je n'en ai pas pris conscience à ce moment-là mais, ensuite, il y a eu un écho, parce que j'ai vu un film, *La Ballade de Bruno* justement, et j'ai relié ce film, un objet qui était dans le film, une boîte à musique que j'ai ici et que j'ai reliée je ne sais pas à quoi... c'est important de déchiffrer ça parce que j'ai l'impression que tout mon comportement vient de là. Je ne peux changer que si je prends conscience de ça et de ses ramifications. Il doit y en avoir beaucoup. Alors...

– Alors il faut que je téléphone à Bruno, dis-je.

– Pourquoi ? Moi, je vais lui téléphoner... pour comprendre... à moins qu'il ne me raccroche aussi au nez."

Elle me parle encore de Charles, qui lui a écrit. Elle ajoute qu'elle se rend compte que, depuis six mois et même deux ans, les choses se sont ordonnées dans son esprit et sont devenues de plus en plus cohérentes. Elle voit les relations qui s'établissent entre des éléments dont elle parlait de manière incohérente, il y encore six mois.

"Depuis que je t'avais parlé des chaussures Louis XVI à boucles d'argent et du voyage à Rome, je savais qu'il y avait quelque chose qui couvait. Il y a eu un changement. Et je n'ai plus tous ces trucs... tous ces trucs physiques que j'avais. Je n'ai plus de vomissements. Je n'arrivais pas à comprendre. Plus je vais me rétablir, mieux ça ira pour E.. Je crois que je suis sur la bonne voie. C'est chercher des trucs très loin. Je ne peux pas arriver à retrouver ça plus proche. Puis ça me changera complètement. Enfin pas complètement mais m'améliorer."

Le 1er décembre 1981, nouvel appel important. Elle a téléphoné à Bruno. Il y avait bien une colonne sur l'une des photos. "Ca signifie aussi, cette colonne, ériger des pierres", me dit-elle. Je pense aussitôt à Oedipe à Colone. Co : avec. *lone* : seul .

"Une colonne ça me suggère l'isolement, dit-elle, l'isolement en hauteur.

– Co : avec, *lone* : seul, c'est l'anagramme de Léon et de Noël, dis-je, non sans penser que Noël signifie naissance et qu'E., qui porte le nom de Léon dans le sien, est née seule.

– Léon, ça me fait penser au chien de ma cousine, à l'accord d'Eon. Les on..."

J'ai cru comprendre que *on* symbolisait pour elle un sujet neutre, indéfini, impersonnel, indiscernable, une forme de l'inconscient auquel elle s'est souvent identifiée à cause de son manque d'identité. *On* s'est souvent trouvé identifié, dans son discours, au "complot ourdi contre elle".

"Est-ce que ça a un rapport avec le dessin que tu m'as apporté ?

– Simplement que j'étais seule, peut-être une sorte d'initiation, de passage...

– Mais encore ?

– Ah, tu veux dire Napoléon !

– Alors, le rapport ? C'est Léon et Napoléon, non ?

– Oui, mais alors tu peux...

– Tu peux quoi ?

– ...

– Mais on avait vu un rapport entre Léon et quelqu'un d'autre.

– Avec le dessin ?

– Oui mais pas seulement... Qu'est-ce qu'il y avait au premier plan du dessin ?

– Une mère qui était dans la mer.

– Qui était-ce ?

– Ca pouvait être ma mère ou une mère. C'était plutôt ma mère... ah oui, avec, un peu plus loin, un pêcheur.

– Revenons au personnage du premier plan.

– Je me suis représentée aussi.

– Mais encore ? Tu es la mère de qui ?

– Ah oui, tu veux dire que je rapproche E. de Napoléon... le début du prénom d'E., c'est Léon... Je disais : je suis on...

– Oui et on peut lire Léon : elon, lone : seul, non ?

– Oui et tu parlais de colonne ?

– Qu'est-ce que ça suggère tout ça ?

– Ben, Colonne, Léon, Napoléon, Hitler... Napoléon, il y a pot aussi... ben, c'est bizarre d'avoir peint ça en 1975. Je devais bien avoir vu quelque chose.

– Oui, oui, tu as tout vu !

– C'est moi qui dois trouver.

– Tu as déjà trouvé beaucoup de choses.

– En plus, E., je le vois comme Léon et hors.

– On peut le voir autrement, en coupant Léon de manière différente... il y a une substance dans le mot E..

– Oui, je l'avais appelée comme ça parce qu'il y avait le lait, l'eau et le nord.

– Alors, en coupant le premier terme, avec un H.
– Honoré ! J'adore le Saint-Honoré !
– Oui, le lait honore.C'est symbole de quoi ?
– De la mère.
– Donc on peut non seulement le lire comme Léon et hors mais encore comme honore le lait.
– Oui et il y a l'or... honorer, oui, comme Saint-Honoré. Je travaillais près de la rue Saint-Honoré.
– Et le rapport avec Colonne ?
– Une colonne, c'est souvent la mémoire de quelqu'un, ah non... mais il y a tout de même un symbole. Qu'est-ce que c'est, ce temple, en Egypte, au temps de la dernière dynastie, il y avait des lys ? Quand le pharaon a voulu changer de religion ou je sais pas quoi, il a inversé les colonnes, mais je crois que ça n'a pas marché, il restait le dieu du temps... .
– Qu'est-ce que tu as dit ?
– Que ça n'a pas marché. Ils avaient renversé les colonnes du Temple comme symbole de la nouvelle religion mais ça n'a pas marché.
– Tu ne vois pas de rapport ?... Les colonnes, tu parlais du Temple, ça sert à quoi, les colonnes ?
– A soutenir.
– Oui, à soutenir l'édifice. Et, pour marcher, que faut-il ?
– Des chaussures."

Elle se met à rire.

"Ce n'est pas absolument nécessaire. Que faut-il pour que le toit du Temple tienne ?
– Forcément des colonnes.
– Et pour marcher ?
– Qu'est-ce que tu veux me faire dire ?"

Etrange, cette résistance à énoncer l'évidence !

"Rien que ce que tu as dans l'esprit, dis-je.
– Bruno aussi voulait me faire parler. Il m'a parlé de signes. Ça m'a plu parce que je vois des signes. Je l'appelle comme ça au téléphone, alors que je ne l'avais pas vu depuis deux ans. Il n'était pas surpris. Et il est allé chercher les photos. C'est chouette, non ?
– Que faut-il pour marcher ?
– Ça y est... des pieds !"
Je note qu'elle s'obstine à ne pas parler des jambes. Or Gabriel, disant qu'il ne pouvait plus marcher, s'est tué en se faisant sectionner les jambes par un train.

"Et au-dessus ? dis-je.
- Des jambes. Ca fait un lien avec les *on*, les gens.
- Les *gens béent*... oui. Alors qu'est-ce qui supporte le temple ?
- Les colonnes.
- Et le corps ?
- Les jambes.
- Quel rapport entre les deux ?
- ...
- Bon, eh bien, tu réfléchiras à tout ça.
- On refait 1789. Quand il y a une révolution, on démolit les édifices. J'avais vu un film avec mes parents, un film sur la révolution. On voyait Marie-Antoinette avec la tête coupée. Ma mère m'a souvent raconté ça, en me disant que tout le monde pleurait. Moi, ça m'avait fait beaucoup rire. Justement, Fritz Zorn, dans son livre, *Mars*, parle de la révolution."

Elle évoque encore la boîte à musique du film *La Ballade de Bruno* qui représente une tour Eiffel à laquelle une femme est pendue, et d'un lampadaire qui se trouvait devant le café où elle était allée avec Bruno, il y a deux ans.

J'ai noté cela sans y voir aucun lien avec ce qui précédait, un peu comme les fragments, les bribes d'un délire. Voici que, sept ans plus tard, je m'aperçois que le lampadaire évoque la lanterne et que le femme pendue à la Tour Eiffel évoque "les aristocrates à la lanterne" et Marie-Antoinette. Bref, les associations d'idées qu'elle faisait et qui semblaient incohérentes, comme un délire, n'avaient rien de gratuit ni d'aléatoire. C'est surprenant que les physiciens quantiques affirment que les particules, pilotées dans l'espace par les ondes, se meuvent "au hasard", car ces ondes, qui sont toute l'information mathématique possible du monde, c'est-à-dire la mémoire et l'ordinateur cosmiques qui constituent l'inconscient semblent n'avoir rien d'aléatoire. Il est vrai qu'ils fondent leur conclusion sur deux préjugés anthropocentriques : d'une part, que l'homme est le seul et unique observateur du cosmos – affirmation gratuite, impérialiste et totalitaire qu'aucune expérience scientifique n'a jamais démontrée –, d'autre part, qu'il n'y a pas de psychisme dans l'espace – ce dont ils ne savent strictement rien.

Toujours est-il que jusqu'à ce 2 décembre 1981, je ne comprenais toujours pas cette obsession qu'elle avait de la révolution. Sans doute en deux ans, bien des choses s'étaient-elles éclairées. J'avais eu raison de penser, au contraire de bien des psychiatres et des psychanalystes, qu'elle n'était pas folle et que ce qu'ils qualifiaient de délire psychotique devait bien avoir un sens. Mais, ce sens, s'il s'était parfois, en partie, révélé, ne m'apparaissait pas encore clairement.

Voici qu'elle m'appelle de nouveau.

"Ca fait un an que ma fille E. est à l'hôpital, dit-elle. Il faudra peut-être lui opérer de nouveau la hanche pour rectifier la position de sa jambe. Il n'est pas sûr qu'elle puisse marcher.

– Tu vois la voir à l'hôpital ?

– Non... Quand j'y vais, j'ai l'impression qu'on me regarde méchamment, comme une mauvaise mère. Alors je n'ose plus y retourner... Je ne peux pas vivre seule. Ca fait plus de deux ans que Gabriel n'est plus ici. Depuis, je délire... Mon problème a un lien avec la mort du pape.

– La mort du pape ?

– Oui, j'étais en voyage, en Italie, avec Gabriel, en juillet 1978, il y a trois ans. J'ai eu un choc en descendant du train, en gare de Rome. C'était avant la naissance d'E..

– Un choc ?

– Sur le quai, les crieurs brandissaient la manchette de leurs journaux... ils hurlaient : "*Il papa e morto* !"... Le pape Jean-Paul Ier venait de mourir... je suis restée hébétée sur le quai, en répétant : "Le papa est mort..." je ne pouvais plus bouger... Il a fallu que Gabriel prenne tous les bagages et m'entraîne... j'étais choquée... Le lendemain, en passant devant la boutique d'un bottier, j'ai vu, dans la vitrine, une paire de chaussures noires à boucles d'argent...

– Les chaussures Louis XVI.

– Oui et j'ai été saisie de l'envie soudaine, irrépressible de les acheter... je les voulais marron mais il ne restait plus que la paire noire... je l'ai prise.

– Tu m'as souvent parlé de ces chaussures Louis XVI.

– Oui.

– Pourquoi ?

– je ne sais pas... c'était instinctif... parce que j'en avais très envie.

– Mais pourquoi cette envie ?

– Hier soir, j'ai regardé à la télévision le *Napoléon* d'Abel Gance.

– Moi aussi. J'ai été frappé par la séquence où, traqué, Bonaparte fuit la Corse en barque et où il entend, comme en un rêve ou un délire les voix des révolutionnaires. Il y a une curieuse analogie entre l'onde agitée de la mer en tempête et l'onde des voix. On avait vraiment l'impression d'une coïncidence entre le surréel et le réel. Abel Gance a senti là que quelque chose se nouait entre le visible et l'invisible mais il n'a pas vraiment bouclé la boucle. Et puis c'est ahurissant tout de même que le dernier acte de Louis XVI, en tant que roi, ait été de signer le brevet de lieutenant de Bonaparte. S'il ne l'avait pas signé, Napoléon n'aurait jamais existé !

– Ce film, on le donnait à Rome, en juillet 78, sur un écran géant. Ca m'avait beaucoup frappée... Louis XVI, c'était le père...

– Oui, on l'appelait le "père du peuple".
– Le pape, c'est le père spirituel. Sa mort m'a fait un choc en arrivant à Rome... j'étais en état de choc. Et j'ai acheté instinctivement ces chaussures Louis XVI."

Tandis qu'elle me parle, j'écris machinalement sur une feuille de papier : "l'ouïe seize". Et, soudain, je m'aperçois qu'en anglais *to seize* signifie *saisir. Saisir l'ouïe.* Saisir ce que j'entends. Je tends l'oreille et dis :

"Le problème, c'est de trouver le lien qui boucle tout ça".

J'écris sur la feuille : "Abel Gance" puis "la belle ganse".

"Eh oui, dis-je, c'est de trouver *la belle ganse* qui boucle tout ça !
– L'Abel Gance ?
– Oui, la ganse, du grec *gampsos*, qui signifie *lacet.* la ganse qui boucle les choses entre elles.
– C'est curieux que tu me parles de lacet. E. joue sans arrêt avec les lacets de mes chaussures."

J'ai soudain un éclair.

"Redis-moi tout ce que tu viens de me dire !
– Quoi ?
– De quoi as-tu parlé ?
– De la mort de Louis XVI.
– Et puis ?
– De la mort du pape.
– Et puis ?
– De la mort du père.
– Oui.
– Je ne sais pas pourquoi, instinctivement, j'ai voulu acheter ces chaussures Louis XVI à la mort du pape...
– Qu'est-ce qu'elles avaient de particulier, ces chaussures ?
– A part cette boucle ?... qu'est-ce qu'elles avaient de particulier... pour que je les aie achetées... ou alors ça se serait traduit par la mort de Gabriel..."

Silence.

"Qu'est-ce qui se serait traduit ? dis-je.
– Ce délire...
– Comme ça ?
– Ca se serait amplifié."

Je tends l'oreille vers l'amplificateur.

"Mais qu'est-ce qui se serait traduit ?
– L'emp... non, non... j'allais dire l'empire..."

Elle rit nerveusement mais sa voix est chargée d'angoisse.

"Pourquoi allais-tu dire l'empire ?
– Parce que, tu me l'as dit, l'Histoire se répète... non... si j'étais moins bête, j'arriverais à comprendre... mais je me rends compte que je suis noyée là-dedans... alors un événement historique...
– Lequel ?
– La mort du pape... oh, tout est mélangé... Ca m'a fait revivre le passé et ça s'est mélangé avec mon histoire personnelle...j'ai associé la mort du pape avec la mort de Louis XVI... j'ai dessiné la *R-Evolution...*
– Pourquoi ?
– Comme ça... ça fait longtemps... L'Histoire appartient à tout le monde... ce qui a été inconscient, c'est de lier la mort du pape à la mort de Louis XVI... c'est pour ça que j'ai acheté ces chaussures à boucles Louis XVI... si j'avais été moins bête, je n'aurais pas traduit cette association par l'achat de ces chaussures mais par une discussion avec Gabriel... c'est bizarre, toutes ces choses-là... je ne comprends pas... mais pourquoi tu as fait ce truc sur Abel Gance ?
– Tu m'as parlé de la mort du pape, de la mort de Louis XVI et tu m'as dit que l'événement historique était lié à l'événement personnel. C'est-à-dire ?
– Ben, après, la mort de Gabriel.
– C'est-à-dire ?
– J'ai été choquée quand le pape est mort. Dans tous les journaux, on voyait : "Papa, papa". Et, Gabriel, quand il est mort, il était père."

Le lendemain, 13 décembre, elle m'appelle pour me parler d'un dessin "très clair et très beau" qu'elle avait fait de Gabriel.

"Comme il n'était pas content que je le dessine, il l'avait déchiré", précise-t-elle. Elle me dit qu'on ne peut pas vivre sans amour, qu'après la mort de Gabriel elle m'avait fait une lettre, dans laquelle elle parlait d'un tableau de Renoir – *La loge* – et cherchait à me faire comprendre qu'elle m'aimait sans me le dire.

"La lettre finie, je l'ai déchirée, comme le dessin, parce que c'était ridicule.
– Qu'est-ce qui était ridicule ?
– De dire ça... mais je ne sais pas pourquoi Gabriel a déchiré le dessin... le lendemain du jour où j'ai déchiré la lettre, tout était flou, je ne

savais plus où j'allais... tout semblait neuf..."

Elle se met à pleurer, disant qu'elle a peur de perdre la vue, comme cela lui est arrivé une fois. Sa mère avait alors dû la ramener. Impossible de lui faire préciser à quand remonte cet accident, entièrement psychologique et qui symbolise son refus de voir la réalité. Elle pleure, exprimant sa crainte de redevenir aveugle. Je la calme en lui disant que son état s'est amélioré et qu'il n'y a aucune chance, maintenant que les choses s'éclairent, que ça recommence. Elle déclare que c'est en regardant un Picasso que cette hantise s'est emparée d'elle.

"En regardant quel tableau ?

– Lequel ?... Il n'y en avait pas un en particulier... Gabriel, je le reconstruisais méthodiquement, comme ça, par amour. Je le voyais autrement. Je pouvais le dessiner, le peindre, même sans qu'il soit là.

– Et qu'est-ce qui ne lui plaisait pas alors ?

– Je ne sais pas. Je l'avais peint. Et un ami de Gabriel, c'est ce tableau de Gabriel qu'il a choisi et il l'a emporté... Gabriel ne voulait pas se rendre compte...

– De quoi ?

– Je ne sais pas. Quand tu crées, c'est jamais pour rien, c'est jamais neutre.

– C'est-à-dire ?

– C'est une force, c'est une énergie. D'ailleurs, c'est souvent utilisé en psychiatrie. Quand tu crées, c'est toujours positif... etc."

Elle pleure.

"...Y a des cons autour de moi. Et c'est ça, le complot ! Y a des cons qui comprennent rien du tout. Y en a qui vont bêcher leur jardin. Y en a qui prennent une feuille et dessinent, je fais crever presque toutes les plantes autour de moi... je les emmerde pas... je vois ce qu'il y a d'extraordinaire à peindre... je sens de la crasse autour de moi. Je peux pas m'en débarrasser.

– Qui sont ces cons ?

– Tu dois comprendre, je suis dans un quartier de banlieue et, si tu n'as pas un rythme de vie normale, une façade, toute leur crasse, à eux, ils t'en barbouillent. Tu es un réactif. Ils te la mettent sur toi, parce que tu n'as pas leur ordre, leur uniforme. Ils te pourrissent. Mais c'est pas toi, c'est eux qui sont pourris. Si tu n'arrives pas à mettre un ordre, eh bien ça ne va plus du tout. Ca dure depuis longtemps, parce que, la crasse, quand j'étais môme, c'était pareil, c'était pire. Il a fallu que je me batte. Quand j'étais môme, je me battais.

– Contre qui ?

– Contre les autres mômes qui étaient manipulés, parce que j'étais rejetée par les *instits*, par leur système pourri. C'est pour ça que je voudrais que Lolo (sa fille) n'aille pas à l'école.

– Tous les *instits* ne sont pas comme ça.

– Et maintenant, c'est contre la société... Les forces, je les sens qui viennent et qui te traquent. Parce que je suis lucide... me traquent. Alors, il faut être plus fort que ces forces...Gabriel le savait comment j'étais et il me traitait de Bécassine. Il disait qu'à Bayonne y avait des gens bons [elle ne voit pas le jeu de mot : des *gens bons* qui *bâillonnent*], il riait parce que je ne voyais pas quand on se foutait de ma gueule ou qu'on m'utilisait... Blandine [il s'agit d'une amie à elle qui est psychiatre-psychanalyste] m'avait dit que jusqu'à présent j'avais toujours vécu dans un milieu protégé, des gens riches ou mêmes connus mais qui n'étaient pas matérialistes et maintenant je suis obligée de reconnaître que Gabriel avait raison. De reconnaître des forces qui veulent te nier, qui veulent te tuer... qui veulent te tuer. Et je me rends compte qu'il ne pourra jamais y avoir quelque chose de bien parce que ça, ça existera toujours. Je préfère être une Bécassine à une salope. Il me semble que Gabriel avait deviné cela.

– Mais tu as commencé en me disant qu'avec la lettre que tu m'avais écrite, tu avais compris.

– Je crois que l'amour, c'est des sentiments, ça ne peut pas s'expliquer. Représenter bêtement le corps de Gabriel avec des équerres et un compas, ça n'avait rien à voir avec le dessiner avec amour. Et, à ce moment-là, tu es en harmonie avec tout.

– Mais quel rapport avec la lettre que tu as déchirée ?

– Le rapport ? Cette lettre aussi parlait d'amour... mais plus j'avançais et plus, au bout, c'était cela, comme si c'était interdit, comme s'il y avait un interdit. Ca fait plusieurs fois que ça m'arrive. Il me semble que ça vient toujours d'une lettre...

– Quoi ?

– Quand ça va pas, ça vient toujours d'une lettre... une lettre, toujours une lettre.

– Qu'est-ce que je t'ai dit, moi, à propos de ça ? De cette lettre et de ce comportement ?

– Tu m'as dit... je sais bien ce que tu m'as dit... je peux pas te le dire mais je sais bien.

– Pourquoi ne veux-tu pas me le dire ?

– Je ne sais plus exactement ce que tu m'as dit mais je le sais bien.

– Je t'ai dit qu'il ne devait y avoir aucune ambiguïté dans nos relations. Et je le maintiens !

– Je sais bien mais certainement... eh bien il n'y a pas d'ambiguïté !

– C'est-à-dire ?

– Il n'y a pas d'ambiguïté... il n'y a pas d'ambiguïté. Mais tu peux pas m'empêcher de dire ce que je ressens quand même... et même si tu sais que ça correspond à quelque chose d'autre pour moi.

– Et qu'est-ce que tu ressens ?
– Eh bien tu peux pas m'empêcher d'avoir des sentiments. Je suis pas une machine. D'abord ce que je ressens, c'est beaucoup plus de l'estime, je sais pas, moi, que finalement... Mais peut-être que cela te gêne.
– Quoi ?
– Que je t'appelle comme ça, que je t'explique des trucs, que tu m'aides... mais je suis peut-être à côté de la plaque... je ne pense pas du tout être folle...
– Tu n'es pas folle !
– J'ai des problèmes..."

Elle me dit que je lui renvoie chaque fois la balle. Je lui parle de la partie de tennis puis, l'image étant mauvaise, des filateurs. Je lui renvoie l'aiguille et progressivement elle tisse la tapisserie du conscient. Elle me demande ce que je suis là-dedans. Je lui dis qu'à mon avis je suis simplement le miroir vide qui lui renvoie sa propre réflexion.

"Mais c'est terrible ce que tu dis !
– Pourquoi ?
– Parce que c'est faux ! Tu n'es pas vide. Si tu étais vide, j'aurais cessé toute relation avec toi. Parce que, si tu étais vide, il ne se serait rien passé. Et puis c'est affreux ce que tu dis.
– Qu'est-ce qui s'est passé ?
– Si tu étais vide, mon être ne se serait pas amélioré. Aussi bien pour E. que pour moi. Et puis toi, même si tu essaies d'être le plus neutre possible, tu n'es pas neutre et tu n'es pas vide, avec ce que tu connais, ce que tu as vécu. Et, si tu me dis que tu es vide, tu me dis alors que je ne reflète que moi et que je suis psychotique. Tu es là, toi, tu as toujours été là, même quand je suis arrivée paumée. La preuve, c'est que je suis allée voir des professionnels, des neuropsychiatres, ça n'a pas été. Toi, tu me renvoies, toi, ce que tu ressens, ce que tu comprends. Je veux dire qu'il n'y a pas ce vide..."

J'essaie de lui faire comprendre que la sympathie, même si elle n'est qu'un degré variable qui va de la haine à l'amour, n'est pas de l'amour. Cela semble la rassurer car elle ne comprenait pas que je rejette en bloc – comme elle en avait l'impression – ce qu'elle me disait de ses sentiments. Elle me dit qu'elle me voyait alors comme doué d'ubiquité, étant partout et organisant contre elle un complot, dans lequel elle était comme un cobaye dont je me servais. Elle en a parlé hier avec Bruno. Lui aussi pense que je n'étais pas neutre mais il ignore ce que peuvent être nos relations. Elle lui a dit qu'elle ne comprenait pas que je n'aie pas l'air de me rendre compte que je n'étais pas neutre et, là-dessus, il était d'accord avec elle.

Il est vrai que je ne suis pas neutre – et qu'en vérité aucun psychothérapeute ne peut l'être entièrement, du moins s'il écoute vraiment son patient. Mais ma relation avec Corinne n'est pas exactement une relation de psychothérapeute à patient. C'est devenu une relation amicale dans laquelle je me garde de son prétendu amour – qui n'est qu'un transfert – mais toutes les relations, amicales ou amoureuses, sont-elles autre chose que des transferts ? Quand elle dit qu'elle a l'impression d'être un cobaye, ce n'est pas entièrement faux, dans la mesure où je me sers d'elle pour apprendre la pratique de l'inconscient mais je lui sers, à elle aussi, je l'aide.

C'est ce qu'en conclusion je lui dis : je la soutiens par sympathie pour l'aider à gagner son autonomie, comme un maître nageur, de manière qu'elle puisse vivre autonome, sans assujettissement.

"Tout ce que je peux faire, c'est t'aider à gagner ton autonomie."

Elle me parle alors de son impression de vieillissement, même par rapport à des gens beaucoup plus âgés qu'elle. Fritz Zorn, dit-elle, a la même impression dans une page de son livre.

"Fabrice aussi a des problèmes mais ça ne paralyse pas sa personnalité. Pourtant j'étais plus stable quand je vivais avec lui."

Le lendemain, 4 décembre, elle m'appelle et me demande à brûle-pourpoint "si elle peut être arrêtée sans avoir rien fait". Puis elle ajoute qu'elle a envie de tuer quelqu'un.

"Qui ?
– N'importe qui ! Pour faire un acte gratuit.
– Mais il n'y a pas d'acte gratuit. Même le crime de Lafcadio, dans *Les Caves du Vatican*, n'est pas gratuit puisqu'il l'accomplit pour se prouver qu'il peut commettre un acte "gratuit", qui, dès lors, ne l'est plus. Pas plus qu'il n'y a de *hasard*, c'est-à-dire d'*événement sans cause.* Pour qu'il y en ait, il faudrait qu'il y ait du vide dans le cosmos. Or il n'y en a pas. L'espace est plein. S'il y avait du vide et, par conséquent, de l'aléatoire, alors il y aurait des événements aléatoires, c'est-à-dire totalement incohérents, sans aucun sens ni aucun lien les uns avec les autres. Mais on n'a jamais observé rien de tel, sauf, paraît-il, en microphysique où l'on n'observe pratiquement rien ! Mais alors jamais les chaussures Louis XVI et le bouquin sur Manzoni n'auraient pris la signification qu'ils ont prise des mois et même des années plus tard !
– A un moment, j'ai été psychotique. J'étais à l'hôpital. J'avais perdu mon mari et mon père et je me demandais quel était mon nom. Le médecin me montrait un tableau signé de mon nom et il s'étonnait

que je ne le reconnaisse pas. Mon identité, je ne la reconnaissais pas, parce que je ne la voyais pas dans ces noms, celui de mon père et celui de mon mari. Elle était dans mon être, que je ne reconnaissais pas dans ces noms. Ça, c'était au moment où j'avais avalé de l'eau de Javel. Je ne suis pas allée à l'Institut Curie, ces jours-ci. Je ne veux plus de séances de rayons, parce que je n'avais pas de cancer. On a inventé ça pour me faire rentrer dans mon corps. A cause de ça, je me suis engueulée avec mon père."

Il est clair que, chez elle, alternent encore des périodes psychotiques, où elle perd presque entièrement conscience du réel, et des périodes névrotiques, où elle est la proie d'obsessions ou d'effondrement. Sans parler de son hystérie. Malgré cela je ne me décourage pas et ne perds pas l'espoir de lui rendre un équilibre suffisant pour survivre dans la réalité.

La raison de mon espoir, c'est la clarté soudaine que son délire a prise dans l'interprétation du voyage à Rome.

La "belle ganse" qui liait tous les éléments – la mort du "papa", la mort de Louis XVI, le *Napoléon* d'Abel Gance, l'achat des chaussures Louis XVI, l'achat de l'ouvrage de Piero Manzoni et la mort de Gabriel –, qu'elle m'avait livrés pêle-mêle, au cours d'un dialogue en apparence incohérent et délirant, était soudain bouclée.

En débarquant à la gare de Rome, treize mois avant le suicide de son futur mari, Corinne avait donc été avertie par un signe, qui l'avait frappée comme un choc prémonitoire – la mort du pape, apprise alors qu'elle se trouvait encore dans la voiture, sur les *rails* –, que, si elle s'emparait de la puissance paternelle – l'empire de Louis XVI restauré par Napoléon Ier qui avait laissé un fils sans père, le roi de Rome –, en imposant à Gabriel une paternité qu'il ne voulait pas, ne se sentant pas près à l'assumer, le père de son enfant, dépossédé de lui-même – elle s'emparait et se couvrait de sa casquette –, mourrait sur les rails d'une gare en se jetant sous un train. Or ce choc l'avait poussée "instinctivement" à acheter une paire de chaussures Louis XVI à boucles d'argent, symbole de la marche – Gabriel, devenu père, disait qu'il ne pouvait plus marcher –, qu'elle voulait marron mais qui étaient noires, couleur du deuil.

Ces chaussures Louis XVI symbolisaient, comme l'achat par Gabriel de l'ouvrage de Piero Manzoni, mort à trente ans, les jambes du père – Corinne, lorsque je lui avais demandé ce qui permettait de marcher, s'était obstinée à parler de "chaussures" pour ne pas parler des "jambes" –, sectionnées à hauteur des genoux par le rail. Le sentiment de sa culpabilité, dans la mort du père, lui venait de ce qu'elle avait, en effet, confondu le "nous" du couple avec le "je" exclusif de son moi. Le papa était mort, laissant une fille, encore plus inconsciemment et innocemment coupable de la mort de son père qu'Oedipe et une mère en proie au remords d'Oedipe à Colone, qui la faisait délirer sur les colonnes du Temple de l'inconscient qu'elle associait, sans le dire, aux jambes sectionnées du père.

Etrangement, elle m'avait raconté tout cela entre le 2 décembre, anniversaire du sacre de Napoléon Ier, d'Austerlitz – qui évoque une gare –, du coup d'Etat de Louis-Napoléon et de la proclamation du Second empire, et le 3 décembre, anniversaire du double crime de Guy Desnoyers, curé d'Uruffe, qui en 1956, avait assassiné sa maîtresse enceinte de ses oeuvres et l'enfant qu'elle portait.

Le samedi 19 décembre 1981, Corinne vient chez moi pour me montrer sa fille, E., maintenant âgée de deux ans, que je n'ai pas revue. Quelle n'est pas ma surprise de voir la petite fille chaussée de deux chaussures orthopédiques, desquelles partent deux tiges métalliques qui remontent jusqu'au-dessus des genoux, autour desquels elles se bouclent sur une lanière de cuir.

Ce sont les jambes du père symbolisées par les chaussures Louis XVI à boucles d'argent, qui sont nouées par des boucles d'acier autour des genoux de l'enfant.

VI

Désir de meurtre

Pour Freud, la voie royale qui mène à la connaissance de l'inconscient était l'analyse des rêves – qu'aujourd'hui bien peu de praticiens pratiquent ! Mais, si le rêve demeure en effet une voie essentielle à la connaissance de l'inconscient, il est clair que celui-ci se manifeste également sous la forme des *signes* et de signes qui peuvent s'incarner de manière tragique dans la réalité. Le voyage dans le métro, en direction de la Porte de Montreuil, et le voyage à Rome, prémonitoire de la mort du père, avec les chaussures Louis XVI dont les boucles finissent par se nouer autour des genoux de la petite fille, donnent soudain à la psychologie des profondeurs et à l'analyse des rapports du conscient et de l'inconscient une dimension ***pansémiotique – tout y devient signe***, comme pour l'homme du Moyen Age – qui échappe entièrement à la psychanalyse freudienne ou lacanienne ainsi d'ailleurs qu'aux psychanalyses jungienne et reichienne.

C'est pourquoi nous appellerons cette forme de psychothérapie : psychothérapie pansémiotique ou, plus simplement : pansémiotique – bien que la pansémiotique ne se limite évidemment pas – il faut le souligner –, à la psychothérapie.

Il devient, en effet, évident, dans l'analyse du cas de Corinne, que le réel ou le monde matériel visible n'est plus que l'endroit d'un invisible envers, ***l'inconscient*** ou, pour mieux dire, ***le surréel*** qui cherche, avec une obstination qui peut aller jusqu'au tragique, à se faire saisir de la conscience. Naturellement, le surréel cherche à se faire saisir par la conscience au travers des significations cachées mais pansémiotiques des êtres, des objets et des événements qui peuplent et meublent le réel.

Quand cela est bien compris, c'est l'évidence qu'on ne peut plus se contenter de faire la lecture ordinaire –au premier degré– du réel que font les matérialistes et, parmi eux, les psychanalystes. Il devient nécessaire de considérer les objets, les êtres et les événements du réel sous l'angle des signes et des symboliques et d'en faire une lecture pansémiotique – au second degré – bref de rechercher les significations cachées, inconscientes à nos yeux, dont le surréel les a objectivement chargés.

La psychothérapie pansémiotique dont, à ma connaissance, Corinne et moi-même avons fait la première expérience, si elle intègre les apports de Freud, de Jung, de Reich et même de Lacan – c'est-à-dire non pas la notion que "l'inconscient est structuré comme un langage" mais l'idée que *l'inconscient en tant que toute la mathématique possible du monde est le langage* –, ne peut évidemment plus reposer sur l'archaïque conception que Freud se faisait des rapports du conscient et de l'inconscient. Même les extensions que Jung et Reich ont apportées à la psychanalyse freudienne sont insuffisantes.

La pansémiotique – c'est-à-dire, fondamentalement, l'idée que tout, dans le cosmos, est signe – est la théorie cosmique des rapports du conscient et de l'inconscient, ce en quoi elle excède toutes les théories précédentes, même celle de Jung et de Reich qui en sont tout de même plus proches que la réduction matérialiste et individualiste de Freud, visiblement dépassé par l'ampleur de la construction psychanalytique dont il avait pourtant jeté les fondations.

La pansémiotique postule et *démontre* que le réel n'est que l'ensemble des signes symboliques du destin même du monde, dans lesquels le surréel ou l'énergie mathématique inconsciente se matérialise afin de prendre l'absolue conscience de lui-même, dans une perspective plutôt hégélienne mais qui excède aussi largement la pensée de Hegel – ne serait-ce que parce que la pansémiotique est dialectique, ce que n'était pas la pensée de Hegel, en dépit des prétentions de son auteur, ni d'ailleurs celle de Marx. Ce qui signifie que la pansémiotique ne s'applique pas seulement aux individus mais encore aux peuples et à l'Histoire – sujet que nous ne traiterons pas dans cet ouvrage. Nous ne doutons pas non plus que la pansémiotique *excèdera* également les psychanalystes et les historiens !

Les signes, on le voit, peuvent signifier bien plus qu'on ne le croit, et ceci avec la rigueur inéluctable, parfois comique, parfois tragique, d'une implacable logique : celle de l'inconscient qui cherche à se faire saisir de la conscience qui le refoule. Les coïncidences que l'on y observe n'ont rien d'aléatoire et chaque objet du délire – en l'occurrence chaussures à boucles d'argent, colonnes, casquettes, ouvrage de Manzoni, film d'Abel Gance, jeu de mots sur la belle ganse, mort du pape, mort de Louis XVI, etc. – ont un sens bien précis, qu'on ne peut éclairer que si l'analyse tend vers la *synthèse du réel et du surréel* et va au fond même des choses en partant du principe que le réel n'est que la projection pansémiotique des tendances contradictoires du surréel qu'il synthétise.

C'est l'évidence que, livrée à un analyste professionnel, dans le cadre d'une thérapie ordinaire – de style "Boules Quiès" –, Corinne n'aurait sans doute jamais éclairé le voyage à Rome et que, livrée aux psychiatres, son discours eût été qualifié de délire et son corps, soumis à la camisole chimique sinon à l'électrochoc – qui, paraît-il, se pratique encore !

Le délire, du latin *delirare*, signifie littéralement *ce qui sort du sillon*, et, par extension, "l'état d'un malade qui émet des idées fausses, en totale opposition avec la réalité ou l'évidence, généralement centrées sur un thème personnel" (Robert) ou encore des idées ou des associations d'idées simplement incohérentes. Il est incidemment assez surprenant que le mot délire ne figure pas dans le *Vocabulaire de la psychanalyse* de Laplanche et Pontalis. Le cas de Corinne permet cependant de voir à quel point les définitions peuvent être fausses, en ce sens que le discours de Corinne, que les professionnels n'eussent pas manqué de qualifier de délire, n'avait rien de délirant et n'était finalement qu'un puzzle – comme tout délire.

Certes, nombre des associations qu'elle avait faites semblaient, au premier abord, incohérentes et délirantes. Quant à moi, j'étais convaincu qu'elles avaient un sens, que c'était moi qui ne le voyais pas, faute d'être le "voyant" de Rimbaud, et qu'il suffisait d'y mettre de l'ordre pour le découvrir. Ce qui fut fait au prix d'une longue patience. Je partais du principe, je l'ai dit, qu'il s'agissait des pièces d'un puzzle fixées par l'inconscient sur des objets, des êtres ou des événements de la réalité qui devenaient alors symboliques d'un sens à découvrir. Tout le problème consistait à les organiser de façon cohérente, alors que la conscience du patient les livrait en vrac, de manière à la fois incohérente et obsessionnelle, ne serait-ce que parce que la conscience se refusait à voir ce qui la mettrait immanquablement en cause.

C'est là, très exactement, ce que Corinne et moi venions de faire et l'on voit que, rendu cohérent, l'ensemble des pièces du puzzle fait sens et constituait même les signes avant-coureurs d'événements tragiques à venir, la mort du père et l'infirmité de l'enfant. C'eût même été des signes prémonitoires, si Corinne avait su les interpréter à temps...

Malheureusement, nous n'en avons vu le sens tragique qu'après. Sans doute non pas tant parce que Corinne était incapable de le voir avant que parce qu'elle ne voulait pas le voir. Il lui eût, en effet, suffi de s'interroger sérieusement sur l'état de choc que lui avait causé la manchette "*Il papa e morto*" pour comprendre qu'il lui fallait prendre garde à la paternité qu'elle voulait imposer à Gabriel.

Il n'en reste pas moins que l'interprétation faite permet de conclure à l'existence d'un inconscient ou, pour mieux dire, d'un surréel beaucoup plus complexe que celui qu'ont imaginé Freud, Jung, Reich et Lacan, dans la mesure où il s'agit visiblement d'un système d'information universel, collectif et logique, quoique se servant de symboles et d'analogies, et, enfin, ***informé non seulement du passé et du présent mais encore de l'avenir***, qu'il avait, dans le cas qui nous occupe, et non sans bienveillance, vainement tenté de faire connaître, par plusieurs avertissements, à Corinne qui n'en avait tenu aucun compte – et comment l'aurait-elle fait ?

Un système d'information qui dépasse de beaucoup les conceptions que se fait Jean-Pierre Changeux de l'inconscient – inexistant selon lui – et de la conscience ("cet ensemble de régulations [chimiques !] en fonctionnement" décrit dans ***L'Homme neuronal***) et même que se font la quasi-totalité des psychiatres et des analystes.

Toujours est-il qu'il en découlait, chez Corinne, a posteriori, un irrépressible sentiment de culpabilité qu'il lui fallait surmonter.

Est-ce, en partie, à cause de la découverte a posteriori de ces signes avant-coureurs de son destin, dont le surréel – à ses yeux inconscient – avait jalonné sa route qu'elle en était venue à l'idée qu'un monde invisible – en fait l'envers du monde visible ou du réel –, avec lequel, malgré elle, elle entretenait une communication privilégiée, par signes symboliques, était informé de tous ses faits et gestes et aliénait, de ce fait, sa personnalité et sa liberté ? C'est, en partie, possible bien que ce ne fût sans doute pas la seule cause et qu'elle eût la pratique des signes bien avant l'interprétation du voyage à Rome.

Toujours est-il qu'une idée, déjà ancienne, cristallisa dès lors en elle : l'idée qu'elle était surveillée, épiée, traquée par un univers dont elle n'avait pas conscience et qu'un "complot" était ourdi contre elle, qui visait à la déposséder de sa liberté et de sa personnalité. Elle qualifiait cet univers invisible – pour elle l'inconscient – de ***on*** et ce ***on*** existait pour elle avant qu'elle ne me connaisse.

En outre, comme dépersonnalisée par l'inconscient, dont elle était – il faut bien le dire –, ainsi que tout objet du monde, une incarnation fragmentaire, elle parlait d'elle-même à la troisième personne, comme s'il s'agissait d'une autre qu'elle-même, comme si elle était en partie aliénée. Le ***je*** ne la qualifiait plus[1] .

[1] Sans doute faut-il préciser qu'elle inclinait d'autant plus à vivre hors de la réalité qu'elle vivait d'une pension d'invalidité et qu'elle était donc entièrement prise en charge.

C'est ainsi que le lundi 15 mars 1982, au soir, elle m'appelle en pleurant (nos communications quotidiennes se poursuivent alors depuis bientôt trois ans) pour me dire qu'elle a peur parce que des étrangers l'observent à travers les ampoules électriques de son appartement et l'écran de télévision. Elle n'allume plus aucune lampe ni aucun appareillage électrique – en particulier la télévision et la chaîne stéréophonique dans laquelle les crachotements lui semblent suspects – afin de soustraire à l'observation...

"Mais, le soir, comment t'éclaires-tu ?
– A la bougie..."

Comme pour un enterrement ! Je suis sidéré et surtout désespéré, tant il me semble que tous les progrès qu'en dépit de nombreuses régressions qui la ramenaient à un état antérieur, nous avons accomplis, semblent anéantis d'un coup.

J'en suis à mes premières armes et j'ai du mal à supporter toute régression qui annule, même momentanément, le travail, souvent pénible, que nous avons fait ensemble. En outre, je ne me rends pas encore bien compte qu'elle est presque totalement seule, en dehors des contacts difficiles qu'elle a avec ses parents et, durant les week-ends, avec sa fille. Cette solitude est évidemment insupportable pour une jeune femme d'une trentaine d'années, d'autant qu'elle a de nouveau cessé de peindre, qu'elle ne lit guère et que, désormais, elle n'écoute plus de musique ni ne regarde plus la télévision.

Comment alors vaincre cette solitude autrement que par l'imaginaire, en s'inventant une communication fantasmatique avec cet envers du monde qui la surveille et ourdit un complot contre elle ? Là est la cause fondamentale de ce délire de la persécution qui vient de s'emparer d'elle et que, probablement, l'interprétation des signes avant-coureurs que nous avons faite à dû renforcer.

Il m'est difficile, après avoir mis en évidence l'existence du surréel, en tant qu'inconscient informé de tout, de la nier – je n'en ai d'ailleurs aucune envie –, même si, en effet, l'idée qu'il passe aussi directement qu'elle l'imagine, à travers les lampes électriques et l'écran de la télévision, est en effet absurde et délirante. Ceci bien qu'il puisse passer à travers des objets ordinaires, on l'a vu à propos de l'affiche de Claude Monet et du suicide dans le métro. En outre, il faut éviter de la prendre à rebrousse-poil.

Aussi, sans chercher à lui donner d'explications théoriques sur les rapports du conscient et de l'inconscient, me contentè-je de désarmer sa panique en lui demandant ce que ça peut bien lui faire qu'on l'écoute, qu'on l'observe et qu'on l'épie. Qu'a-t-elle à cacher qui justifie la privatisation de sa vie – la vie privée n'ayant pas d'autre raison d'être que de cacher tout ce qu'on ne peut ni ne veut avouer. Ma question la surprend. Elle me répond qu'"à la limite cela lui est égal".

"Eh bien alors, allume tout !"

Elle finit par rire et rallume.

Le 5 mai 1982, elle bloque ma ligne, alors que j'attends un coup de fil important, pour me dire qu'"elle lit des articles et voit, à la télévision, des choses contre elle et contre E.". La télévision ! Au moins la regarde-t-elle à nouveau, au lieu de s'éclairer à la bougie! A trois reprises, elle me demande "si je l'aime bien et si je n'ai rien fait contre elle et contre E.". Sans doute soupçonne-t-elle que c'est moi qui orchestrerais ces machinations.

Elle raccroche. Le téléphone sonne. Enfin, l'appel que j'attendais ! Mais non, c'est encore elle ! Merde !

Elle me redemande si je l'aime bien et me dit "de ne pas confondre la paix avec elle et avec les autres, parce qu'elle est en paix avec elle-même."

Je suis bien conscient qu'elle fait sur moi un transfert : elle est amoureuse de moi, ce dont je me suis vivement défendu. En outre, elle me considère à la fois comme un père et comme une sorte de médiateur entre elle et le puissant – le tout-puissant – inconscient, dans la mesure où je l'aide à en traduire les messages. Ce en quoi le psychothérapeute est bien un prêtre moderne, même si, au lieu d'être à genoux, le patient est assis, parfois couché, dans le confessionnal.

Mais je ne suis pas encore familier du contre-transfert : à savoir, comme elle me le dira plus tard, qu'elle me prête un pouvoir surnaturel, que je suis à ses yeux comme un divinité, qu'elle finit par se demander si ce n'est pas moi qui ourdis contre elle "le complot" dont elle se sent la pantelante victime, auquel cas son "amour" pour moi pourrait virer à la haine. Et c'est bien cette inquiétude qu'exprime sa question. Puisque je sais tant de choses d'elle, que personne d'autre que moi ne sait, puisque je lui fais découvrir les significations inconscientes de ce qu'elle a vécu, comme si je les connaissais de tout temps, alors que je ne les devine qu'à mesure, n'est-ce pas moi qui manipule les journaux et la télévision ?

Naturellement, je combats cette vision de magicien qu'elle a de moi, cherchant à lui montrer qu'il ne s'agit que d'une analyse logique des faits, non sans me rendre compte que celle-ci révèle tout de même l'aspect magique de l'inconscient.

Le 9 juin, elle me dit qu'elle écrit, qu'elle peint de nouveau et me lit un texte d'elle, bien écrit, sur la peinture. Elle m'annonce enfin qu'elle a vainement tenté de me joindre, le soir, à plusieurs reprises – ayant une vie sentimentale agitée, je sors beaucoup depuis quelques mois et suis moins disponible. Elle ajoute qu'elle consulte actuellement un neuropsychiatre.

Cette nouvelle ne me plaît guère. Mais, au fond, c'est la rançon de ma relative indisponibilité de ces derniers mois. De toute manière, je doute fort que le psychiatre soit plus efficace que moi.

Les semaines passent. Corinne me téléphone toujours régulièrement. Le mardi 20 juillet 1982, elle me déclare qu'"elle est angoissée, malade".

"Je finis par être heureuse d'être malade, car cela me donne un prétexte pour te téléphoner. Je suis à la fois comme une femme et une gamine. Je me comporte avec toi comme une gamine mais mon désir de femme est autre.
– Quel est ton désir de femme ?
– Mon désir de femme, c'est..."

Elle détourne la question en faisant dériver son discours sur autre chose. Je l'y ramène.

"Quel est ton désir de femme ?
– Mon désir de femme, c'est d'être normale.
– Non, le désir d'être normal, c'est le désir de n'importe qui, homme ou femme. Ton désir de gamine, c'est d'être malade afin d'avoir un prétexte pour me téléphoner. Ton désir de femme, qu'est-ce que c'est ?" dis-je un peu brutalement, tant elle finit par m'irriter à tourner toujours autour du même pot.

Silence.

"Ton désir de femme, c'est de coucher avec moi ! dis-je sur un ton méchant et excédé.
– Oh non ! Pas ça !
– Bon, alors, si j'interprète mal ton désir, quel est-il ?
– Mon désir de femme, c'est la vie.
– C'est-à-dire ?
– Je voudrais être toujours avec toi.
– Ouais, ton désir de femme, c'est le désir de possession totale !"

Je suis d'autant plus irrité qu'elle m'a récemment rendu visite pour m'offrir une tapisserie qu'elle a faite et qui représente, en noir sur une toile jaune, une femme désarticulée, à la manière d'une danseuse espagnole, et qui a tout l'air d'une veuve noire au milieu de sa toile. Ce que j'ai lu, dans cette tapisserie, m'a fait horreur. Il m'a semblé que j'étais la proie de cette araignée et, en vérité, je le suis, depuis bientôt trois ans, le fil de la toile étant celui du téléphone.

"Oh non ! Pas de possession !

– Si ! Identification et possession totales. Et, comme ça n'était pas possible, tu m'as apporté cette tapisserie. C'était une manière d'installer chez moi un substitut de toi-même qui demeurerait toujours auprès de moi !"

Il n'est plus question, à cet instant, pour moi, de jouer les psychothérapeutes. Il s'agit de briser le rêve auquel elle n'a pas renoncé ! Je n'ai aucune intention de jouer les Gabriel surtout après l'interprétation du voyage à Rome.

"Mais non ! Je t'ai apporté cette tapisserie, parce que tu n'avais pas de tapisserie chez toi.

– Allons, ne fais pas la gamine ! En quoi avais-je besoin d'une tapisserie, hein ?

– Eh bien, tu es célibataire et tu n'avais pas de tapisserie.

– C'est ça. Les célibataires n'ont pas de tapisserie parce que c'est la femme, l'épouse, qui fait la tapisserie. Alors, en installant chez moi une tapisserie , qui te représentait, toi, tu te mariais symboliquement avec moi. Tu installais la femme chez moi.

– Mais tu écrivais un livre intitulé *Ulysse* (cet ouvrage deviendra en fait *Sisyphe ou le hasard est la née cécité*) et moi, je me prenais pour Pénélope."

La tapisserie est censée représenter Pénélope.

"Oui, alors, en amenant Pénélope chez moi, tu l'amenais chez Ulysse! Bon ! Eh bien, cette tapisserie, je vais te la rendre !

– Oh non ! Tu vas la garder, dis."

Elle me parle alors d'un totem qu'elle avait fait et qui représentait la vie. "Ce totem, dit-elle, était rouge, rouge sang, et, le sang c'est la vie". Il me semble alors que, ce qu'elle appelle la vie, c'est la possession dévorante jusqu'à la saignée – c'est ça que j'ai lu dans la veuve noire représentée sur la toile. Dans le totem, Gabriel avait dû voir quelque chose d'analogue car voici qu'elle ajoute :

“Ce totem, Gabriel a fini par le jeter à la poubelle...”

J’ai donc eu le même réflexe que lui et cela l’a conduite à avouer, par le parallèle qu’elle vient de faire entre lui et moi, qu’elle me substituait à lui. Tandis qu’elle me dit cela, je me lève et vais lier la tapisserie que je fourre dans un sac, comme pour conjurer un sort. Elle me fait tant horreur maintenant que je la cacherai dans une armoire, sans aller jusqu’à la jeter à la poubelle.

“Tu ne me la rendras pas, cette tapisserie.
– Je ne sais pas.
– De toute façon, même si je venais chez toi et si je vivais avec toi, je ne parviendrais qu’à posséder des objets. Je ne parviendrais pas à te posséder toi-même. Tu es très fort, tu as une personnalité très forte pour avoir supporté que je te téléphone sans arrêt, depuis des années, à n’importe quelle heure du jour et de la nuit, sans te laisser ébranler et en me répondant pourtant. J’étais folle alors. C’est grâce à toi que je n’ai pas été internée. Je ne sais pas comment te remercier.
– Tu n’as pas à me remercier.
– Tu es très fort parce que tu m’as empêchée de redevenir psychotique.”

Le jeudi 22 juillet, Bruno me téléphone. Corinne l’a appelé, me dit-il. Elle s’inquiète de ce que j’ai écrit sur elle dans mon livre. Ce que j’ai écrit, notamment le voyage à Rome, Manzoni et les chaussures Louis XVI, je l’ai lu à Corinne, au téléphone. Bruno est d’accord avec moi sur le fait que cette lecture pouvait provoquer chez elle un choc salutaire et lui faire prendre de la distance par rapport à ses souvenirs. D’ailleurs, elle n’était nullement bouleversée par cette lecture.

Elle me téléphone cependant peu après, me priant de ne pas écrire sur elle ni sur sa fille. Je refuse.

“Tu devrais arrêter d’écrire ce livre ! me dit-elle.
– Alors tu prends le relais de Bruno ! Toi aussi, tu veux me faire abandonner ce livre !
– Mais ne te mets pas en colère. J’ai peur que ce livre ne nous nuise, à ma fille et à moi.
– Tu veux rire ! Qui saura qu’il s’agit de vous ?
– De toutes manières, ce livre, personne ne le lira” !

Je me fâche et lui déclare que, de toutes façons, personne ne pourrait m’empêcher de l’écrire.

“Le psychiatre m’a dit que tu te déchargeais dans ce livre de l’angoisse que je projetais sur toi.

– Ah, tu lui as parlé de mon livre et de moi ?

– Oui, je lui ai dit que tu écrivais un livre sur ton entourage, sur ta vie, sur toi-même mais que c'était quelque chose de très complexe."

Il s'agit, en fait, d'une autobiographie pansémiotique, dans laquelle j'ai introduit le personnage de Corinne. C'est encore un ouvrage sur les signes.

"Et qu'est-ce qu'il t'a dit ?

– Que c'était un moyen pour toi de te libérer.

– Tu lui as dit que tu m'appelais souvent au téléphone?

– Oui et il m'a dit de faire attention, que je devais tout lui dire, à lui.

– Il sent une concurrence, hein ?

– Oui, il sent une concurrence. Mais, dis-moi, tu ne vas pas écrire des choses méchantes à mon sujet. Tu ne vas pas te mettre contre moi ?

– Pourquoi écrirais-je des méchancetés ? Et si j'étais contre toi, est-ce que j'aurais pris la peine de t'écouter sans te raccrocher au nez, comme je l'ai fait depuis trois ans ?

– Ah oui, c'est vrai. Tu m'as bien aidée. Au fond, si je ne suis pas redevenue psychotique, c'est grâce à toi, parce que tu m'as aidée. C'est à cause de cette extraordinaire disponibilité. Oh oui, c'est extraordinaire, cette disponibilité ! Chaque fois que j'avais besoin de toi, tu étais la. C'est aussi à cause de ta forte personnalité. Quelle force il faut pour supporter trois ans quelqu'un comme moi qui n'arrête pas de projeter son angoisse sur les autres. Je te téléphonais tous les jours et même la nuit. Mais, dis-moi, quand tu parles de moi dans ton livre, tu me prends quelque chose.

– Et alors ? On n'arrête pas de prendre quelque chose aux autres, au milieu où l'on baigne. Toute l'information que l'on reçoit nous est réfléchie par les autres, par le milieu.

– Ah oui... Alors écris ton livre".

Un moment après, elle me rappelle :

"Richard, je regrette ce que je t'ai dit au sujet de ton livre. Je le regrette très sincèrement. Je n'aurais jamais dû te dire de cesser de l'écrire. Je n'aurais pas dû te le dire.

– Ca n'a aucune importance. De toute manière, j'aurais continué de l'écrire. Alors, ce que peuvent dire les autres, je m'en moque.

– Oui, mais je n'aurais pas dû te dire ça. J'espère que tu ne m'en veux pas.

– Mais non, c'est oublié.

– Oui, c'est ça, oublie-le !"

Coup de fil de Corinne en larmes. Un horloger, auquel elle avait confié une montre de prix à réparer, refuse de la lui rendre sous prétexte qu'elle n'a pas pu lui remettre le reçu qu'il en avait donné et qu'elle a égaré.

Elle éclate en sanglots.

“On nous a tout volé, à Gabriel et à moi !”

Certes, elle a longtemps perdu le sens de la chronologie, ignorant le jour et l'heure, certes, chez elle, aucune montre ni aucun réveil ne fonctionne, comme si elle voulait, par l'arrêt des horloges, arrêter le temps. Cependant je me rends compte que cet incident de la montre ne fait que cristalliser l'impression que la lecture de mon livre lui a donnée d'être dépossédée d'elle-même et que cet ouvrage lui “vole” quelque chose d'elle-même. C'est d'ailleurs une réaction étrange.

D'ordinaire, la plupart des gens sont heureux ou fiers que l'on parle d'eux dans des livres ou à la télévision, même au prix de l'étalage de leurs intimités. Souvent, leur rêve serait de figurer dans le dictionnaire. Il n'est que de voir la façon dont ils se pressent, pour montrer leur bobine, devant la première caméra de “télé” qui passe et les grands signes qu'ils font comme pour se faire reconnaître d'un public qui ne les connaît pas. La réaction inverse de Corinne vient du fait qu'elle a le sentiment d'être dépossédée d'elle-même et qu'elle a des problèmes qu'elle ne tient pas à voir exposés, de crainte d'être montrée du doigt. Elle est pourtant satisfaite de pouvoir lire le “cas d'Anna”, celui du “président Schreiber” ou l'ouvrage d'Unica Zurn. Or, si on ne les avait pas exposés, sous prétexte de respect de la vie privée, personne n'en saurait rien et, en matière romanesque, le roman n'existerait même pas, à moins de n'y parler de tout hormis des hommes !

Nouvel appel le lendemain vendredi.

“Tu as été perturbée par ce que je t'ai lu de mon livre et qui te concernait ? dis-je.

– Oui, j'en ai parlé au psychiatre. Il m'a dit que je devais te laisser écrire ton livre, parce que tu t'y déchargeais de l'angoisse que je projetais sur toi.

– Oh, je m'y décharge de ma propre angoisse.

– Cà ! C'est extraordinaire que tu aies de l'angoisse, et une angoisse si forte ! Ca m'a surprise parce que tu as l'air de n'éprouver aucune angoisse. Quelle surprise ! Et puis ça m'a frappée ce que tu as écrit à propos de l'écriture et du cancer. Comme si, au lieu de faire un cancer intérieur, tu le projetais dans un livre qui prolifère.

– On dit que les écrivains vivent vieux. C'est parce qu'ils se déchargent sur le papier de leur angoisse. Il semble aussi qu'ils ne fassent jamais de cancer. Si Fritz Zorn avait commencé d'écrire avant de faire son cancer, il n'en aurait jamais été atteint. L'écriture, c'est une forme d'autoanalyse, du moins si on ne triche pas avec la vérité.

– Oui mais, tout de même, ce n'est pas vrai que j'ai rejeté E..

– Comment ce n'est pas vrai ? Mais c'est un fait ! Tu l'as rejetée, comme cela se fait d'ailleurs dans toute naissance, qui est un rejet, et prématurément quand tu as accouché. Tu n'y peux rien. C'est ce qui s'est passé. Et tu l'as rejetée pendant des mois après sa naissance. C'est encore un fait.

– Oh non, je ne l'ai pas rejetée ! Je ne me serais pas emmerdée pour elle comme je me suis emmerdée."

Elle ne semble pas voir que l'emploi même du mot *emmerder* constitue un aveu et qu'il est vrai que les enfants emmerdent leur parents, au sens figuré comme au sens propre, puisqu'il faut les "décacater". Toute naissance est d'ailleurs un simulacre de la mort : l'enfant est quasiment broyé, étouffé par le sexe de la mère et, curieusement, du moins pour le mâle, il n'aura de cesse que d'y retourner, par le coït, comme pour retourner au bonheur de l'inconscience des eaux chaudes de la mère. Bien sûr que les parents ont des envies de mort, comme Laïos, envers leurs enfants – qui, comme Oedipe, les leur rendent bien – comme s'ils se rendaient compte que leurs enfants n'auront bientôt plus qu'une envie : les tuer. C'est cela qui fait l'universalité du mythe d'Oedipe et l'un des ressorts éternels du roman bourgeois.

"Mais si tu l'as rejetée, tu t'es désintéressée d'elle. Ce n'est qu'un an après sa naissance que tu as commencé de t'intéresser à elle.

– Mais oui, mais c'est parce que j'étais malade, parce que je n'étais pas en état de la garder avec moi. C'est pour ça que mes parents se sont occupés d'elle.

– Oui, je sais. Tu avais en effet des raisons de ne pas la garder. Il n'en reste pas moins que c'était un rejet et je ne vois pas pourquoi tu ne l'admets pas. Quand je dis que tu la rejetais, c'est un simple fait. Je n'y ajoute pas, comme toi, de jugement moral. D'autant que je sais que tu n'étais pas en état de t'occuper d'elle. Pourquoi ne pas l'admettre ? L'important, c'était que tu te rétablisses et que tu finisses par la reprendre. C'est ce qui s'est passé. C'est très bien.

– Ah mais alors, c'est ça...

– Quoi ?

– Le psychiatre m'a dit que je ne pouvais pas accepter la vision que les autres ont de moi-même. C'est pour ça que Fabrice m'a dit que j'étais "monarchique". Oui, je ne peux pas admettre que les autres me voient d'une autre manière que moi. C'est mon incapacité à me dédoubler.

– Oui, c'est ton incapacité à sortir de toi-même, à te voir de l'extérieur, à te mettre à la place des autres. Ce que j'écris n'est peut-être pas très nuancé. Mais c'est une vision des choses – et sans jugement moral. Ce n'est pas la vérité. La vérité, c'est la synthèse de toutes les visions possibles du monde qu'on peut avoir, y compris la nôtre. Si contradictoires d'ailleurs qu'elles soient entre elles.

– Le psychiatre m'a dit, avec un grand sourire, que tu avais le droit de me voir d'une certaine façon... Ah mais c'est ça, c'était un refus de la parole de l'autre, c'était vouloir étouffer ce qui vient de lui, c'était... c'était un désir de meurtre...

– Peut-être.

– Mais alors j'avais envie de te tuer.

– J'en avais parfois l'impression, depuis le début.

– Mais, au début, c'est moi qui voulais me tuer. J'avais fait des tentatives de suicide.

– Oui et, pour t'empêcher de te tuer, j'ai accepté que tu retournes éventuellement cette pulsion de mort contre moi. Mais en te tenant à distance, parce que je n'avais aucune intention de me laisser tuer.

– Mais, si j'avais été une autre, j'aurais pu te tuer.

– Peut-être.

– Mais alors, c'est ça ! Tu étais une énigme pour moi, parce que, chaque fois que je t'approchais, j'avais l'impression que j'allais te toucher et, chaque fois, tu reculais. C'était extraordinaire, cette impression de béance autour de toi.

– Je vois.

– Avec Gabriel, c'était différent. Lui m'équilibrait parce qu'il était très intelligent et comprenait tout. Il avait une force qui m'équilibrait.

– Oui mais sa force était limitée... dans le temps.

– Oui, limitée dans le temps. J'avais inversé mon désir de me tuer en désir de tuer l'autre.

– Eh bien, c'est remarquable que tu sois parvenue à analyser tout ça.

– Mais *on* voulait me tuer, moi aussi.

– Tout le monde veut tuer tout le monde. C'est le problème de la possession quand elle n'est pas équilibrée. C'est le principe même du christianisme : le monde est ***autophage***. Il ne peut se nourrir que de lui-même. C'est là la réalité du mythe cannibale et vampirique de la Cène : "Mangez mon corps, buvez mon sang"! Le monde, fils de Dieu, se dévore lui-même. La vie ne peut s'y nourrir que de la mort."

Elle me rappelle le soir même pour me dire qu'elle veut retrouver un travail. Elle a, dans ce but, vainement tenté de joindre le directeur d'un établissement pour enfants psychotiques, où elle a travaillé autrefois. Elle pense qu'elle serait mieux là qu'ailleurs. Elle m'appelle au moment où je suis en train de consigner, dans un cahier, notre conversation du matin.

“Dis-moi, lui dis-je, je n’arrive pas à retrouver l’enchaînement de notre conversation de ce matin. A quel moment et à propos de quoi m’as-tu dit : “Ah, mais alors j’avais un désir de meurtre contre toi !”?

– Mais non, je n’ai jamais voulu te tuer !

– Alors pourquoi l’as-tu dit ce matin ?

– Mais non ! Je n’ai pas voulu te tuer.

– Alors pourquoi l’as-tu dit ? C’est tout de même curieux, cette manie que tu as de dire une chose et d’affirmer ensuite que tu ne l’as pas dite. Cette manie d’esquiver les problèmes, une fois que tu les as posés et que tu peux les résoudre. Tu as dit que tu avais eu un désir de meurtre. tu as même dit que, si tu avais été une autre, tu m’aurais peut-être tué.

– Ah mais, c’est une question de degré !

– Oui, je ne dis pas que tu voulais me tuer réellement mais symboliquement. Tout de même, il s’agissait d’une pulsion de mort ! Celle qui te poussait au suicide et dont tu te déchargeais sur moi.”

Elle se met à rire.

“Mais alors tu devrais vérifier dans la tapisserie. Il y a un endroit où la femme porte quelque chose. C’est peut-être une bombe. Il y a un piège dans la tapisserie.

– Tiens, c’est curieux que tu me parles de la tapisserie alors que je te parle du désir que tu as eu de me tuer.

– Mais je n’ai jamais eu envie de te tuer !

– Eh bien c’est étrange cette association que tu fais de la tapisserie et du désir de meurtre, dis-je sans lui parler de l’impression que j’ai eue d’y voir une veuve noire venue pour me dévorer.

– Mais non, c’est parce que je regarde la télé. On y voit plein de bombes. C’est un hasard.

– Il n’y a pas de hasard !

– Ah voilà !... mais c’est toi qui me prends au piège de mes propres mots. Tu m’enfermes dans mon discours. Tu me rends prisonnière de mon propre langage. Pourquoi est-ce que tu veux absolument emprisonner ma parole ? Tu me rends malade.

– Mais toi aussi tu emprisonnes ma parole quand tu me téléphones, bloquant ma ligne, et quand tu m’écoutes ! Toi aussi tu captives mon discours. Tout le monde emprisonne tout le monde.

– C’est pour écrire ton livre. Tu te sers de moi.

– C’est pour comprendre le message que l’inconscient me délivre à travers toi. Mais toi aussi tu as écrit des pages sur moi. Alors toi aussi tu te sers de moi.”

Elle doit s’apercevoir que c’est vrai car elle se met à rire.

Le 28 juillet, elle m’appelle pour me dire “qu’il y a quelque chose dans sa maladie qui est lié à un couple et à la haine de la femme".

"C'est curieux, ajoute-t-elle. J'aime pourtant bien ma mère.
– Pourquoi est-ce que tu associes la haine de la femme à l'amour de ta mère ?
– Parce que la haine de la femme est liée à ma mère, à quelque chose qui remonte à l'enfance, à la petite enfance."

Elle me dit encore qu'elle n'a plus fait de tentative de suicide parce que je lui ai dit que "je ne lui parlerais plus si elle recommençait" et qu'elle a fini par devenir indifférente, sans plus de sentiments, sauf pour sa fille. Elle me parle d'une promenade qu'elle a faite, il y a plusieurs mois, dans un cimetière.

"Quand j'étais allée dans ce cimetière, en rentrant chez moi, j'avais cassé des objets... un vase. C'est mon père qui a ramassé les morceaux... Dans le cimetière, je suis allée du côté gauche. J'ai regardé une petite chapelle, en bas, à côté d'une tombe noire qui portait le nom de Narcisse. Le soleil a éclairé le haut de la chapelle et j'ai lu, sur le fronton : "Comte de X., bienfaiteur de la communauté". Et j'ai pensé que le narcissisme était la mort, que Narcisse ne pouvait aboutir qu'à sa mort et à celle des autres. La tombe était très noire. Je suis ressortie et, finalement, sur ce trottoir-là, j'avais dit à Gabriel, en parlant d'un jardin qui se trouve après le cimetière : "On dirait un tableau de Sutherland". Et je ne pouvais pas me tuer finalement parce que ça me ramenait à la peinture, mais à une peinture narcissique qui pouvait être un bien pour la communauté. C'est curieux que les choses extérieures comme ça puissent avoir une signification intérieure, pour nous-mêmes. Artaud aussi voyait des signes comme ça, partout. Il faisait passer comme ça son inconscient dans la réalité extérieure. J'en ai conclu que l'inconscient pouvait s'exprimer comme ça dans la réalité et que c'était un signe de Dieu, que cette pauvre tombe de Narcisse pouvait être érigée en chapelle pour le bienfait de la communauté et, alors, le soleil a justement éclairé le haut de la chapelle."

Elle me rappelle un peu plus tard et me lit quatre poèmes qu'elle vient d'écrire. Le héros de ces poèmes me ressemble fort.

Au téléphone, Etre-lilas expose une théorie sentimentale et elle ne reçoit qu'une gifle, gantée certes, mais ô combien cruelle.

La trahison fut longue et brève, le coup au coeur. Il l'avait prévenue mais la Sourde-Oreille persistait, alors de sa voix la plus tendre il enfonça une lame d'ondes sonores dans son âme.

La rupture d'une réalité de coups psychiques la rend indifférente. Son âme se renforce des méchancetés coutumières dont elle a l'habitude depuis son enfance.

Etre-lilas bouscule les mois d'avril. L'amour emmailloté a quitté son âme. Un Moi suédois révèle le rictus de la réalité et elle se promène avec un grand poisson-carton, cible au dos, clown au coeur. Ainsi s'explique-t-elle les rires, sourires de son entourage et sa rancoeur.

Ce dernier texte fait allusion à une aventure scandinave que j'ai eue en avril et que j'ai racontée dans mon autobiographie. Je la lui ai lue au téléphone.

Le jeudi 29 juillet, elle me réveille de bonne heure pour me dire qu'elle ne me téléphonera plus. Je me rendors. Nouvel appel pour me demander d'ôter son personnage de mon livre.

Le mercredi 18 août, elle me dit qu'elle a découvert le secret de la peinture de Paul Klee : le rapport entre le réel et le surréel et qu'elle retrouve cette peinture dans mon livre.

"Klee masque une partie du surréel par le réel mais il les relie. Urich, lui, cache totalement le réel. Si j'avais fait les Beaux-arts, je ferais aujourd'hui une peinture fantastique. Ce qui me mine, c'est de ne pas les avoir faits. Que de temps perdu !"

Le lundi 6 septembre, elle m'appelle, désespérée, pour me dire que Fabrice, qu'elle a revu et qu'elle attendait, n'est pas venu. "J'ai vainement essayé de l'appeler. Il sera sorti avec son copain. Il devait venir passer le week-end avec moi et E.. Il se soucie beaucoup de la petite. Il ne sait pas ce qu'il veut. Parfois il vient et, au bout de cinq minutes, je le fais fuir."

Je lui dis que Fabrice a beaucoup de problèmes et qu'il faut le rassurer.

VII

Pendue à une poignée de porte

Le lundi 21 septembre, elle me parle de son amie Blandine, psychanalyste. “Blandine trouve que j’ai un comportement suicidaire, dit-elle. Je dois être moralement meurtrière de Gabriel.” Elle évoque l’affaire de la correction des copies la veille du suicide.

“La copie n’était pas mauvaise. Ce garçon avait un délire mais il donnait l’impression de pouvoir s’en sortir. Alors j’ai annoté la copie : “O.K. Laffin” et je l’ai dit à Gabriel qui marchait nerveusement dans la pièce. C’était comme si je lui avais dit que c’était d’accord pour la fin et qu’il pouvait se tuer. Lendemain matin, il se croyait épié, traqué, depuis l’intérieur d’un camion stationné dans la rue. Il voulait que je l’accompagne à la gare. J’ai refusé... J’ai regardé hier soir un film avec la princesse Grace de Monaco, je crois. On y voyait une femme et son mari en voiture sur une corniche comme il y en a dans le Midi. A un moment, elle ouvre la portière, parce qu’elle pense que son mari veut la tuer, c’était elle qui l’imaginait, à cause de toutes sortes de coïncidences étranges. Eh bien, avec Gabriel, ça s’est toujours passé comme ça. Il a pensé que j’étais d’accord pour qu’il se tue. Non pas parce que je lui ai dit quelque chose mais parce que j’avais serré ma fille contre moi, comme si je le rejetais, lui, en disant : “Nous, nous sommes là !” Il a saisi le sens de tout ça, au niveau inconscient.

“Quand on est dépressif, on fait toujours mourir les mots. Je veux dire qu’on les interprète négativement et il a entendu “O.K. la fin” au niveau inconscient. Il allait de la table au balcon, du balcon à la table. Je me méfiais. Après ces mots : “O.K. la fin”, tout était clos. Il avait été incapable de corriger les copies. C’est moi qui l’avais fait. Le lendemain, il se suicidait. Je pense que je suis une meurtrière morale, parce que je n’ai pas vu dans quel état il était. On ne peut pas surveiller tout ce qu’on dit dans ces cas-là.

– Bien sûr, d’autant qu’on n’est pas toujours attentif au double sens des mots.

– Justement, dans le film, elle joue à un jeu de mots, du genre scrabble. Elle place le mot *meurtre*, puis le mot *meurtrier* et, tout d'un coup, elle a l'idée que son mari veut la tuer et elle s'évanouit. Je crois que c'est un film de Hitchcock.

– En effet, je connais ce film. Il m'a frappé parce que Hitchcock y montre assez bien comment les objets du réel deviennent les signes d'une information cachée. Mais, dans le film, cette information demeure totalement imaginaire et l'héroïne délire. C'est Cary Grant qui joue le rôle du mari. Et il y a une histoire de vieux fauteuils.

– Mais alors c'est la princesse Grace qui joue dedans.

– Oui, c'est elle[1].

– Ah, mais alors c'est effrayant ! Parce qu'alors Hitchcock avait prévu sa mort. En tout cas, il la préfigurait, avec la scène de l'automobile sur la corniche.

– En effet. Et cela montre que Hitchcock avait tort de faire passer les prémonitions de son héroïne pour du délire ou, en tout cas, un imaginaire individuel délirant, puisque, à son insu, son film préfigurait la mort de Grace. C'est curieux parce que, ce film, je l'ai vu, il y a un an, et j'ai pensé à toi, en le regardant, parce que l'héroïne avait le même problème que toi. Or, hier, tu as revu le film et, moi, j'ai vu dans un journal des photos de l'enterrement de Grace Kelly.

– Moi aussi. j'ai dû induire le suicide de Gabriel, parce qu'il m'avait demandé de l'accompagner à la gare, le matin de son suicide. J'ai refusé en lui disant que je pouvais pas l'accompagner tous les matins. Il voulait que je l'accompagne parce qu'il voyait des signes qui provoquaient son délire et il fallait le soutenir dans ces cas-là. Je savais que, le lundi, il fallait que je l'accompagne dans son trajet. Et je ne l'ai pas fait. Il y avait E., que je ne pouvais pas laisser seule. C'était dur. Et, le lundi, quand on reprend le travail, il y a une sorte d'angoisse. Avant, on était toujours ensemble. Quand il me disait qu'il voyait des signes, par exemple il croyait que, dans le fourgon blindé qui livrait l'argent à la banque, il y avait des types qui nous surveillaient, quand il me disait ça, je répondais : "Mais non, c'est le fourgon qui livre l'argent à la banque, c'est tout !" Ca le rassurait. Il revenait dans le réel. Là, quand il délirait comme autrefois, je me rendais compte que ça allait mal."

Elle me rappelle peu après pour me dire qu'elle a aperçu, la veille, Fabrice dans une voiture. Elle lui a couru après, la voiture a ralenti puis accéléré. Elle n'est cependant pas sûre que ce fût Fabrice et, vraisemblablement, il ne s'agit que d'une fantasmagorie. Comme je lui ai dit que je voulais écrire un livre sur son cas et qu'elle m'a donné son accord verbal, je lui lis les pages que j'ai écrites sur Manzoni.

[1] En vérité, il s'agit de Joan Fontaine mais Grace Kelly a également tourné avec Hitchcock, dans *La main au collet*, où il y a des scènes d'automobiles roulant sur la corniche.

“Mais alors me dit-elle, ne parle pas de “O.K. la fin”, parce que c’est la vérité, ça étale...

– Tu te rends compte de ce que tu me dis ? Tu me dis : “Ne parle pas de *O.K. la fin* parce que c’est la vérité” !

Ah oui !

– Si tu ne veux pas faire face à la vérité, si tu veux la cacher, la masquer, vivre dans le mensonge, tu n’en sortiras pas.

– Mais on verra que je suis moralement meurtrière.

– Mais nous sommes tous meurtriers ! Nous dévorons tous le corps du monde, l’humanité s’entredévore ! Là n’est pas le problème. Le problème, c’est d’en prendre conscience pour tenter de conduire sa vie autrement, en ne dévorant que le nécessaire. On ne refera pas le passé mais on peut modifier l’avenir.

– Mais alors, quand je disais : “On veut me tuer”, j’accusais les autres de meurtre.

– Oui, d’ailleurs, Gabriel lui-même était meurtrier puisqu’il voulait que vous vous suicidiez, tous les deux, mais il voulait aussi tuer sa fille.

– Ce *on,* c’est une projection, c’est un personnage énorme, c’est mon double noir.

– C’est l’inconscient.

– José disait que c’était un personnage énorme que je construisais, que je développais comme on fait dans une analyse.

– Il déconne, José.

– Mais non.

– Mais si ! Ce personnage, il existe objectivement. C’est l’inconscient. Mais il n’est ni plus ni moins négatif ou positif que la conscience.

– Mais le problème, c’est de ne pas devenir la proie de ce double noir. Un psychotique, c’est quelqu’un qui est tué par son inconscient mais, comme l’inconscient c’est les autres, il est tué par les autres, dans l’oeuf. C’est pour ça que c’est terrible de voir des enfants psychotiques. Ils sont brisés, ils ne développent jamais plus de conscience d’eux-mêmes. Ils ont été tués dans l’oeuf par les autres.”

Le lundi 27 septembre, elle me parle de ses poèmes. Elle m’a, en effet, récemment adressé trente-quatre poèmes très brefs qu’elle a écrits et dans lesquels j’apparais sous le nom d’*Etre-lilas.* En voici quelques-uns :

L’Etre-lilas m’exaspère depuis si longtemps maintenant. Sommes-nous comme chien et chat ? Je parcours des espaces déserts qui font rire le oiseaux. Une porte se ferme encore.

La ville où je vis est la ville aux murs transparents.

Lancer vos missives à la pluie, chaque goutte de pluie ne les retiendra même pas. Etre-lilas a bien voulu accepter de recevoir quelques divagations, celles d’un Etre perdu.

Geste symbolique vol d'un parapluie.
J'arriverai définitivement dans une torpédo grise.

L'Etre-Lilas demeure à Nation.
D'où me vient cet égarement d'un cocorico voisin ?
Où vivez-vous ? me demande l'Etre-Lilas.
"In my mind".

Monsieur l'Etre-Lilas trouve toutes les circonstances pour m'humilier. Il utilise maintenant les fourmis comme messagères. Elles s'affolent et c'est normal. Celles d'ici sont d'une grande probité morale.

La ronde est là, lui le sait.
L'heure est venue d'émettre une vérité fugace dont l'énormité vous pétrifie le coeur et l'âme.

Surveillance incertaine évitez de m'appeler à l'heure où les scies se vengent.
L'Etre-Lilas décrispe une douleur rose parcheminée d'hiéroglyphes.
J'ai oublié de lui demander le code.

Etre-Lilas vieux, je poste une lettre de l'être "Pli urgent par porteur spécial". Mots oubliés, coeur perdu, esprit égaré.
la nuit fut bien longue.

Chaque être a une odeur, l'odeur de Monsieur Etre-Lilas m'entête, me grise. Aussi à chaque visite s'isole-t-il dans un halo de musique.
Mer trop calme pour turbulences aériennes.

Mon poète est mort. Il était beaucoup trop distrait pour cette vie terrestre avant de partir tout de même il m'a laissé un petit être fragile qui respire et vit au rythme de son âme.

Coeur rouge, habit rouge ce fut la grande toilette du dernier jour. Même Marianne, même Marie n'auraient pas osé cet excès.
Robe en dentelle rouge ainsi étaient vêtues la grande Déesse indienne, la Déesse crétoise et la Déesse polymaste d'Ephèse.
Etre-Lilas rit sous cape devant une telle débauche de paganisme.

Téléphone branché sur l'au-delà
reliée par l'ombilic
à l'Etre-Lilas
Journées sans fin
ouvertes à l'infini
je ris.

La petite fille est restée accrochée à la robe cerise. Autour d'elle ses poupées à tête de porcelaine sourient ; détresse et silence de la mère.

Etre-lilas j'écris car je suis prisonnière. Surtout essaie de savoir de qui ?
L'ombre est bien avancée maintenant. La rupture devient évidente. Qui est responsable ?
Le couteau du rituel a été jeté à la mer comme d'habitude pourtant.

Monsieur Etre-lilas échappé d'un bocal de bonbons-sweets absorbe innocemment la candeur d'un désir de charme.

On se bat.
Ses pères l'attendaient. Des pères-fouettards ! La béance de son Etre et ses masques Nô n'avaient pu la défendre contre la rigueur d'un complot ourdi millimètre par millimètre, centimètre par centimètre. Plan parfait incorporant plan à court terme, à moyen terme et à long terme de son Etre. La politique Madame mène à tout. L'Etre-Lilas la protège. Jusqu'à quand ?

Yeux sans fond,
regardent l'invisible détresse,
l'attente est longue pour un coeur qui émerge.

Suspendue au téléphone pour la nième fois, l'Etre-lilas répond peut-être ?
Dans son livre oui Madame, MOI dans son livre, j'aurais préféré... mais c'est sans appel.

Je suis assez satisfait qu'elle se soit mise à écrire et remise à peindre, c'est-à-dire à “créer”, comme elle dit, parce que c'est une manière de sublimer son aliénation. Comme elle me reparle de peinture, je l'emmène chez un peintre autrichien de mes amis, Ulrich, dont elle aime la peinture.

Le 12 octobre, elle m'annonce que Fabrice lui a fait une visite, la veille. Il est bien venu chez elle, le dimanche où elle l'attendait – elle s'était plainte de ne pas l'avoir vu – mais il est venu pendant qu'elle-même était chez ses parents et il l'a vainement attendue une heure durant, dans sa voiture !

Les semaines passent, avec des hauts et des bas, mais, tout de même, elle va beaucoup mieux. Tout en me téléphonant toujours chaque jour quand je suis là, elle continue d'aller voir son neuropsychiatre-psychanalyste, le Dr W. Souvent, avant d'aller le voir, elle m'appelle pour me dire qu'elle perd son temps chez lui, comme si elle me demandait un conseil. Je me garde de lui en donner. Si elle veut cesser de le voir, qu'elle en prenne elle-même la décision ! Au retour de ces entretiens, elle m'appelle en larmes pour se plaindre du médecin. J'écoute sans rien dire.

Un jour, elle me raconte que le psychiatre a changé le tableau qui se trouvait derrière son bureau, des fleurs de Van Gogh, contre un portrait de canard. Elle est demeurée, stupéfaite, à regarder le canard.
Le médecin s'en est aperçu et lui a dit :

"Oui, il m'arrive de changer mes tableaux de place."

Elle me dit alors qu'elle a vu dans ce canard comme une représentation d'elle-même, la patiente qui allait mourir en cancanant dans le bureau du psychiatre.

"Caner veut dire mourir, me dit-elle. J'ai compris la symbolique mais le psychiatre l'a dans le dos. Eh oui, d'ailleurs, le canard qui me représentait, il l'avait dans le dos !"

Elle parle beaucoup de moi à son analyste qui s'en est inquiété. "Il faut tout me dire !" lui a-t-il dit.

A la fin du mois de novembre, comme j'ai eu l'imprudence de lui parler de nouveau de mon livre – où il est question à la fois d'elle et d'une personne dont je suis amoureux – elle se montre particulièrement agressive à mon égard. Il est vrai que nos relations sont devenues plus personnelles. Ce ne sont plus vraiment des relations de thérapie mais des relations amicales, dont la thérapie n'est cependant pas exclue. Il est vrai que toutes nos relations sont thérapeutiques, y compris l'échange matinal sur la pluie et le beau temps de la vieille veuve solitaire du cinquième avec sa concierge. Ce soir-là, elle m'appelle à trois reprises pour me reprocher de parler d'elle dans mon livre. Elle me dit avoir avalé un demi-tube de tranquillisants. Elle n'est allée ni chez son psychiatre ni chez sa mère qui l'attendait à dîner. Elle prétend qu'elle titube. Nouveau simulacre de chantage au suicide auquel je ne cède pas davantage.

Le 9 décembre, elle m'appelle à cinq reprises pour me dire chaque fois qu'elle ne m'appellera plus ! Le lendemain, elle m'appelle à deux reprises, disant qu'elle est en pleine régression vers l'âge de 15 à 20 ans, pour effacer Gabriel de sa mémoire. Elle ajoute qu'elle a mis au point un méthode de suicide parfait et qu'elle a fait sa première tentative à 20 ans. Elle me demande enfin pourquoi elle fait cette régression – question à laquelle je ne réponds pas –, ajoutant "qu'il est impossible de résoudre seul un problème d'identité".

Les conversations se poursuivent ainsi jusqu'au printemps suivant.

Le 2 mai 1983, au matin, elle m'appelle toute joyeuse. Fabrice l'a invitée à déjeuner. Elle semble radieuse. je lui avais conseillé, quelque jours plus tôt, de lui envoyer une lettre dans laquelle elle écrivait que "ces visites systématiquement cassées, où aucune communication ne passait, la rendaient malade" et qu'"elle préférait qu'elles cessent" – c'étaient ses termes à elle mais elle hésitait à envoyer la lettre.

L'après-midi elle me rappelle presque en l'armes. Fabrice est venu. Il n'est resté que trois minutes. "Ca ne va pas, a-t-il dit, je ne vais pas rester. Je m'en vais et, d'ailleurs, je ne reviendrai plus." Sur quoi, s'apercevant qu'il y avait une fuite au tuyau de l'évier, il y a placé un bol avant de prendre... la fuite ! Manque de bol...

Naturellement, Corinne est effondrée. Quant à moi, je regrette bien Fabrice, qui m'était bien utile dans la mesure où il faisait cesser le transfert que Corinne fait sur moi.

Depuis quelque temps, il est question qu'elle quitte le deux-pièces plutôt sordide qu'elle occupe pour emménager dans un appartement plus moderne, plus grand et confortable. Je l'ai fortement encouragée à changer de domicile pour s'éloigner de ses souvenirs macabres. L'affaire du déménagement va traîner, comme nos conversations, qui ne font rien apparaître de bien nouveau, jusqu'en mars de l'année suivante. Le 10 mars 1984, elle m'appelle en pleurs : personne ne veut l'aider à faire son déménagement ! Mais, à midi, tout s'arrange. Des amis vont l'aider et je lui promets de venir moi-même. Le dimanche, la voici installée dans son nouvel appartement de quatre pièces, dans un quartier tout nouveau et plutôt gai, à deux pas d'un centre commercial. C'est quasiment le luxe, si l'on considère l'espèce de taudis qu'elle occupait auparavant. Le soir, vers 21 heures, après une après-midi de chargement et de déchargement, nous saucissonnons avec ses amis sur une table au milieu de cartons non encore déballés.

Le matin du dimanche 8 avril, elle va "très mal" et n'a pas pris ses tranquillisants. Sa fille est avec elle. Nouvel appel dans l'après-midi. Elle se sent "branchée sur un ordinateur, dans lequel toute sa vie est enregistrée". Dans la nuit, elle a rêvé que Gabriel venait la chercher. "Il se traînait dans l'ascenseur", dit-elle. Elle a également l'impression que tout ce que sa fille lui dit est dicté par des tiers à l'enfant. "Parfois, me vient l'idée de la tuer, me dit-elle. J'y ai pensé au cours de la nuit en la regardant dormir." Pourquoi ? Mais pour lui épargner une vie d'handicapée. E. s'est alors réveillée et a dit : "Quand je serai grande, j'aurai un bébé dans mon ventre". Du coup, l'envie meurtrière de la mère s'est estompée.

“Mais je suis restée là, avec cette idée fixe et je ne savais pas comment la tuer”, me dit-elle.

Mon sang est plutôt glacé dans mes veines, raison pour laquelle, peut-être, je ne perds pas mon sang-froid. J’écoute sans rien dire, non sans songer que certains psychiatres ont déclaré qu’elle pouvait être dangereuse. L’essentiel est, me semble-t-il, qu’elle n’imagine pas le moyen de s’y prendre. Il n’y a alors pas de risque qu’elle passe à l’acte. En tout cas, il faut encore s’occuper d’elle et rester disponible en cas de danger.

Le lendemain, lundi, nouvel appel. Sa voix est inaudible, celle d’une mourante. Elle me dit qu’“elle vient de se pendre avec une cravate à une poignée de porte, qu’elle a manqué mourir mais qu’elle n’a pas supporté l’étouffement et qu’elle s’est dégagée”.

Je suis saisi d’une irrépressible envie de rire.

“Mais c’est comique ! lui dis-je.

– Oui, c’est comique, acquiesce-t-elle.

– Oui, c’est comique, bien sûr, parce que tu a dû t’arrêter ! Seulement tu ferais bien de tirer la conclusion qui s’impose.

– La conclusion ?

– Eh oui, puisque tu t’es dépendue, c’est que tu n’as aucune envie de mourir. Alors, surtout, tu ferais bien d’aller au bout de cette conclusion et du choix que tu as fait – parce que tu as fait un choix – et, ce choix, c’est de vivre !”

Elle semble frappée par l’argumentation et m’avoue qu’elle ne prend plus les tranquillisants que lui ordonne le Dr W. Je la sermonne sans doute à tort à ce sujet. Je note que c’est moi qu’elle a appelé et non pas le psychiatre.

Le mardi, elle m’annonce qu’elle a vu le Dr W., qui “l’a engueulée.” Il a – me dit-elle – changé de couleur lorsqu’elle lui a dit qu’elle avait songé à tuer sa fille et qu’elle avait elle-même tenté de se pendre. Elle lui a raconté les deux coups de téléphone qu’elle m’a donnés et les propos que je lui ai tenus. “Ce sont de sages conseils”, a-t-il dit. Puis il a tenté de lui faire comprendre que, même handicapée, E. “pourrait vivre, lire, avoir des amis, écouter de la musique.”

Sur quoi je lui fais observer que, une nouvelle opération devant être tentée, rien ne prouve, actuellement, qu’E. soit à jamais totalement handicapée. Corinne acquiesce. Elle raccroche puis me rappelle plus tard pour m’annoncer qu’elle a renversé son flacon d’Halopéridol dans son verre, au lieu de n’en prendre que trois gouttes.

“Je l’ai rempli d’eau, me dit-elle, mais je n’en ai bu qu’une gorgée...
– Où est-il, ce verre ?
– Sur la table.
– Va le chercher et jette-le dans l’évier !
– Mais, si je le jette, je n’en aurai plus et il me faudra une nouvelle ordonnance...
– Prends ce verre et jette-le dans l’évier ! Allez !”

Elle s’exécute et je lui dis de rappeler le psychiatre pour avoir une autre ordonnance. Tout de même, il y a toujours chez elle une tendance suicidaire ! Cependant, elle m’a téléphoné mais, tout de même, après avoir imprudemment bu une gorgée du verre.

Elle me rappelle le mercredi, de chez sa mère, cette fois avec une voix normale. Elle a vu le psychiatre et elle a repris ses médicaments. Elle a pris rendez-vous chez Ulrich, qui devrait lui donner des leçons de peinture, et Fabrice lui a téléphoné.

Comme je le lui dis, elle reconnaît qu’elle a fait beaucoup de théâtre, ces derniers jours, et “qu’elle a tenté de se rendre intéressante par sa pendaison.” Elle reconnaît aussi qu’elle a été obligée de le reprendre elle-même en charge, ce poids de son corps pendu à la poignée de la porte, et que, finalement, c’est bien ainsi.

Sans doute n’en a-t-elle pas assez fait car, au mois de mai, elle fait une huitième tentative de suicide. Consciente ou inconsciente ? Je ne sais. En tout cas, elle avale suffisamment de gouttes d’Halopéridol pour qu’il faille la conduire à l’hôpital. Du coup, son psychiatre l’expédie dans un établissement psychiatrique, à La Ferté.

De là-bas, elle m’écrit. Je lui réponds que je n’irai pas la voir. En août, elle rentre chez elle et recommence à me téléphoner. Elle me parle de ce séjour à l’hôpital psychiatrique comme de l’enfer, une chose si épouvantable qu’elle “est définitivement guérie de toute envie suicidaire”.

VIII

"TROUBLEZ-MOI CE SOIR !"

Pendant les six mois qui suivent – d'août 1984 à janvier 1985 –, Corinne m'appelle toujours régulièrement chaque jour. Cependant, elle ne m'appelle plus guère qu'une fois par jour, au lieu de trois, quatre fois ou davantage, hormis le week-end, soit que je sois absent, soit que sa fille l'accapare (l'enfant ne supporte pas que sa mère soit pendue au téléphone au lieu de s'occuper d'elle). De plus ses appels excèdent désormais rarement une heure.

Elle va visiblement beaucoup mieux. Elle a cessé d'aller voir le psychiatre et de prendre des drogues. A ce propos, le seul fait remarquable de ces six derniers mois est le suivant. Elle me téléphone un jour où ça va mal, se plaignant de révulsions et de l'impression qu'elle a d'être tirée en arrière et de tomber à la renverse. Elle attribue cela aux tranquillisants et m'annonce qu'elle va cesser de les prendre, ce qu'elle fait le jour même. Le lendemain, les révulsions et l'impression de tomber à la renverse ont cessé.

Il semble bien que le séjour à La Ferté, qu'elle continue d'évoquer, par l'horreur et le dégoût qu'il lui a inspirés, ait eu un effet décisif quant à sa volonté de vivre et de se rééquilibrer. Non pas à cause du prétendu traitement médical – la camisole chimique et un simulacre d'analyse – mais à cause du traitement de repoussoir.

Elle m'appelle longuement le 17 janvier 1985 pour me dire que "ça va très bien" – cela fera six ans à l'automne que je l'écoute. Pourtant, elle est demeurée trois semaines sans sortir de chez elle et, pendant les fêtes, elle a eu une altercation avec sa mère, qu'elle a frappée, devant E.. La voici en train de lire *Portes de la perception* d'Aldous Huxley. Elle m'annonce qu'elle vient de comprendre "son problème : la nécessité de mourir pour renaître". En fait, elle se dit "incapable de se situer à la fois dans le temps et l'espace, à cause de son désir d'éternité, d'où sa peur de la mort". Naturellement, son désir d'éternité vient du fait que, si la mort n'existait pas, comme je le lui disais dans ma première lettre, cela effacerait tout sentiment de sa culpabilité dans la mort de Gabriel.

"Lorsque je le voyais, le psychiatre me demandait pourquoi je ne parlais jamais de moi au présent.

– Comment ça ?

– Oui, je lui parlais du passé ou de l'avenir, jamais du présent. Je ne pouvais pas me situer dans l'espace-temps, ici et maintenant. C'est pour ça que j'étais fascinée par la peinture de Paul Klee [elle s'obstine à prononcer *Kli* au lieu de *Klé*], chez qui il y avait l'espace-temps. Chez moi, l'espace-temps était absent. Ma peinture n'avait pas de profondeur, sauf dans *Les Noces alchimiques* [l'un de ses tableaux, assez remarquable] où il y avait une spirale temporelle qui se développait entre les personnages du premier plan et ceux du fond. Finalement je viens de comprendre que, ce problème, je ne peux le résoudre que par la peinture. Je vais me remettre à peindre.

– Tu parlais de ta peinture au psychiatre ?

– Oui, je lui ai même apporté mes dessins.

– Qu'en a-t-il dit ?

– Rien."

Trois mois s'écoulent sans que je note rien de bien remarquable dans ses coups de téléphone. Puis, le lundi 15 avril, elle m'appelle longuement. Sa fille est retournée à l'hôpital. C'est d'ailleurs ce qui lui permet de m'appeler longuement. Dès qu'arrivent des vacances et que sa fille est chez elle, les appels diminuent, voire cessent. Lorsqu'elle recommence à m'appeler, je sais que les vacances sont achevées et que la mère est de nouveau seule.

Nouvel appel le soir à 19 heures.

"Tu sais ce qui vient de se passer ?

– Non mais tu vas me le dire.

– Je viens de regarder la télévision...

– Je sais, tu as vu une jeune femme qui prenait un homme, qu'elle vient de rencontrer dans un hôtel, pour le garçon qu'elle avait aimé et qui, pilote de guerre, avait été tué en 1945. Or le pilote se nommait Gabriel.

– Tu as vu le film ?

– Oui, il s'intitule *Don't bother to knock* qu'on a traduit par *Troublez-moi ce soir* de Roy W. Baker. Il m'a frappé parce que la jeune femme [visiblement psychotique et délirante], qu'incarne Marilyn Monroe, m'a fait penser à toi.

– C'est vrai ?

– Oui, d'autant que le héros qu'elle prend pour son mari et sur qui elle fait un transfert, est incarné par Richard Widmark qui porte le même prénom que moi et qu'il joue, auprès de l'héroïne, un rôle analogue à celui de psychothérapeute que j'ai joué auprès de toi. Il finit par comprendre le délire de la jeune femme et par la ramener à la réalité, en lui faisant comprendre que Gabriel est mort et qu'il n'est pas Gabriel.

– Oh oui ! Mais j'ai tout de même déliré.

– Comment ça ?

– Je me suis dit : "Richard connaissait ce film, qui a été programmé au dernier moment. Et c'est lui qui a téléphoné à la télévision pour le faire programmer au dernier moment et me faire comprendre qu'il ne fallait pas que je lui offre *Les Noces alchimiques*, parce qu'il n'est pas Gabriel"."

Elle veut en effet m'offrir ce tableau, dans lequel elle symbolise, me semble-t-il, une sorte de noce spirituelle entre elle et moi.

"Ah ! Mais, évidemment, les choses ne se sont pas passées comme ça, parce que, *malheureusement*, je n'ai pas la possibilité de faire changer les programmes de la télévision en décrochant mon téléphone. En revanche, ce qui est intéressant, c'est que tu as tout de suite cherché à maîtriser ton délire puisque, tout en admettant que ce film, par l'analogie des situations, était un signe qui te délivrait un message, tu y as cherché une explication rationnelle. L'explication que tu as trouvée, à savoir que, par ce film, je voulais faire cesser le transfert de Gabriel que tu fais sur moi, n'est pas la bonne, en ce sens que je n'ai évidemment pas le pouvoir sur la télévision que tu me prêtes. Il n'en reste pas moins que le message est passé et que tu as renoncé à m'offrir ce tableau des *Noces* qui sont peut-être alchimiques, au niveau de l'inconscient, du surréel mais ne seront jamais chimiques dans le réel. Et ce message est passé à travers l'une de ces nombreuses coïncidences – semblables à celle de l'incident du métro – que nous avons observées depuis plus de cinq ans. Bien sûr, cette coïncidence n'est pas aléatoire. Elle n'est pas le fait du hasard. Cependant, elle n'a pas été organisée, comme tu l'as cru, par une collusion entre les programmateurs de la télévision et moi. Elle ne l'a pas davantage été par Roy Baker, qui a réalisé ce film dans les années cinquante et qui n'avait alors pas idée que nous le regarderions, sans le savoir, chacun de son côté, dans l'après-midi du lundi 15 avril 1985, trente ans plus tard. En revanche, elle a été organisée par le surréel, l'inconscient collectif et même cosmique, c'est-à-dire le tissu ondulatoire de l'espace-temps, qui est à la fois toute la mémoire du monde et l'ordinateur de tous les événements qui s'y produisent. Et ceci de manière objective.

"Alors, bien sûr, quand nous voyons des coïncidences stupéfiantes, comme celle de ce film avec des événements qui nous touchent de près, qui constituent notre existence, nous pouvons avoir l'impression, éventuellement désagréable, que ce film, comme celui de Hitchcock, nous met nous-mêmes en scène, comme si le réalisateur connaissait notre existence. Bien sûr, il n'en connaissait rien. En revanche, le surréel, lui, est informé de tout. Et c'est lui qui, inconsciemment et objectivement d'ailleurs, provoque ces coïncidences – la "forêt de symboles qui nous observent avec des regards familiers" dont parle Baudelaire dans ses *Correspondances.* Et, bien sûr, ces coïncidences, celle des deux films mais aussi celle du suicide de Kitty à Etretat, celle de l'incident du métro et de l'affiche de Monet, celles du voyage à Rome, nous frappent comme si elles nous faisaient deviner une information omnisciente qui se promène, à la vitesse de la lumière, dans l'espace-temps. C'est ce que tu signifiais quand tu disais que tu avais l'impression d'être observée par un ordinateur. Mais elles ne viennent que de l'agencement et de l'enchaînement des événements organisés, à notre insu, depuis l'origine cosmique par l'inconscient cosmique. En outre, dans le réel, tous ceux qui sont les instruments de ces coïncidences en sont les instruments *inconscients.* Il ne faut surtout pas leur prêter un pouvoir magique, une omniscience qu'ils n'ont pas. Tu comprends ?

– Oui.

– Mais, toi, quand tu observes ces coïncidences, tu finis par imaginer qu'il y a un complot contre toi, qu'on t'observe, qu'on sait tout de toi et qu'on t'en informe. C'est très exactement l'idée de ce complot qui a poussé Gabriel au suicide : il se croyait épié dans le réel, alors qu'il ne l'était pas. S'il y a bien un "complot", en ce sens que toutes les images de tous les objets du monde et toutes les pensées de tous les êtres du monde et tous les événements qui s'y produisent proviennent du surréel et y retournent, sous forme de vibrations d'ondes, puisque l'ondulation de l'influx nerveux, dans notre cerveau, et l'image de notre corps et de ses mouvements s'impriment dans le tissu de l'espace-temps qui sait tout, ce qui est *délirant*, c'est d'imaginer que ce "complot" est organisé *consciemment* par les individus ou les objets qui en sont les instruments inconscients. Ils ne savent rien des coïncidences qu'ils provoquent. Tu comprends ?

– Oui.

– Ce n'est pas moi qui ai téléphoné à la télévision. C'est le surréel qui a organisé ces coïncidences, depuis l'origine même du monde, ce sont les ondes de l'espace-temps, l'information cosmique. Et l'inconscient lui-même en est inconscient !

– Oui.

– Evidemment, si je n'avais pas expliqué tout ça, si je n'avais pas ainsi défini, de façon précise, ce qu'est l'inconscient, moi aussi je serais devenu psychotique. Et d'ailleurs je l'ai été, en 1971, lorsque j'ai commencé mes travaux sur la Relativité absolue et lorsque j'ai commencé de voir ces signes. Il y a eu alors des coïncidences ahurissantes et j'ai cru qu'un de mes amis voulait me tuer, ce qui a fait naître en moi l'idée de le tuer d'abord ! Seulement j'ai vite compris que ces signes venaient d'une source *objective, inconsciente*, ce qui m'a permis de maîtriser seul mon délire et la psychose dont j'étais victime. J'ai compris qu'une source d'information objective tentait de me faire comprendre quelque chose. Et, au lieu de la fuir, je l'ai admise et je m'en suis servi pour conduire mes travaux et j'ai aussitôt essayé de rationaliser l'existence des signes, de comprendre la nature physique de ce surréel inconscient. Je ne me suis laissé embarquer ni dans le mysticisme, bien que j'y aie alors incliné, car on sent bien quelque chose de divin dans l'inconscient, ni dans le prophétisme, ni dans la poésie. J'ai cherché à objectiver tout ça et je me suis mis à la physique. C'est à cause de cette expérience de la psychose et ensuite de la névrose – car ce travail impossible me terrassait souvent et m'a mis, pendant plusieurs mois, dans un état de dépression profond mais qui ne durait que quelques minutes ou quelques dizaines de minutes et que je surmontais pour me remettre au travail rationnel. C'est à cause de cette expérience que j'ai compris l'implacable logique de ce qu'on appelle à tort *la folie*, alors que ce n'est qu'une des multiples formes de l'aliénation congénitale à l'inconscience humaine, alors qu'elle ne consiste en rien qu'en une communication privilégiée avec le surréel, bref à voir, comme dans la *Lettre aux aveugles* de Diderot, l'envers du réel. C'est pourquoi je dis qu'il n'y a pas de folie, au sens où on l'entend, par rapport à des individus qui, eux, seraient sains, et que toute "folie" peut être guérie. En revanche, il est vrai qu'il n'y a, dans le monde, que des aliénés. Mais l'aliénation courante ne gêne guère parce qu'elle est la norme. Ceux qui gênent sont ceux qui voient. C'est là encore la *Lettre aux aveugles* de Diderot. Quant à toi, le fait que tu aies cherché à rationaliser ton délire – même si la première explication n'était pas la bonne – prouve que tu as fait un progrès décisif.

– Oui.

– C'est curieux que tu m'appelles à propos de ce film parce qu'aussitôt Marilyn Monroe m'a fait penser à toi.

– Oui, mais moi je n'ai jamais fait la baby-sitter et je n'ai jamais ligoté, comme elle, dans le film, la petite fille dont j'avais la charge !

– Sans doute !"

J'observe cependant, sans le lui dire – ce en quoi j'ai peut-être tort – que l'idée lui est venue de tuer sa fille et qu'elle a inconsciemment rejeté l'enfant en la faisant naître prématurément : lorsqu'elle a eu la prescience que la petite fille allait lui faire perdre son mari. Mais, bien sûr, elle n'y pouvait rien. Or, dans le film de Roy Baker, Marilyn Monroe pousse la petite fille par la fenêtre au moment où elle croit que l'enfant va éloigner d'elle Richard Widmark. Et c'est celui-ci qui intervient pour sauver l'enfant, tout comme j'ai aidé Corinne à sauver E.. Or comment expliquer l'analogie du scénario, d'ailleurs peut-être tiré d'une expérience vécue, et de l'histoire que je raconte sans l'existence du rapport entre le conscient et l'inconscient tel que je le décris ?

Si tout ceci n'était le fait que du hasard dans un système cosmique entièrement aléatoire, au niveau microphysique de l'énergie ondulatoire, de telles coïncidences seraient inexplicables, autant que le manque d'imagination du hasard. Il est vrai que le hasard absolu, c'est-à-dire le Vide infini, a une imagination nulle ! La vérité, au niveau de la microphysique, c'est que, si la trajectoire des particules peut en effet sembler aléatoire, celle des ondes continues qui les pilotent et que les particules font vibrer, créant ainsi de l'information mathématique, est entièrement déterministe.

"Tu vois, dis-je, en fait, ce film que nous avons regardé ensemble, sans nous concerter, était bien un message et un moyen de te faire avancer dans la maîtrise des signes et du délire, grâce à la conversation que nous venons d'avoir. C'est fascinant.

– Oh oui, c'est fascinant ! Bon, j'ai cessé de délirer, je vais pouvoir retourner à ma peinture.

– O.K., salut !

– Salut !"

Je la rappelle un instant plus tard.

"Tout de même, dis-je, il y avait un autre message que tu as souligné toi-même dans le film. Le héros guérit l'héroïne en lui faisant comprendre qu'il n'est pas Gabriel. Et ce n'est pas avec elle qu'il s'en va, mais avec l'autre fille. Si j'accepte que tu m'offres ton tableau, c'est dans le même esprit."

Elle acquiesce.

IX

La Bible et la cible

Lundi 29 avril, Corinne, pendue au téléphone et ne sachant plus de quoi parler, me demande :

“Est-ce que tu as passé un bon week-end ?
– Oui.”

Silence. Puis la voici qui me parle des jouets d’E..
Nouvel appel dans la soirée, pendant plus d’une heure et demie. La voici qui me demande s’il n’y aurait pas un fleuriste à Varennes – dans le Loiret où je passe mes week-ends – pour lui rapporter des fleurs !

Mercredi 5 juin : elle m’a lu, ce matin, au téléphone, un texte dans lequel elle dit avoir voulu tuer, en tout cas symboliquement, sa mère pour posséder à elle seule son père. D’où, chez elle, un sentiment de culpabilité provoqué par la censure morale. Elle dit aussi avoir tué son mari et fréquenté des psychanalystes dans l’espoir qu’ils la débarrasseraient de sa culpabilité. Enfin, pour y parvenir, elle a inversé la situation, en accusant les autres d’avoir voulu la tuer. Elle déclare enfin avoir fini par comprendre qu’elle ne devait plus chercher à se débarrasser de sa culpabilité, qui est la source de tous ses échecs.

“Tu ferais mieux, lui dis-je, de t’en servir pour inverser l’échec en réussite. Comme tu as inversé la culpabilité.”

Mardi 1er octobre, Corinne semble aller tout à fait bien. Elle peint, sort avec des amis, songe à retravailler – bien qu’elle n’en ait pas très envie – et n’éprouve plus d’angoisse, dit-elle. Elle n’est même pas dépressive. 1979-1985 : il aura fallu six ans de patience pour en arriver là.

Le lundi 7 octobre, elle me dit qu'à cause de mon livre et d'un ouvrage d'Adamov qu'elle vient de lire, elle a commencé de tenir un journal où elle raconte l'enfance d'E., afin de l'aider à surmonter plus tard son handicap. Elle m'en a lu quelques pages. E. semble avoir du caractère. Surprenant. Je ne l'imaginais pas ainsi mais il paraît que son père était comme ça.

Le jeudi 31 octobre, je suis invité à déjeuner chez Corinne. E. est là, intimidée, charmante, avec de beaux cheveux blonds et ondulés, dans son fauteuil roulant. Il faut l'y attacher, par les jambes et la poitrine, incapable qu'elle est seulement de se tenir droite.

Corinne me montre ses peintures et celles de sa fille, dont une, très belle, comme une gigantesque orchidée, sur fond noir. Après le déjeuner, E. m'emmène, si l'on peut dire, voir ses jouets dans sa chambre. Elle parvient difficilement à faire rouler son fauteuil en tirant les roues en arrière. Ses gestes sont très imprécis. Avant mon départ, Corinne m'offre une toile figurative en partie naïve, représentant quatre fillettes qui vont prendre le thé [1].

Cela n'a plus rien à voir avec ses toiles géométriques abstraites ni même avec les *Noces alchimiques*, que j'aperçois toujours inachevées. Cela semble bien symbolique – trop peut-être – du réencrage de Corinne dans le réel. Et pourtant il y a, dans cette toile, quelque chose de surréaliste, un mélange d'innocence – de cette innocence dont Corinne a tant besoin pour se défaire de son sentiment de culpabilité : il n'y a pas une ombre, la lumière est éclatante –, d'inconscience – cela va avec l'innocence et le regard bleu des fillettes est comme vide ou fixé sur un invisible objet –, et , me semble-t-il aussi, de perversité – dans les yeux clos de la fille en jaune qui, tenant à la main une enfant désarticulée, domine le bec de la théière, seul symbole phallique de l'ensemble.

Le 6 novembre, elle m'appelle. La veille, elle voulait écrire le récit de sa maladie et regrettait de ne pouvoir le faire, faute d'avoir pris des notes. A quoi j'avais répondu que j'en avais pris et que je pouvais les lui communiquer. Aujourd'hui, la voici qui regrette que la science considère que l'homme soit l'aboutissement de l'évolution animale !

“Et pourquoi ça ?

– Mais parce que ça ne colle pas avec la Genèse biblique qui affirme que l'homme a été créé tel quel par Dieu.

– Mais la Genèse biblique est une métaphore. L'homme et la femme originels dont elle parle sont des principes cosmogoniques masculin et

[1] C'est cette toile qui figure sur la couverture de l'ouvrage.

féminin. Ma cosmogonie, que tu connais, montre qu'il s'agit, en fait, de l'Univers, énergie incidente en expansion, et de l'Anti-univers, matrice périphérique de l'Univers, faite d'énergie cristallisée qui réfléchit l'énergie incidente.

– Non, non.

– Comment ça non, non ?

– Les Témoins de Jéovah disent que non, que le texte de la Genèse doit être pris au pied de la lettre."

Les Témoins de Jéovah ! Allons bon, voilà autre chose ! Il ne manquait plus que ceux-là ! Depuis quelques semaines, deux de ses voisines, Témoins de Jéovah, viennent lui expliquer la Bible. Ces visites meublent évidemment la solitude de Corinne. Jusqu'ici je n'ai fait qu'en rire. Mais cette fois je proteste.

"J'ai besoin de la foi !" dit-elle.

C'en est trop et je ne peux me contenir. J'explose, lui parle de lavage de cerveau et lui déclare que ses voisines sont en plein délire.

"Mais, au fond, dis-je, tu en as besoin, toi, de la psychose ! Dire que j'ai perdu six années de ma vie pour te tirer d'une psychose et qu'en trois semaines, à cause de ces deux malades, tu tombes dans un autre délire ! Tu aurais mieux fait de retourner voir ton psychiatre ! Au moins, lui, s'il ne t'était pas d'un grand secours, était inoffensif !"

J'ai beau lui répéter que le mythe de la Genèse ne fait nullement référence à l'homme tel qu'il est mais à des principes masculins et féminin, positif et négatif, comme le Bien et le Mal, c'est-à-dire les principes dialectiques de la physique cosmique des origines, que l'illuminé, qui en a eu la vision, a traduits par les images du réel qu'il connaissait mais qu'il ne faut pas prendre à la lettre, et que ce mythe est d'ailleurs celui des rapports du conscient et de l'inconscient, symbolisés par l'arbre de la Connaissance et l'homme "endormi" au moment où il perd son unité, rien n'y fait. Enfermée dans le matérialisme le plus païen et le plus féminin qui soit, elle continue de "regretter que la science soit évolutionniste" !

"Mais alors, dit-elle soudain, ces scientifiques, ils sont tous athées !"

J'ai beau lui représenter qu'être évolutionniste n'implique nullement qu'on soit athée mais simplement qu'on ne croie pas davantage au Père éternel – à barbe blanche ! – des analphabètes et des ignares de la chrétienté primitive, et que, dans ma cosmogonie, ce qu'on appelle "Dieu", c'est la conscience absolue que le cosmos atteint cycliquement à l'instant zéro du temps, elle ne veut rien savoir. Voilà que deux demeurées du voisinage lui font nier l'expérience pourtant concrète qu'elle a de l'inconscient, qui est "Dieu", et de la manière stupéfiante dont il fonctionne !

"J'étudie, me dit-elle. J'espère qu'un jour je serai en mesure de te prouver que l'homme ne descend pas du singe.

– Mais c'est fait ! A entendre les conneries que tu répètes, il ne peut descendre que de l'âne! L'âne bâté ou la triple buse ! Mais enfin comment alors tes Témoins de Jéovah peuvent-ils expliquer que la génétique des singes soit, à 90 %, celle de l'homme et que le code génétique soit universel ?

– L'homme est la créature de Dieu.

– Le cosmos aussi et, d'ailleurs, le cosmos est Dieu !

– Comment ça ?

– Lis *L'Ecclésiastique*, chapitre 43, verset 27. Il y est écrit en toutes lettres : "Dieu, en un mot, il est toutes choses" ! Donc le monde est panthéiste, il est l'incarnation de Dieu qui est la Paire éternelle Zéro-Infini, comme je l'ai expliqué dans mes articles que tu as lus et dans mon essai *Sisyphe ou le hasard est la née cécité*. Une incarnation diabolique puisqu'alors il est divisé dans toute la création et que diabole signifie division. Montre donc ce verset à tes Témoins de Jéovah pour voir s'ils vont aussi le prendre, comme il faut, à la lettre, celui-là !

– Je le ferai.

– Non, tu ne l'as pas fait depuis un mois que je te l'ai signalé et tu ne le feras pas !

– Si mais j'ai perdu la référence.

– *Ecclésiastique*, chapitre 43, verset 27 !

– Ah, je croyais que c'était *L'Ecclésiaste* !

– Tu vois, tu l'as fait exprès !

– Non ! Alors *Ecclésiastique*, chapitre 42...

– Tu vois, tu le fais exprès ! Chapitre 43, verset 27 !

– Je note...

– Ca y est ?

– Non... c'est quoi ?

– Mais vraiment tu le fais exprès ! Tu ne veux pas leur mettre cette objection sous le nez, hein ! tu ne veux pas !"

En vérité, je ne m'en rendrai compte qu'après, elle n'a qu'une envie, plus ou moins inconsciente : me faire enrager. Elle est allée voir un psychiatre pour tenter d'exciter ma jalousie, sinon sentimentale au moins "professionnelle", pour me mettre en concurrence avec un autre, qu'elle voyait, il est vrai, quand elle ne me voyait guère. Maintenant qu'elle l'a lâché et que nous avons éclairé tant de choses, elle m'oppose ces deux béotiennes du christianisme infantile pour la même raison ! Quelle prodigieuse perversité ! Elle est parvenue, pour la première fois en six ans, à me démonter, à me mettre en fureur et à exciter mon désir d'anéantir la concurrence. Elle a réussi, pas de doute ! Et je fonce dans le panneau, au lieu de feindre de me résigner à l'abandonner car elle est indécrottable, auquel cas c'est sans doute elle qui reviendrait en courant.

Elle me rappelle une demi-heure après.

"Dis-moi c'est bien chapitre 42, verset 23 ?

– Tu te fous de moi ou quoi ? dis-je, sans bien m'apercevoir que c'est en effet ce qu'elle fait, au lieu d'éclater de rire. Je ne te donnerai plus la référence !

– Chapitre 43, verset 27, lance-t-elle aussitôt.

– Alors tu vois que tu le faisais exprès ! Il faut absolument que tu ailles voir un psychiatre !"

Pendant des semaines, nous allons désormais nous chamailler à cause et à propos des Témoins de Jéovah. Elle est pleinement parvenue à ses fins.

Le vendredi 20 décembre, elle m'appelle pour me dire que Bruno semble très étonné de sa "guérison" mais je me demande, quant à moi, si elle est vraiment guérie. L'affaire des Témoins de Jéhovah, dont je n'ai pas encore tout à fait compris qu'elle s'en servait pour me démonter, m'en fait douter. Encore qu'on puisse constater qu'elle n'éprouve plus ni angoisse, ni panique et qu'elle soit tout de même mieux équilibrée et mieux adaptée.

Mardi 14 janvier 1986. Elle est allée déjeuner hier chez Bruno et Béatrice. Voilà qui est tout de même le signe d'une nette amélioration. Il y a encore un an, une telle sortie eût été inimaginable.

Arrivée à la gare du Nord, elle a appelé Bruno au téléphone pour lui demander son chemin. Il s'est proposé de venir la chercher à la gare. Elle y était à 11 heures ! Béatrice et Bruno vont donc à la gare en voiture. Corinne craint de ne pas reconnaître Bruno. Elle le reconnaît pourtant et le trouve grossi – l'excellente cuisine de Béatrice a produit des effets qu'il n'y avait pas à redouter, autrefois, des sandwiches avalés sur un zinc – comme elle-même, qui s'est considérablement enflée. Mais elle le trouve cependant "bien et équilibré". Elle est surprise de voir Béatrice et angoissée de faire le trajet en voiture. Elle craint de ne pas savoir comment retourner à la gare – une vraie gosse.

Dès l'abord, elle précise à Béatrice que la relation qu'elle a eue avec moi – ambiguë à l'origine (du moins chez elle) – est devenue claire, dès l'instant où j'y ai mis une barrière, dont elle a finalement compris qu'elle serait infranchissable. Elle ajoute que c'était sans doute préférable car, notre relation fût-elle devenue intime, elle ne se serait sans doute pas rétablie.

Bruno écoute, surpris et comme "cramponné à la porte" dira-t-elle. Béatrice lui demande ce qu'il attend. Corinne ne parle que d'elle-même, apparemment sans voir Bruno et Béatrice, auxquels elle donne – me diront-ils – "une impression d'enfermement autistique". Il leur semble qu'elle cherche à se faire prendre entièrement en charge.

Au moment de partir, Corinne exprime sa crainte de ne pas retrouver son chemin, Bruno lui propose d'appeler un taxi. Elle refuse et le prie de l'accompagner à pied, ce qu'il est contraint de faire. Parvenue à la gare, elle entend sur le quai un homme marmonner comme à son intention : "Tu n'as qu'à te démerder !" Peu après, Bruno me téléphone pour me dire que Corinne lui a semblé "en pleine régression".

Le lendemain, appel de Corinne.

"Hier, j'étais si angoissée que je n'ai pas pu m'endormir. J'ai déliré. J'avais l'impression que je risquais de retomber dans la maladie et que, si cela se reproduisait, cette fois, j'y passerais.

– Mais, ce délire d'hier, il est fini ?

– Oh oui ! Ca va bien. Mais hier ces signes m'ont angoissée. Et, quand je me suis retrouvée seule, sur le quai de la gare, il m'a semblé que c'était à moi que ce type disait : "Tu n'as qu'à te démerder !" J'avais beau me raisonner, j'avais de nouveau l'impression d'un traquenard. J'ai trouvé Bruno très bien, très changé. Je me suis dit qu'il avait résolu son problème dans le couple qu'il forme avec Béatrice. Alors que, moi, je suis seule.

– Mais pourquoi est-ce qu'hier tu t'es fait raccompagner à la gare par Bruno ?

– Parce que j'avais peur de ne pas retrouver mon chemin.

– Mais pourquoi n'as-tu pas pris le métro ?

– Parce que je n'avais pas d'argent. Quand je suis partie, je n'ai pas pu prendre l'autobus pour aller à la gare de A. et, à la gare du Nord, après avoir appelé Bruno, j'ai dû demander le prix du café : j'avais tout juste de quoi le payer.

– Bon, mais qu'est-ce que ça veut dire, symboliquement, la journée d'hier ? Reprends l'enchaînement des faits...

– Mais il n'y a pas d'enchaînement des faits...

– Comment il n'y a pas d'enchaînement des faits ? Alors tout ça s'est passé par hasard et ça ne veut rien dire ?

– Non, mais...

– Reprends les faits ! Tu arrives à la gare et ensuite ?

– Je n'ai pas d'argent et je demande à Bruno de venir me chercher

– Tu le trouves comment ?
– Changé en bien.
– Ensuite ?
– Ensuite je suis surprise de voir Béatrice.
– Pourquoi ?
– Parce qu'elle est en voiture et que je crains de ne pas retrouver mon chemin, au retour à pied.
– Ensuite ?
– J'explique à Béatrice la nature de mes relations avec toi et Bruno se cramponne à la porte.
– Pourquoi expliques-tu ça ?
– Pour lever toute ambiguïté, parce que Béatrice te connaît.
– Et, avec Bruno, quelle relation as-tu eue ?
– Oh, une relation d'amitié !
– Qu'est-ce que vous faisiez ?
– Oh, on allait voir des expositions.
– Lesquelles ?
– Duchamp, Ben, Klein...
– Et puis ?
– Beaubourg, Raymond Hains.
– Et puis ?
– C'est tout.
– Non.
– Si.
– Non, il y a quelque chose dont tu m'as parlé et que tu occultes.
– Quoi donc ?
– Cherche !
– Ah, tu veux parler de l'exposition Tanguy !
– Je ne veux parler de rien du tout. C'est toi qui en parles.
– Ah, mais alors c'est la fois où il m'avait menacée de me planter là si je continuais d'avoir des relations avec toi. Il était jaloux... mais alors, ça veut dire qu'il y avait une ambiguïté dans nos relations. Et je ne voulais pas en parler à Béatrice.
– Bien. Ensuite, au moment de partir, qu'est-ce que tu fais ?
– Je demande à Bruno de m'accompagner.
– Pourquoi ?
– Parce que j'ai peur de ne pas retrouver mon chemin.
– Qu'est-ce que ça veut dire ?
– Rien.
– Quand tu as parlé de la relation que tu as eue avec moi, qu'a fait Bruno ?
– Il avait l'air surpris. Il s'est cramponné à la porte.
– La porte ? Qu'est-ce que c'est ?
– La porte... la porte, c'est ce qui porte.
– Donc au moment de partir, qu'est-ce que tu fais ?

– Je pars avec Bruno.
– Et Béatrice ?
– Elle reste. Elle attend des amis.
– Et qu'est-ce que vous faites ?
– On part à pied.
– Mais d'abord, en sortant de l'appartement.
– Ben... on passe la porte. Ah, tu veux dire que je me fais porter par Bruno.
– Je ne veux rien dire. C'est toi qui le dis. Je te demande simplement l'enchaînement des faits. Ensuite ?
– Eh bien, on va a la gare.
– Oui. Avant de partir, vous étiez combien ?
– Trois.
– Ensuite ?
– Deux. Bruno et moi.
– Et à la gare ?
– Ben, Bruno est parti. Je me suis retrouvée seule.
– Et qu'est-ce que tu as entendu ?
– Le type qui me disait : "Tu n'as qu'à te démerder !" alors que j'étais seule.
– Alors, qu'est-ce que ça veut dire tout ça ?
– Ah mais oui, je vois ! Je cherchais quelque chose de compliqué, mais c'est beaucoup plus simple. Ca veut dire que Bruno a résolu son problème en couple, alors que, moi, je suis seule.
– Et alors ?
– C'est la relation du couple à la solitude.
– Alors, en somme, cette journée a servi à te placer devant l'alternative couple ou solitude. Le dernier problème que tu n'a pas résolu et qui crée, chez toi, de l'angoisse et même, hier, une angoisse telle que tu n'as pas dormi et que tu as craint de faire une rechute. Mais tu vois bien que ce signe, y compris la réflexion du bonhomme, n'étaient pas du délire. Ils te réfléchissaient bien ton problème.
– Eh oui, ça n'était pas du délire.
– Le monde, le milieu où nous baignons est un miroir dans lequel nous nous réfléchissons afin de nous comprendre. Tout ça te plaçait devant un problème sérieux que tu occultes et l'angoisse que tu as éprouvée est simplement venue de ce que tu te cachais ce problème.
– Mais oui !
– Tu n'as donc rien à craindre : il n'y avait pas de délire. Tu ne risques aucune rechute. La preuve, c'est que, ce matin, c'était fini. Mais, ce qu'il faut comprendre, c'est que chaque fois que tu refuseras de voir et d'analyser un problème sérieux qui se pose à toi, ça entraînera une montée d'angoisse.
– Eh oui !"

Les jours passent. Le 27 janvier, elle semble angoissée.

“Ca va mal, me dit-elle, je suis de nouveau en plein délire. Je me fais du souci pour ma fille.Je ne peux pas rester comme ça, sans rien faire. Il faut que je retrouve du travail.

– Depuis quand ça va mal ?

– Oh, depuis une ou deux semaines. Je délire de nouveau. Si ça recommence, je vais retourner dans un hôpital psychiatrique et, cette fois, je n'en sortirai plus.

– Tu délires ? Comment ça ? dis-je non sans noter que quiconque délire vraiment ne s'en rend pas compte.

– J'ai de nouveau l'impression qu'il y a un complot contre moi.

– Concrètement, que s'est-il passé ?

– Eh bien, il y a quinze jours, j'ai trouvé de l'ammoniaque dans ma cuisine.

– Et alors ?

– Mais je n'avais pas d'ammoniaque chez moi ! J'avais demandé à ma mère de m'en acheter, mais elle ne l'a pas fait. Et, tout à coup, je découvre cette ammoniaque dans une bouteille de “Mir”. Alors j'ai commencé à délirer. D'où venait cette bouteille ? Qui l'avait emplie d'ammoniaque ? Et puis l'ammoniaque me faisait penser à Ammon, au temple d'Ammon que je croyais en Egypte...

– Qui t'avait parlé d'Ammon ?

– Dans la Bible, les Témoins de Jéovah.

– Ensuite ?

– Je m'aperçois que le temple d'Ammon est en Libye. Et alors je commence à délirer sur la Libye, le terrorisme, la guerre, la fin du monde. Tu sais, les Américains ont envoyé des navires en Méditerranée et les Libyens ont dit que, si ces navires entraient dans leurs eaux territoriales, ce serait la guerre. J'en ai parlé à Francis mais il n'était pas au courant. Or, le lendemain, à la télévision, qu'est-ce que j'entends ? Que les Libyens menacent les Américains d'une guerre. Alors, l'angoisse ! J'ai l'impression qu'on revit les événements de la Bible. La Libye me fait délirer. Et, tout à coup, je me demande d'où vient cette bouteille d'ammoniaque. Quelqu'un est donc venu la déposer chez moi pendant que je n'y étais pas.

– Tu es sûre que ta mère n'a pas apporté cette ammoniaque ?

– Oui.

– Que tu ne l'as pas achetée toi-même ?

– Oh non !... Et alors j'ai eu l'idée d'aller porter plainte à la police... comme j'ai fait il y a quatre ans, quand je délirais...”

En 1982, en effet, se croyant suivie et traquée, elle avait écrit au procureur de la République, pour porter plainte, ce qui lui avait valu d'être interrogée par la police. L'affaire avait été classée mais Corinne avait été très effrayée d'être convoquée au commissariat.

“Mais tu n’y es pas allée, lui dis-je.

– Non.

– Donc tu as tout de même maîtrisé ton délire. Le progrès accompli n’est pas remis en question. Et il ne le sera plus, je te l’ai dit.”

Le lendemain, elle me rappelle et me raconte un rêve, fait dans la nuit. Elle se trouve dans une Renault 4 CV, au bord d’une rivière. Elle me voit arriver derrière la voiture que je pousse à l’eau. Une glace étant ouverte, l’eau s’engouffre dans l’automobile et elle se noie.

Dans l’après-midi, elle me rappelle. Nous nous chamaillons à propos des Témoins de Jéohvah. Le lendemain, nouvel appel. Elle repart sur la Libye et, soudain, je flashe !

“La Libye, la Libye mais, dis-moi, la Libye, comment est-ce que ça peut se lire encore ?

– La Libye ? La Libye... la Libye, ah l’alibi !

– Alors ?

– Ah!... tu veux dire que je chercherais un alibi, avec la Libye, pour ne plus faire ce que j’ai à faire ?

– C’est toi qui le dis. Y a-t-il quelque chose que tu faisais et que tu ne fais plus ?

– Le récit de ma maladie.

– Et alors ?

– Ah oui, la Libye serait l’alibi que je me suis trouvé pour interrompre mon récit.

– Qu’est-ce qui t’a amené à la Libye ?

– Le temple d’Ammon, l’ammoniaque.

– Où en as-tu entendu parler ?

– Dans la Bible.

– Avec qui ?

– Les Témoins de Jéovah.

– Qu’est-ce que c’est la Bible ?

– Un recueil de récits anciens.

– Qui viennent d’où ?

– Du passé.

– Proche ?

– Non, lointain.

– Pourquoi étudies-tu la Bible ?

– Parce que j’ai besoin de croire en Dieu et en la résurrection.

– Ce n’est pas paradoxal ? Le passé, c’est quoi ?

– C’est... c’est ce qui est passé, ce qui est mort ?

– Oui.

– Ah ! Alors tu veux dire que je me tourne du mauvais côté... eh oui, cette ammoniaque était dans la bouteille de “Mir” et, la mire, c’est la ligne qui permet de viser la cible...

– C'est toi qui le dis. Mais c'est juste. Question : la Bible est-elle ta cible ?

– Ah ! Bible, cible ! Je n'y avais pas pensé. Alors, avec la Bible, Ammon, l'ammoniaque, je n'ai pas la bonne cible dans ma ligne de mire.

– C'est toi qui le dis. Mais raconte-moi de nouveau ton rêve !

– Eh bien, j'étais dans une Renault 4 CV...

– Une 4 CV, c'est bizarre. Pourquoi une 4 CV?

– Parce que c'était la voiture d'un vieil ami de mes parents, où je montais quand j'étais petite.

– Ah ! Alors qu'est-ce qu'elle symbolise, cette voiture ?

– Le retour à l'enfance.

– A l'enfance, au passé récent. Et les quatre chevaux, ça fait penser à quoi ?

– Les quatre chevaux... aux quatre chevaux de la fontaine de la Piazza Navone à Rome. Gabriel et moi allions souvent y prendre notre petit-déjeuner durant notre voyage.

– Sans doute mais n'y a-t-il pas quatre chevaux plus célèbres que ceux-là ?

– Quatre chevaux plus célèbres ?... Quatre che... ah, les quatre chevaux de l'Apocalypse !

– Où sont-ils, ces quatre chevaux ?

– Dans la Bible.

– Et la rivière ? Qu'est-ce que c'est ?

– Le symbole du temps qui coule.

– Dans quel sens ?

– Du passé vers le futur.

– Oui, de la source, de la naissance vers la pleine mer, symbole de la mère adulte. D'ailleurs, la rivière, ça peut se décomposer comment ?

– Je ne vois pas.

– La rive d'hier.

– Ah oui !

– Et alors qu'est-ce qui se passe ?

– Tu pousses la voiture dans la rivière.

– Qui coule comment ?

– Du passé vers le futur.

– Ensuite ?

– Je me noie.

– Mais qu'est-ce qui tombe à l'eau ?

– La 4 CV.

– C'est-à-dire ?

– La voiture de l'enfance... Ah oui ! alors tu me pousses dans la rivière qui va du passé vers le futur pour m'indiquer le trajet que je dois parcourir, alors qu'avec les Témoins de Jéovah je vais dans l'autre sens.

– Et alors qui meurt dans la voiture ?

– Moi quand j'étais petite.
– Qu'est-ce que ça veut dire ?
– Qu'il faut que l'enfant meure pour donner naissance à l'adulte."

Le jeu de mots sur sa cible qui n'est pas la Bible et sur l'ammoniaque, qui la fait penser au temple d'Ammon et à la Bible, qui est dans sa ligne de mire, me fait espérer qu'elle va se résoudre à larguer les Témoins de Jéhovah.

Nouveau coup de fil le lendemain. Elle me dit, cette fois, que, depuis huit jours, elle ne travaille plus à son récit et qu'elle sent sur elle "des ondes de pression de son entourage comme si on cherchait à la culpabiliser". Puis, abandonnant le sujet, elle me parle tout à trac d'un roman d'Agatha Christie qui l'enchante. Il y est question d'un colonel, dans la bibliothèque duquel on a découvert un cadavre et qui est accusé du meurtre par la rumeur publique, bien qu'il soit innocent.

"Y a-t-il un rapport entre les deux choses dont tu viens de me parler ?
– Je ne vois pas.
– Alors pourquoi me parles-tu d'abord de ton récit et tout à coup du roman d'Agatha Christie ?
– Je ne sais pas.
– Qu'est-ce qu'il y a chez le colonel ?
– Un cadavre.
– Où ça ?
– Dans la bibliothèque.
– Qu'est-ce que tu as cessé de faire ?
– Mon livre.
– Y a-t-il un rapport ?
– La bibliothèque... ah oui, mon livre !
– Qu'y a-t-il dans la bibliothèque ?
– Un cadavre.
– Un cadavre !
– Ah, tu veux dire que mon livre est un cadavre ?
– Je ne veux rien dire. J'essaie de te faire dire ce que tu as dans l'esprit en te faisant établir des rapports qui sont des évidences logiques objectives. Quel rapport entre la bibliothèque et ton livre ?
– Je ne vois pas.
– Alors pourquoi as-tu parlé d'abord de ton livre puis de celui d'Agatha Christie ?
– Par hasard.
– Le hasard est la née cécité !
– Oh...
– Qu'est-ce qu'il y a chez le colonel ?
– Un cadavre.

– Où ça ?
– Dans la bibliothèque.
– Qu'est-ce qui est à l'origine de ta maladie ?
– Ah, la mort de Gabriel... ah, alors il y a un cadavre dans mon livre. Mais le colonel est innocent ! Ce sont les autres qui l'accusent.
– Et toi ?
– Je sens une pression d'ondes de culpabilité.
– Mais quelqu'un t'a accusée de quelque chose ?
– Non, personne.
– Alors ?
– Alors, c'est moi qui éprouve un sentiment de culpabilité de la mort de Gabriel. Si je l'avais accompagné le lundi matin, il ne serait pas mort.
– Peut-être ne serait-il pas ce jour-là mais un autre. En tout cas tu comprends maintenant que c'est toi qui projettes sur les autres une accusation dont tu es la seule à te sentir coupable. Et naturellement tu choisis une représentation de cette affaire – le roman d'Agatha Christie – dans laquelle tu t'identifies à un innocent.
– Oui.
– L'angoisse ne vient pas de ce qu'on voit et de ce qu'on connaît. Elle vient toujours d'une menace invisible, d'un danger indiscernable que l'on pressent. Si on voit la menace, si on cerne le danger, alors on sait comment s'en défendre et il n'y a plus d'angoisse. L'angoisse vient de ce qu'on ne voit pas ou qu'on ne veut pas voir, de ce qu'on masque, qu'on refoule, qu'on censure. Et cette censure est le signe d'un conflit entre l'inconscient, qu'on refoule, et la conscience qui ne veut pas le savoir. C'est cela qui engendre une instabilité de l'esprit voire du corps. Il n'y a pas à censurer le surréel. En l'occurrence, tu n'étais pas toi-même en état de prendre Gabriel en charge et, d'un côté, tu as l'impression d'être responsable de sa mort, et, de l'autre, tu cherches à refouler ce sentiment de culpabilité. Ce qui fait problème, ce n'est pas le fait d'être ou plutôt de *te sentir* coupable de la mort de Gabriel, c'est de le refouler, car, alors, il y a conflit et névrose. Il y a conflit, en toi, entre les deux idées contradictoires, celle d'être coupable et celle d'être innocente, qui te déboussolent et te paralysent.

"Prenons un exemple simple. Supposons que, pour échapper à la mort, je doive fuir une île sur laquelle arrive un cyclône, et que j'aie le choix entre deux ponts pour rallier le continent et me mettre à l'abri mais que l'un de ces deux ponts soit miné. Si je sais lequel, je prends l'autre, il n'y a alors ni conflit, ni angoisse et rien ne ralentit ni ne paralyse mon action. En revanche, si je l'ignore, me voici arrêté, paralysé, angoissé, ne sachant quelle route emprunter. Le conflit dont je suis le siège ne peut que me rendre nerveusement malade, voire fou. Je suis alors la proie d'une névrose, voire d'une psychose. Que tu sois coupable n'a aucune importance. Ce qui est important – car c'est ça, être adulte, en charge de soi et autonome –, c'est que, innocente ou coupable, tu acceptes la réalité, la vérité, au lieu de la fuir, de la travestir ou de la contourner, que tu la digères et que tu te serves du passé digéré pour mieux vivre l'avenir."

Ceci me paraît d'autant plus évident que la responsabilité d'un suicide ou d'un événement quelconque, historique ou individuel, est toujours collective, ce qu'Albert Camus montre bien, dans *Le Mythe de Sisyphe*, où il écrit : "Il y a beaucoup de causes à un suicide et d'une façon générale les plus apparentes n'ont pas été les plus efficaces. On se suicide rarement (l'hypothèse n'est cependant pas exclue) par réflexion. Ce qui déclenche la crise est presque toujours incontrôlable. Les journaux parlent souvent de "chagrins intimes" ou de "maladie incurable". Ces explications sont valables. Mais il faudrait savoir si le jour même un ami du désespéré ne lui a pas parlé sur un ton indifférent. Car cela peut suffire à précipiter toutes les rancoeurs et toutes les lassitudes encore en suspension".

"Gabriel, dis-je, m'avait écrit, à moi-même, quatre mois avant sa mort, une longue lettre, y ai-je répondu comme il fallait ?

– Mais oui, me dit Corinne. Et je commence à mieux comprendre ma maladie. C'est moi qui faisais sur les autres une projection, inversée en accusation, de mon propre sentiment de culpabilité. C'était ça, le complot que je voyais partout. C'est ça, je refoulais mon sentiment de culpabilité.

– Tu te rappelles la séance, chez moi, à propos de Piero Manzoni et du voyage à Rome. Quand tu as commencé de voir les analogies entre Manzoni – ***man zoo nie*** : l'homme qui nie la vie – et Gabriel, tous deux suicidés à 30 ans, et à comprendre l'étrange enthousiasme de Gabriel pour cet artiste de l'inversion et du déboussolement, à comprendre ce que ça signifiait, tu t'es mise à pleurer et tu as voulu qu'on arrête.

– Oui.

– Eh bien, s'il y a quelque chose de pathologique, c'est ça : le refus, le refoulement, la censure de la vérité. C'est un peu comme l'abcès, dans une infection : il faut l'ouvrir et le vider pour se libérer de l'infection. Chez toi, ce refoulement sert surtout à esquiver la responsabilité et, finalement, à t'infantiliser, à dissoudre ta personnalité dans une enfance qui se prolonge, et à te faire prendre en charge par les autres, bref à t'empêcher de devenir adulte, donc responsable ."

Ce qui me fascine, c'est la logique rigoureuse, implacable, avec laquelle elle a, de manière inconsciente, choisi les symboles qui illustrent le conflit entre son désir de retourner à l'enfance (dans un mouvement de contraction ou de régression) pour se faire prendre en charge par les autres – les Témoins de Jéhovah, son dernier psychiatre, le Dr W. qu'elle voulait, depuis peu, retourner voir –, au moment où elle me faisait jouer un rôle négatif et même meurtrier – du moins à première vue – dans son rêve, moi qui la poussais dans la rivière pour qu'elle se prenne elle-même en charge, et le désir de devenir adulte (dans un mouvement d'expansion, de progrès), notamment en reprenant une activité professionnelle. Il est également remarquable, dans le rêve, qu'elle soit dans une voiture, au bord d'une rivière, et que je la pousse, de la même manière que l'héroïne de *Soupçons*, le film de Hitchcock, craint de l'être dans la voiture, sur la corniche, au bord de mer.

Logique plutôt perverse, parce que détournée, dans le délire qui la conduit de l'ammoniaque dans la bouteille de de "Mir" à la Libye qui lui sert d'alibi pour cibler son avenir sur le passé de la Bible. Et ceci, en utilisant, dans le délire, de façon apparemment aléatoire mais en réalité sélective, les objets du réel qu'elle a sous les yeux – ammoniaque, "Mir", Libye, Bible – qui sont parfaitement symboliques du conflit. Il y a alors une pression du milieu – son appartement, sa cuisine – qui lui offre, apparemment au hasard, des objets qui peuvent devenir le réflecteur du conflit, sur lequel ils peuvent cristalliser. Or elle opère, de manière inconsciente, au moyen de la logique du surréel – l'inconscient *par rapport à nous* –, une sélection de ces objets, ne choisissant, sans erreur, que ceux qui sont très précisément symboliques du conflit et de sa cause refoulée, celée, scellée et censurée.

Même chose dans le rêve, où les objets sélectionnés, dans la mémoire du réel – la 4 CV de l'enfance, moi, la rivière par référence au film de Hitchcock – sont organisés par l'onirisme de manière à faire sens. C'est véritablement un art, ce dont il n'y a pas à s'étonner si l'art véritable n'est bien, comme je le crois, que de se saisir de l'inconscient, de nature visiblement pansémiotique, ou de l'envers du réel, pour le traduire dans le réel.

Mais, le plus fascinant, c'est évidemment de constater que le psychisme fonctionne de la même manière que l'évolution génétique. En effet, dans l'évolution, l'organisme biologique ou l'animal a une structure physique donnée. Or, pour survivre ou même vivre, il se trouve en conflit avec le milieu. La structure physique du milieu est plus ou moins hostile à sa structure physique puisque, en fait, l'animal est naturellement un prédateur du milieu dont il se nourrit. Et le milieu lui est hostile en ce sens qu'il ne fournit pas, sans lutte, à l'animal ce dont celui-ci a besoin pour vivre, d'autant que les proies se défendent.

Si bien que l'organisme ou l'animal est contraint, par le conflit même de ses besoins ou de ses désirs et de la résistance du milieu (le désir des proies s'y oppose forcément à celui des prédateurs), à toujours s'adapter de façon plus efficace au milieu. Il est donc clair, comme l'a bien vu Freud, que le conflit joue le rôle d'une fonction *structurante* dans la formation du physique et même de la "personnalité" de l'animal. Pour survivre ou même simplement vivre, l'animal doit adapter, c'est-à-dire modifier à mesure, sa structure physique – et, chez l'homme, également sa structure psychique.

Comment cela s'opère-t-il ? Au moyen des mutations du code génétique, nous dit-on. En effet, l'animal a une structure physique qui correspond à la génétique de sa naissance. Pour évoluer et mieux s'adapter au milieu toujours changeant, il lui faut donc modifier cette génétique, dont il n'a cependant aucun idée et qu'il n'a pas le pouvoir de modifier.

Or, ce qui modifie la génétique, c'est essentiellement le rayonnement cosmique, en particulier celui du soleil, qui provoquerait les mutations des gènes "au hasard", comme dans une loterie, ainsi que l'a montré Jacques Monod. Mais, en fait, ce qui provoque les mutations du code génétique, ce sont les ondes vibrantes du tissu de l'espace-temps, c'est-à-dire *l'ensemble des fonctions d'ondes* qui constitue toute *l'information mathématique possible du monde* et que nous appelons l'inconscient ou le surréel.

Naturellement, la conscience n'a aucune idée des mutations qui affectent le corps qui la produit. Et pourtant les mutations se produisent et les espèces évoluent dans un sens toujours favorable, sauf cataclysme ou modification brutale du milieu, à l'équilibre nécessaire à la survie de l'ensemble des espèces. En d'autres termes, si les prédateurs développent des mécanismes de course et d'attaque toujours plus puissants, les proies développent en même temps des mécanismes de fuite et de défense également plus efficaces, de telle sorte que la survie des uns et des autres soit, globalement sinon individuellement, assurée.

Mais, bien sûr, pour que les formes de l'animal puissent s'adapter au milieu, il faut nécessairement que le système d'information qui les produit et les fait évoluer connaisse tout à la fois les désirs et les besoins du prédateur, les désirs et les besoins de la proie et...les formes du milieu ! Et, bien sûr, le champ de cette connaissance, c'est précisément le tissu des ondes de l'espace-temps, qui balaie de son rayonnement laser, comme un système holographique, toutes les formes du monde ! C'est-à-dire l'ordinateur de toute la mathématique cosmique, seul capable de prendre tout cela en compte pour produire l'évolution *adaptée aussi bien aux désirs et aux besoins de l'espèce qu'au milieu* où elles évoluent ! Donc ce champ n'est pas seulement celui de la pensée inconsciente, dans laquelle nous puisons les éléments de notre conscience. C'est aussi celui dans lequel se calculent et s'élaborent nos propres formes – le champ *morphogénétique* de la *genèse des formes* – et, sans aucun doute aussi, comme le pense Rupert Sheldrake, de nos comportements. En particulier nos comportements inconscients.

Il est donc clair que l'évolution est le produit d'un désir conscient – par exemple courir plus vite – satisfait par le champ morphogénétique de l'espace et les mutations génétiques inconscientes provoquées par le rayonnement des ondes spatiales de ce champ. Et il est non moins clair que, si l'équilibre entre les espèces est maintenu, c'est parce qu'un même ordinateur, le surréel ou l'inconscient, prend en même temps en compte les formes du milieu et des espèces, le désir des prédateurs et celui des proies. Sinon rien, absolument rien, ne peut expliquer cet équilibre. Hormis une série ininterrompue de... miracles, comme disait Jacques Monod! C'est là la preuve que l'inconscient ou le surréel est un système mathématique : ***l'ordinateur cosmique de toute l'information du monde et des probabilités de son évolution.***

Quant à cette évolution, elle se fait, nous l'avons vu, sous la pression du milieu, qui crée le désir, lequel entraîne la genèse des formes propre à le satisfaire. Le conflit entre l'individu ou l'espèce et le milieu a donc bien une fonction physique structurante, qui peut conduire à l'évolution de l'espèce vers toujours plus de conscience – chez les espèces qui conduisent à l'homme par exemple –, mais qui peut aussi conduire à la régression, voire à la disparition de l'espèce, lorsque la pression du milieu est trop forte et que le désir et l'évolution sont insuffisants ou orientés dans une voie sans issue. Par exemple, lors que, pris dans une mer qui tend à s'assécher, des poissons, au lieu de s'adapter à la vie aérienne ou terrestre, continuent d'évoluer dans le sens d'une meilleure adaptation à la vie marine.

Or voici que nous constatons, dans le cas de Corinne, que *les mécanismes qui sont à l'oeuvre sont les mêmes.* Elle est presque totalement inadaptée au milieu, à cause d'un conflit entre son désir d'innocence, produit de sa conscience, et son sentiment de culpabilité, produit de l'inconscient. Le conflit pourrait lui permettre, si elle le surmonte, de structurer sa personnalité et de s'adapter au milieu, ce qui suppose l'acceptation de sa responsabilité et son évolution vers l'adulte. Mais, le désir d'innocence et, par conséquent, d'infantilisme (l'enfant encore exempt de conscience véritable est par définition innocent) étant le plus fort, elle se tourne vers le passé, choisissant la régression vers l'enfance, ce qui accroît son inadaptation et engendre même une forme de délire, où elle se sent la proie d'un invisible monde – l'envers du réel –, qui lui donne l'impression d'être manipulée parce qu'elle y voit une magie au lieu d'y voir le fonctionnement logique, rationnel des rapports du conscient et de l'inconscient. Le goût de la magie est infantile et, pour l'enfant, la magie n'existe que parce qu'il n'a encore compris le fonctionnement rationnel des événements.

De même que le problème de l'animal est de mieux adapter son physique au milieu réel, en communiquant ses désirs au surréel, qui va lui offrir les mutations nécessaires à cette adaptation, le problème de Corinne est de mieux adapter son psychisme au milieu réel, en devenant adulte, c'est-à-dire en résolvant le conflit entre son désir d'innocence et la représentation de culpabilité que lui fait le surréel.

Mais, naturellement, de la même manière que, plus l'animal s'entêtera à vouloir s'adapter dans une voie sans issue, et plus il sera condamné à mal vivre, voire à disparaître, plus elle s'entêtera à refuser de voir et d'accepter les évidences – parmi lesquelles le sentiment universel de la culpabilité dû au simple fait que le monde est autophage, qu'il ne peut se nourrir que de lui-même –, et plus elle sera condamnée à la régression infantile au lieu de s'engager dans la voie de l'évolution progressive de l'esprit.

Cette évolution, c'est évidemment la prise de conscience, qui consiste à rendre l'inconscient conscient. Or, de la même manière que le milieu ne cesse pas de livrer de l'information à la curiosité et au désir de l'animal, l'inconscient ne cesse pas de faire des représentations à la conscience de l'homme, non seulement dans l'état de veille, sous forme de pensées ou de signes propres à frapper l'imagination – et Corinne voit ces signes – mais encore dans le sommeil paradoxal, sous forme de rêves.

Ces représentations, pourvu qu'on les observe, qu'on les interprète convenablement et qu'on les assimile jouent le même rôle pour l'évolution intellectuelle ou spirituelle de l'esprit que les mutations pour l'évolution physique. Et nous avons vu que, de la même mais inconsciente manière que le corps sélectionne, en fonction de la pression du milieu, les mutations qui vont dans le sens de son désir d'évolution, l'esprit sélectionne en fonction de la pression du milieu, qui constitue le système de représentations symboliques, les objets qui ont une signification par rapport à ses désirs. Mais il y a toujours deux sortes de désirs en conflit, ceux de la conscience, qui cherche ses aises morales, quitte à celer ou à modifier, voire à travestir la réalité, et ceux de l'inconscient, qui ne cherche qu'à se faire saisir de la conscience.

Tout le problème de l'équilibre psychique consiste à concilier ces deux pulsions contradictoires : la pulsion de conscience venue de l'inconscient et la pulsion d'inconscience venue de la conscience. La pulsion de conscience tend à défouler, donc à délivrer ou à libérer, la pulsion d'inconscience à refouler, donc à verrouiller et à emprisonner et, de ce seul fait, à bloquer, à inhiber. Et, de même que la structuration physique de l'animal est le produit du conflit qui oppose ses besoins et ses désirs à ceux du milieu, la structuration psychique de l'homme est le produit du conflit qui oppose les besoins et les désirs de sa conscience à ceux de l'inconscient.

De janvier à mars 1986, Corinne accomplit encore des progrès. La preuve en est que, dans l'affaire de la bouteille d'ammoniaque, elle est parvenue à surmonter son délire. Elle n'est pas allée porter plainte à la police, au risque de passer pour folle, et même elle a interprété de façon cohérente et claire l'ensemble des symboles que lui présentait le surréel.

Cependant, tout de suite après l'affaire du cadavre dans la bibliothèque, la voici qui me rappelle le 20 mars.

"Tu sais, me dit-elle, je viens d'apercevoir une chose grave.
– Un chose grave ?
– Oui, c'est que, ce sentiment de culpabilité que j'éprouvais, il est bien antérieur à ma maladie.
– Ah !
– En fait, j'avais déjà des problèmes longtemps avant le voyage à Rome. Je sais pas quoi mais des choses qui remontent à l'enfance.
– Ah.
– Mais oui ! Mais tant que je n'aurai pas débrouillé ça, j'aurai toujours des problèmes. Par exemple, j'ai essayé de retrouver du travail. Or les trois démarches que j'ai faites ont échoué. Tout s'est passé comme si quelque chose s'opposait systématiquement à mes démarches...
– Quelque chose ?
– Oui.
– Quoi ?
– Je ne sais pas mais j'en suis arrivée à comprendre que, tant que je n'aurai pas débrouillé la cause antérieure, qui remonte à l'enfance, de mon délire, eh bien, je ne pourrai pas retrouver un travail, je serai barrée. Tout ce que j'entreprendrai échouera.
– Alors ?
– Alors, je me rends compte qu'il faut que je fasse un "travail'" pour régler ça et j'ai téléphoné au Dr W. pour prendre rendez-vous. Je voulais te demander si tu pourrais lire mon récit assez rapidement, avant la fin des vacances, parce que je voudrais le lui faire lire."

Cela me contrarie évidemment qu'elle aille achever le travail que nous avons fait ensemble avec le dernier neuropsychiatre qu'elle a connu, un homme sans doute intelligent et sympathique mais qui, de son aveu à elle, ne lui a été d'aucun secours. Il est vrai que c'est lui qui l'a fait interner et que cet internement lui a paradoxalement été salutaire ! C'est lui aussi qui ne s'est pas aperçu que les tranquillisants qu'il lui ordonnait – et qui, à une époque, étaient nécessaires – avaient fini par la rendre malade : révulsions et sensation de tomber en arrière.

C'est d'ailleurs au moyen de ces tranquillisants qu'elle a fait sa dernière tentative de suicide et il est intéressant de noter que, souvent, les psychiatres sont les pourvoyeurs des moyens de suicide de leurs patients ! Du jour où, sortie de l'hôpital, elle a cessé d'en prendre, son état physique s'est amélioré et nous avons pu reprendre nos entretiens. Le médecin, qu'elle avait informé de sa décision de ne plus prendre de drogues, l'a simplement mise en garde, l'assurant qu'elle risquait des troubles graves. En quoi, il se trompait entièrement. En fait, c'est le contraire qui s'est produit. Notre "travail" téléphonique a fait le reste. Cependant, comme d'habitude, je la laisse maîtresse de ses décisions.

Quelques jours plus tard, elle m'informe qu'elle a pris rendez-vous avec le Dr W. Puis, dans les premiers jours d'avril, elle m'annonce qu'elle a renoncé à ce rendez-vous.

"Il ne m'a jamais rien dit. En dehors des tranquillisants, il ne m'a jamais rien apporté. Et puis je crois que je voulais aller le voir par défi, me dit-elle.
– Par défi ? Envers moi ?
– Non, je voulais lui montrer que je m'en étais sortie sans lui.
– Mais alors comment vas-tu débrouiller la cause antérieure de tes problèmes ?
– Je ne sais pas.
– Il faut pourtant la tirer au clair !"

Le lendemain, elle m'appelle.

"Je fais un concours. Il y a une phrase cachée à découvrir dans un jeu de mots croisés. Est-ce que tu peux m'aider à la trouver ?
– Pourquoi fais-tu ce concours ?
– Pour gagner de l'argent.
– C'est ta dernière trouvaille ! dis-je mi-rieur, mi-sévère.
– Pourquoi dis-tu ça ?
– Parce que je trouve l'idée de faire ce concours hautement symbolique.
– Symbolique ?
– Oui, je trouve symbolique que tu renonces à aller voir W. pour mettre en lumière la cause cachée de tes problèmes et qu'aussitôt après tu fasses un concours pour trouver une phrase cachée."

Elle se met à rire :

"Çà ! C'est bien toi ! Tu me coinces toujours, quoique je fasse ! Cette fois, c'est en interprétant le concours que je fais.

– Ce n'est pas moi qui te coince, c'est toi. C'est toi qui as choisi de faire ce concours.

– Tu ne sais pas ce qui est arrivé pendant les vacances ?

– Comment le saurai-je ?

– E. a failli se faire écraser.

– Comment ça ?

– Je revenais de faire des courses avec ma mère. C'est elle qui poussait la poussette de ma fille. Et, en descendant un trottoir, E. a basculé de la poussette sur la chaussée. Et, tu sais, elle n'a pas le réflexe de mettre ses mains en avant. Sa tête a heurté le macadam. Une voiture arrivait. Elle s'est mise à hurler. Elle a été malade toute la soirée. Il a fallu la conduire à l'hôpital, faire des radios. Elle n'avait rien.

– Eh ben, mon vieux ! Mais comment ça s'est fait ?

– Normalement, E. est attachée avec une ceinture dans sa poussette. J'ai eu la flemme de mettre cette ceinture. D'autant que, d'habitude, c'est moi qui pousse la voiture. Je fais attention, quand je descends un trottoir, je tiens ma fille par l'épaule. Mais là, c'était ma mère qui poussait la voiture..."

Naturellement, j'interprète aussitôt cet acte manqué comme un acte inconscient de meutre contre l'enfant mais me garde d'en rien dire. Plus tard je ferai même le rapprochement entre le rêve de la rivière, où je pousse la voiture à l'eau, et le geste de la grand-mère poussant la voiture sur la chaussée, comme si le rêve était une prémonition de l'acte manqué, du moins dans l'interprétation que Corinne en a faite.

Deux jours plus tard, elle me reparle de la cause cachée de son problème, "qui remonte à l'enfance". Et, soudain, elle mentionne une correspondance qu'elle a échangée avec Gabriel en...1972 et dans laquelle il était question de cette "cause cachée".

"Et tu attends aujourd'hui pour m'en parler ! Bravo !"

Mais il faudra attendre encore deux ou trois jours avant qu'elle ne me lise ces deux lettres. Dans la sienne, elle dit à Gabriel, qui sort alors d'un séjour dans un hôpital psychiatrique et qui est sous tranquillisants, "qu'elle l'aime, qu'elle a un problème qui remonte à l'enfance" et qu'elle souhaiterait qu'il l'aide à le débrouiller. Dans sa réponse, Gabriel dit qu'il a assez de ses propres difficultés pour ne pas se charger de celles des autres et que c'est à elle de résoudre son problème. Au cours de l'analyse que nous faisons de ces deux lettres, nous convenons que Corinne s'est identifiée à Gabriel parce qu'elle a reconnu en lui quelqu'un qui avait des problèmes analogues aux siens mais que, si pour un temps leur relation les a apaisés, la naissance de leur fille y a mis une fin tragique. D'ailleurs, leur relation n'a pas toujours été calme. Corinne a levé une fois un couteau sur Gabriel. Elle m'avoue également avoir eu le désir de me tuer, moi-même – ce que je soupçonnais d'ailleurs – et qu'elle a imaginé de venir me surprendre chez moi en passant par le labyrinthe souterrain des garages.

Je sens que nous approchons du noeud du problème et, dans les jours qui suivent, je lui dis qu'il me paraît maintenant nécessaire qu'elle fasse une psychothérapie pour dénouer ce noeud. Je lui suggère même d'aller voir le Dr W. Elle refuse.

"Alors viens en faire une chez moi, dis-je en riant.
– Payante ?
– Bien sûr !"

Elle repousse cette idée avec horreur. Mais, une heure plus tard, s'étant rappelé que je lui avais moi-même payé une dactylographie qu'elle avait faite pour moi, elle accepte cette idée, dont je ne suis pas très sûr qu'elle soit bonne. Je me laisse pourtant convaincre et nous prenons rendez-vous pour le 17 avril.

Le lendemain, jeudi 10 avril, elle m'appelle.

"Tu sais, j'ai dit à ma mère que j'allais faire un "travail" avec toi pour débrouiller mon problème.
– Ah.
– Tu sais ce qu'elle m'a répondu ?
– Non.
– Elle m'a dit que je n'étais pas "concrète", que c'était une idée d'intellectuelle, qu'elle n'avait, elle, pas fait d'études et qu'elle préférait ne pas entendre parler de ça, que ça l'angoissait.
– Ca l'angoisse ? Tiens !
– C'est curieux, non ?
– Et comment ! Pourquoi est-ce que ça l'angoisse ?
– Elle doit se sentir coupable.
– Elle ne veut pas savoir ce qu'il y a dans son inconscient.
– Tiens, tu sais ce dont je me suis aperçue, c'est que, moi aussi, quand j'étais petite, j'ai failli avoir les jambes coupées.
– Comment ça ?
– Eh bien, dans le village où nous habitions, un jour, ma grand-mère me promenait. J'étais dans ma poussette et j'avais l'habitude de passer les jambes par-dessus le bras de la poussette. Ma grand-mère venait de me dire de rentrer les jambes, ce que je n'avais pas fait. Et, tout à coup, une automobile est arrivée et elle a arraché les deux roues de la

poussette. J'ai eu peur ! Ma grand-mère n'a rien dit à ma mère. Elle aussi a eu peur.

– C'est incroyable cette histoire. Il y a un jeu de miroirs fantastique !

– Avec l'accident d'E. l'autre jour !

– Mais pas seulement !

– Ah oui, avec la mort de Gabriel aussi. C'est ça que tu veux dire ?

– Absolument ! C'est fascinant !

– Et tu sais comment je l'ai appris ?

– Comment ?

– Mais deux jours après l'accident d'E.. C'est ma mère qui racontait à ma fille que j'avais eu un accident semblable quand j'étais petite. Elle disait que, moi aussi, j'avais eu très peur. Depuis cet accident, E. ne veut plus que je l'emmène promener dans sa poussette. L'autre jour, il m'a fallu vingt minutes pour la convaincre. A un moment, je lui ai dit : "E., tu as confiance en moi ?" Elle m'a répondu non !

– C'est étonnant ! Parce qu'en somme tu as failli perdre les jambes quand tu étais enfant, Gabriel a perdu les siennes et ta fille, handicapée, n'a pas l'usage des siennes. Là, il y a vraiment un jeu de miroirs de l'inconscient. On est au coeur du problème.

– Comment ça ?

– Quand tu as, toi, ton accident, pourquoi ta grand-mère ne veut-elle pas en parler ?

– Parce qu'elle se sentait coupable.

– De quoi ?

– De ce que j'avais failli perdre les jambes. D'autant que je mettais les jambes du côté de la route au lieu de les mettre du côté du fossé et ma grand-mère savait qu'il y avait un danger à me laisser faire puisqu'elle m'avait dit de les remettre dans la voiture.

– Mais elle ne t'a pas obligée à les y remettre.

– Non.

– Alors c'était un acte de quoi envers la petite fille ?

– Un acte de quoi ?

– Oui.

– Je ne sais pas.

– Qu'est-ce qui était en jeu pour la petite fille ?

– Qu'est-ce qui était en jeu ?... Ben... sa mort !

– Oui, en fait, c'était sa vie qui était en jeu. Alors c'était un acte de quoi ?

– Ah... tu veux dire que c'était une pulsion de mort.

– C'est toi qui le dis.

– Ah oui, en mettant les jambes par-dessus la poussette, j'avais une pulsion de mort.

– C'est une interprétation possible. Quant à ta grand-mère, qui ne t'a pas obligée à remettre les jambes en place, pourquoi s'est-elle sentie coupable ?

– Chez elle aussi il y avait une pulsion de mort !

– C'est peut-être un peu excessif de dire ça mais, en tout cas, faute de te faire rentrer les jambes, elle courait le risque d'une action de mort. Et la grand-mère qui poussait la voiture d'enfant, qui représentait-elle ?

– La mère.

– Elle représentait ta mère. Alors ?

– Alors tu veux dire qu'elle représentait une pulsion de mort de ma mère contre moi ?

– C'est ce qui te vient à l'esprit.

– Mais alors la pulsion de mort de ma mère contre moi... elle venait déjà d'une pulsion de mort de ma grand-mère contre ma mère.

– Quelle enfance a eue ta mère ?

– Oh ! une enfance épouvantable !

– Tu te rappelles que tu me parlais souvent – et tu en reparlé dans ton récit – de cette pièce de Bob Wilson que tu étais allée voir avec Gabriel et qui vous avait beaucoup frappés...

– Oui, *Einstein on the beach.*

– C'est ça. Quel rapport entre cette pièce et tout ça ?

– Quel rapport ?... Je ne vois pas.

– Quel est le sujet de la pièce ?

– C'est qu'un esprit qui aura assez de hauteur de vue s'apercevra que différentes personnes rejouent, en divers temps et en divers espaces, les mêmes scènes.

– Exact. Alors ?

– Oui, ma mère a rejoué avec ma fille la scène que sa mère avait jouée avec moi.

– Qu'est-ce que ça veut dire ?

– Qu'est-ce que ça veut dire ?

– Oui, pourquoi E. a-t-elle eu un accident ?

– Parce que j'ai eu la flemme de l'attacher. Mais, moi, je ne l'attache jamais, parce que je fais attention.

– Toi, mais c'est ta mère qui poussait la voiture. Pourquoi ?

– Ma mère avait voulu aller faire des courses au supermarché. En sortant, elle était chargée de paquets. Je les ai pris et elle a poussé la voiture. Elle adore promener E..

– Et qu'est-ce qui s'est passé ?

– L'accident.

– Qui mettait en jeu quoi ?

– La vie de ma fille.

– C'était un acte de quoi ?

– Un acte manqué.

– Si tu veux, mais un acte de quoi ?

– Une pulsion de mort... mais ma mère ne se rendait pas compte...

– Exactement ! C'est inconscient.

– Mais, au moment de partir, au lieu d'attacher E. avec la ceinture, je l'ai prise, cette ceinture, et je l'ai jetée sur le lit. D'ailleurs, c'était une nouvelle ceinture. Ma mère avait déjà une fois égaré l'ancienne ceinture. On l'avait retrouvée, cette ceinture, elle était blanche. Et, ensuite, ils l'ont égarée, à leur tour, au centre de rééducation. On a gueulé et ils nous en ont donné une autre.

– Et cette ceinture blanche, au lieu d'attacher E. avec, tu l'as jetée sur le lit...

– Elle était noire ?

– Oui... ah mais alors, la ceinture blanche, c'était un symbole de vie ! Et la noire, un symbole de mort.

– Alors qu'est-ce que ça veut dire tout ça ?

– Qu'est-ce que ça veut dire ?...

– Qu'est-ce qu'a fait ta mère en sortant du supermarché ?

– Elle m'a donné ses paquets, son sac.

– Pourquoi ?

– Parce qu'elle était chargée.

– Alors qu'est-ce qu'elle a fait ?

– Ben... je l'ai déchargée.

– Et elle ?

– Elle s'est déchargée sur moi.

– Une pulsion, qu'est-ce que c'est ?

– Une pulsion ?... une poussée.

– Oui, mais encore ? Qu'est-ce qu'il pousse, Sisyphe ?

– Un rocher.

– C'est-à-dire ?

– Un poids.

– Qu'est-ce qu'un poids ?

– Une charge.

– Exact. Et une pulsion, c'est quoi ?

– Une charge.

– Une pulsion, c'est une charge qui pèse et dont on se décharge.

– Alors tu veux dire que ma mère s'est déchargée... qu'elle s'est déchargée de sa pulsion de mort sur moi... mais je ne lui en veux pas à ma mère, je me rends bien compte que déjà sa mère s'était déchargée sur elle de sa propre pulsion de mort...

– Evidemment, ça remonte de génération en génération, jusqu'au péché originel. Tout le monde a une pulsion de mort – et c'est heureux car sans elle nul ne pourrait tuer les vivants dont il se nourrit ! Mais, dans l'autre sens, qu'est-ce qui se passe ?

– Ma grand-mère projette sa pulsion de mort sur ma mère. Puis ma mère projette sa pulsion de mort sur moi...

– Ensuite ?

– Ensuite, j'ai fait huit tentatives de suicide. J'ai projeté la pulsion de mort de ma mère sur moi. Mais ma mère aussi a fait une tentative de suicide.

– Oui mais ensuite ?

– Ensuite... ma mère projette sa pulsion de mort sur E..

– Mais toi ?

– Moi ?

– Oui, dans ta relation avec Gabriel.

– J'ai projeté ma pulsion de mort sur lui... mais lui aussi... il voulait qu'on se suicide tous les trois, peu de temps avant sa mort.

– Lui aussi. Pourquoi vous êtes-vous identifiés l'un à l'autre ?

– Parce qu'on se réfléchissait notre pulsion de mort... mais on s'entendait très bien.

– Pendant un temps, oui, votre association a marché, jusqu'à la naissance de votre fille et là, ça a craqué. Mais, tu vois, c'est très remarquable et très bien que tu acceptes aujourd'hui cette idée que vous vous êtes projeté l'un sur l'autre un désir de mort. Tout le monde est animé par la pulsion de mort. Elle est aussi naturelle que la pulsion de vie parce que le cosmos est dialectique. Les pulsions, en fait, c'est une forme biologique de l'énergie originelle et cette énergie se meut dans deux directions principales et dialectiquement opposées, l'expansion vers le Vide infini et la contraction vers le Zéro. L'expansion absolue en Vide infini, en néant, c'est la mort et ça peut correspondre à la pulsion de mort; la contraction en Zéro, qui fait le plein de l'énergie, c'est la vie et la pulsion de vie.

"Mais le mouvement d'expansion s'inverse aussitôt en mouvement de contraction et vice-versa. C'est pourquoi les deux pulsions sont mélangées et il est difficile de vraiment les distinguer l'une de l'autre. Dans le monde biologique, la pulsion de vie, qui pousse un animal à en tuer un autre pour se nourrir, peut aussi bien être considérée comme une pulsion de mort. La vie ne se nourrit que de la mort et vice-versa. Cela dit, ce qui est pathogène et qui peut entraîner des troubles psychiques, c'est le refus de voir qu'on est aussi animé de la pulsion de mort et qu'en définitive la morale humaine qui, comme les religions, nous prône un monde idyllique, qui ne serait animé que par la pulsion de vie, est une absurdité. Je me demande si, finalement, ce que tu réclamais à Gabriel, dans ta lettre de 1972, ce n'était pas d'éclairer l'origine de cette pulsion de mort. Et il ne se sentait pas en mesure de le faire, parce qu'il avait le même problème, la même charge.

– Et c'est ça, tu te rappelles, cette lettre, dont je t'ai parlé, que je t'avais écrite, en 1979, et que j'avais déchirée, c'était la même lettre que j'avais écrite à Gabriel.

– En somme, tu cherchais à recommencer avec moi ce que tu avais fait avec lui. Mais, cette fois, ça n'a pas marché ou plutôt si, ça a marché. Mais différemment. Mais, cet accident d'E., il t'a servi à quoi ?

– Il m'a servi à quoi ?

– Oui, qu'est-ce que tu as fait avant de partir avec ta mère et ta fille ?

– J'ai jeté la ceinture sur le lit.
– La ceinture noire ?
– Oui.
– Qui symbolisait quoi ?
– La pulsion de mort de ma mère.
– Et pourquoi l'as-tu rejetée ?
– J'ai rejeté la pulsion de mort... par désir de vivre.
– Et ça a causé quoi ?
– L'accident.
– Qui a provoqué quoi chez ta mère ?
– Un sentiment de culpabilité. D'autant que, sur le moment, je n'ai rien dit mais elle a bien vu que j'étais furieuse.
– Alors, ça t'a servi à quoi, cet accident ?
– Ca m'a servi... à rejeter le désir de mort de ma mère.
– En somme, ce qui l'angoisse, qu'elle ne veut pas voir, toi, finalement, tu l'as vu. La conclusion de tout ça ?
– La conclusion de tout ça ?... C'est que je veux vivre pour assurer l'avenir de ma fille et le mien. Il faut que je retrouve un travail."

X

“Rendez-vous à Bagdad”

Finalement, le 17 avril, elle se décide à commencer avec moi une psychothérapie. Au cours de la troisième séance, le jeudi 1er mai, elle a le masque et je tiens la plume – je prends en effet note de tout ce qui se dit de significatif.

“L’autre jour, j’ai lu une nouvelle d’Agatha Christie, *Rendez-vous à Bagdad*. Bagdad, comment interprètes-tu ça ? me demande-t-elle.

– La bague de “Dad”, la bague du père, dis-je.

– Moi, je l’ai lu comme “bag[1] of Dad” : le sac du père. Et ça m’a fait délirer parce que la seule chose qu’on m’a rendue, à l’hôpital, à la mort de Gabriel, c’était son sac...”

Elle m’a souvent raconté cette scène, où elle se trouvait seule dans une pièce toute blanche de l’hôpital avec le sac de Gabriel et j’ai noté que l’inversion de *sac* est *cas*.

“Ah, mais on m’a rendu aussi son alliance !... La bague !... Cette nouvelle, c’est l’histoire d’une jeune femme, Victoria, qui perd son mari, puis son emploi de secrétaire, comme moi. Elle rencontre un jeune homme, Edouard, dont elle tombe amoureuse. Il part pour Bagdad et elle décide de l’y rejoindre. Mais elle ne le retrouve pas. Elle tombe entre les mains d’une femme, Catherine, qui la tient prisonnière et lui teint les cheveux. Ce qui me fait penser à ma mère, sous la coupe de qui j’étais tombée quand j’étais malade. Victoria parvient à s’évader en creusant le sol de terre battue, sous la porte, et en récupérant la clé qu’elle a fait tomber de l’autre côté...

– Le souterrain qu’elle creuse symbolise l’inconscient, grâce auquel elle trouve la clé de sa libération.

[1] *Bag* signifie *sac* en anglais.

– Oui, puis, pieds-nus, hagarde, comme j'étais après la mort de Gabriel, elle va dans le désert. Elle y rencontre un archéologue, qui se prénomme Richard..."

Comme moi.

"...Il se prend de sympathie pour elle et veut l'aider à retrouver un travail. Comme elle se prétend archéologue, il la fait employer sur un site de fouilles mais se rend vite compte qu'elle n'est pas archéologue et qu'elle a menti. Là-dessus, tous deux s'aperçoivent qu'ils ont connu un certain Carmichael, qui est mort et qui leur a laissé à chacun la moitié d'une phrase cachée qui donne accès à des documents secrets. Ils reconstituent la phrase : "Ris, sois heureux, aime, réjouis-toi et donne". Ils vont avoir accès aux documents quand, de nouveau, Victoria disparaît. Richard s'inquiète. Elle est retombée aux mains de Catherine, qui n'est qu'une employée d'Edouard, lequel n'est qu'une crapule. Il veut faire assassiner Victoria. C'est alors que Richard la retrouve, la sauve et, finalement, se rendant compte qu'elle n'est pas plus mauvaise qu'une autre en archéologie, lui confie un travail sur le site des fouilles.

– C'est tout ?

– Oui.

– C'est assez fascinant, non ? Exactement ton histoire. Carmichael représente Gabriel que chacun de nous a connu séparément. On peut dire qu'il a laissé à chacun de nous une moitié des éléments cachés de la connaissance de l'inconscient. Tu as même rencontré, après la mort de Gabriel, Pierre, que tu es allée rejoindre en province, qui te frappait, te séquestrait, te faisait surveiller par sa soeur ou sa mère et a même voulu te tuer, comme l'Edouard de la nouvelle. Il t'a même rattrapée à la gare une fois que tu t'étais sauvée. Quant à l'archéologie, la science des choses anciennes, elle symbolise la psychothérapie, par laquelle on fouille le passé. Quant à Richard, c'est moi! C'est dingue !

– Oui, mais ça m'a fait délirer toute la journée. J'avais l'impression qu'Agatha Christie avait raconté mon histoire avant qu'elle ne se produise.

– Tout à fait!

– Oui mais tout de même, j'avais l'impression d'une magie.

– Je comprends ça mais ça ne t'a pas rendue folle.

– Non mais...

– C'est très bien ! Il n'y a pas péril en la demeure.

– Oh !

– Quoi ?

– Tu sais, le livre d'Agatha Christie comporte trois nouvelles : *Le cadavre dans la bibliothèque, Rendez-vous à Bagdad* et tu sais comment s'appelle la troisième ?

– Non.

– *Péril en la demeure* !
– Eh bien... ça boucle la boucle !
– Mais je ne comprends pas la signification de cette coïncidence. Ce qui a attiré mon attention, c'est que, samedi dernier, ma mère m'a obligée à retourner au supermarché. Moi, je n'y vais jamais le samedi : il y a trop de monde. Elle, oui. Et, en sortant, elle m'a donné le sac de mon père. Alors ça m'a fait penser à "*bag Dad*", le sac du père, au sac de Gabriel, à la phrase "*Il papa e morto*" et aussi au sac des bourses du père. Mais je ne vois pas ce que ça veut dire.
– C'est pourtant clair. Après t'être déchargée du sac de ta mère, symbole de la pulsion de mort, il faut que tu te débarrasses du sac du père, c'est-à-dire de la pulsion de mort du père. Et ton problème sera résolu. Quand tu auras fini ta psychothérapie, tu retrouveras du travail, comme dans la nouvelle, tu riras, tu aimeras, tu donneras et tu seras heureuse."

Cette nouvelle d'Agatha Christie me semblait comme une incitation à poursuivre la psychothérapie mais, à la fin du mois de mai, après quatre séances, Corinne met fin à l'expérience. Elle ne supporte pas l'idée que la relation privilégiée qu'elle a eue, avec moi, sept ans durant, se transforme en une simple relation de patiente à psychothérapeute, semblable à celle que je peux avoir avec d'autres patients.

Quelque temps plus tard, elle me rapporte qu'ayant dit à sa fille qu'une fois que ses parents seraient morts, elles n'auraient plus, toutes deux, qu'à compter sur elle-mêmes, E. a répondu : "Oh non, il y aura Richard !" Je n'ai pourtant pas vu cette enfant plus de quatre ou cinq fois.

Les coups de téléphone de Corinne s'espacent. Le lundi 15 septembre, elle m'appelle pour me parler d'un film sur la folie qu'elle a vu à la télévision. Elle n'a pas entièrement exorcisé ses vieux démons. Je lui dis que j'ai eu une discussion à son sujet avec le Pr Henri Laborit. Laborit affirme que la psychose est irréversible et que, par conséquent, Corinne n'était pas psychotique. Ce n'est pas mon avis, ni celui de deux autres psychiatres qui estimaient qu'elle l'était. D'ailleurs l'Halopéridol qu'on lui ordonnait est un traitement de psychose. Selon Daniel Sibony, c'est une question de définition. Pour Henri Laborit les psychoses sont liées à des lésions irréversibles du cerveau.

Corinne me rappelle, peu après, agressive, me traite de fasciste et ajoute : "Tu me considères comme une machine !" sous prétexte que je ne veux considérer ma relation avec elle que "sous un angle objectif", comme un cas clinique. En fait, c'est devenu une relation amicale, dans laquelle, hormis au cours des quatre séances de psychothérapie que nous avons faites, je ne me comportais plus vraiment comme un psychothérapeute. Elle fait une crise d'hystérie. Encore le transfert, qui ne semble pas près d'être liquidé. Elle finit par affirmer qu'elle est toujours malade et qu'elle continue de délirer. Puis elle ajoute qu'elle ne sait même plus si elle a été malade et que, de toute façon, peu importe qu'elle ait été psychotique ou non, que son problème n'est pas là, qu'il est de pouvoir vivre.

"En somme, dis-je, peu t'importe de connaître ton problème. Ce que tu veux, c'est le résoudre. Mais on ne résout pas un problème sans l'analyser."

Or elle a cessé l'analyse.

Elle me rappelle, une fois encore, calmée, car la voici qui reconnaît qu'elle ne vit plus, dans son nouveau logement, aussi mal que dans l'ancien, qu'elle "tient" son appartement, que la psychose a bien été réglée mais pas la névrose, raison pour laquelle, dit-elle, son action sur l'extérieur est inhibée et son transfert sur moi n'a pas été résolu. Elle reprend rendez-vous avec moi pour le mercredi.

Le lundi 21 septembre 1986, au soir, elle m'appelle pour me dire que les problèmes d'affectivité ne relèvent pas de l'intelligence ou de la logique et qu'elle préfère ne pas chercher à comprendre le passé, car c'est impossible. Elle annule donc le rendez-vous.

Le 31 janvier 1987, l'une de ses amies ayant un Jules, elle s'invente un amour secret.

Le lundi 2 février, elle me déclare :

"J'ai eu l'idée d'offrir en même temps, à mon père et à toi, le journal de votre naissance. Je me rends compte que, par ce cadeau, je t'ai assimilé à mon père. D'ailleurs, je m'aperçois que le goût que j'avais pour ta cosmogonie, c'était parce que je projetais l'image de mes parents sur la Paire éternelle Zéro-Infini. Au fond, ta cosmogonie, c'est un modèle de transfert. En fait, ma mère a toujours été en bagarre avec mon père. Il s'est défendu comme il pouvait mais elle l'a finalement contraint à se replier sur lui-même. C'est ma mère qui s'emparait de la parole de mon père et qui me la transmettait, en la déformant bien sûr. Je me rappelle que ma mère menaçait mon père de partir avec moi. Elle lui disait qu'il ne nous reverrait plus. Finalement, j'ai fixé sur ta cosmogonie puis sur toi une image idéalisée du père. Au fond, je cherche une image d'un père un peu absent et confisqué par ma mère. D'ailleurs, je me rappelle qu'à l'époque où le psychiatre me donnait de l'*Halopéridol,* alors que j'étais sans cesse pendue au téléphone, comme au cordon ombilical, j'avais traduit le nom de cette drogue par : *Allô, père idole.*"

Ses appels, au cours de l'année 1987, s'espacent toujours davantage, puis se font rares, comme si elle liquidait tant bien que mal le transfert qu'elle a fait sur moi.

Fin juin, la voici cependant en régression. Le 25 elle m'appelle, m'avouant qu'il lui arrive encore de "yoyoter de la touffe", même si elle ne s'éclaire définitivement plus à la bougie. Ainsi a-t-elle fait venir, chez elle, dans l'après-midi, un détective privé, afin de "vérifier si elle n'était pas espionnée par des micros". Il lui en a coûté mille francs ! Il est vrai qu'au début de la semaine elle prétendait "être morte depuis 1984".

Il entre dans son discours, une part de cinéma et de chantage. Retomber malade, c'est peut-être, à ses yeux, le moyen que je me rapproche d'elle. Quant à son délire d'être espionnée, observée, surveillée, il a deux origines. La première, c'est le sentiment de sa culpabilité dans la mort de Gabriel, qu'elle n'a jamais vraiment surmonté. Ce sentiment lui fait imaginer une puissance occulte et justicière, qui l'observe et la culpabilise pour la punir. Les manifestations de cette puissance, du voyage à Rome aux nouvelles d'Agatha Christie, ont été si nombreuses que l'on comprend qu'elle ait fini par délirer.

Si le problème n'a pas été résolu, c'est parce que je ne suis pas parvenu à lui faire objectiver cette puissance occulte sous la forme du surréel, inconscient ordinateur de toute l'information cosmique. Quant à l'idée de justice immanente, liée à la puissance occulte, elle n'est évidemment pas absente du surréel. Si le surréel ou l'inconscient est bien de nature dialectique – ce qu'il est – il met en jeu deux forces, à la fois complémentaires et antagonistes : l'énergie *incidente*, qui va du ça vers le surmoi et coïncide avec *la pulsion d'inconscience*, et l'énergie *réfléchie*, qui va du surmoi vers le moi (lui-même issu du ça) et coïncide avec *la pulsion de conscience.*

Ces deux énergies qui tendent à se synthétiser et qui coïncident avec ce que Freud a appelées pulsion de vie et pulsion de mort, ont naturellement tendance à se compenser et à se neutraliser, donc à produire autant d'événements positifs que d'événements négatifs. Leur opposition peut résulter en une synthèse qui les fusionne en superstructures complexes, comme, par exemple, la matière qu'elles ont nécessairement produites ou encore la personnalité et les comportements de l'individu. Mais elle peut aussi résulter, au niveau psychologique, en conflits sans solution, c'est-à-dire en blocages de la personnalité, ou en conflits résolus par l'excès qui donnent des personnalités caractérielles opposées, soit totalement inhibées soit totalement exhibées.

L'individu est le champ même de l'affrontement perpétuel de ces deux énergies, qui se conclut par la mort du père et de la mère mais aussi par la naissance de l'enfant, synthèse parentale en qui se poursuit le conflit.

La seconde origine de son délire est sa solitude. Elle ne fait rien de la journée, elle ne voit personne et elle cherche naturellement à combler le vide de son existence. Elle s'invente alors une communication imaginaire – qui est la recherche des signes – avec l'extérieur : elle croise un homme qui marmonne seul, elle en conclut qu'il s'adresse à elle ! Un autre qui se gratte le bras, un autre qui fait un bras d'honneur en pleine rue sont interprétés comme des signes qui lui sont adressés, bien que ces gestes ne soient pas vraiment signifiants. Deux vendeuses qui rient d'une plaisanterie, nécessairement, se moquent d'elle. Enfin, la télévision l'espionne à travers l'écran du téléviseur et on place des micros chez elle ! C'est objectivement inexact et, cependant, c'est sa manière à elle de matérialiser la réalité objective du surréel, qui n'a évidemment pas besoin de l'écran et des micros pour tout savoir d'elle.

Le voyage à Rome, le film *Troublez-moi ce soir*, les nouvelles d'Agatha Christie constituent bien les signes objectifs d'une information venue du surréel et qui s'adresse à elle de manière signifiante, comme pour lui faire comprendre quelque chose. A travers ces signes, le surréel cherche à faire comprendre à la conscience, dans le réel, le destin même du monde qui est de prendre l'absolue conscience de l'inconscient. L'homme qui marmonne, celui qui fait un bras d'honneur sont certes aussi des signes mais peu signifiants et qui ne visent qu'à renforcer le délire de celui qui les voit : il faut en effet une certaine tension chez le sujet pour qu'il cherche à voir le surréel à travers le réel. D'ailleurs, à ces derniers signes, elle n'attache pas de signification bien précise. Quant à l'idée qu'on aurait installé des micros chez elle, ce n'est plus un signe mais un pur produit de l'imaginaire et le fait qu'elle s'en aperçoive ne la rassure qu'à moitié. Pourtant, lorsqu'en décembre 1987 je retournerai dîner chez elle, elle finira par en rire.

Il reste que la coïncidence du film, de la nouvelle et de l'histoire de Corinne est stupéfiante. A moins de croire aux coïncidences *miraculeuses*, comme Jacques Monod, elle ne s'explique que d'une manière. Une même source d'information, nécessairement logique et, par conséquent, mathématique, qui avait connaissance de tous les événements *possibles* du futur, se trouve à l'origine du film, de la nouvelle et de l'existence de Corinne. Elle en avait connaissance de la même manière que mon ordinateur, quand je joue aux échecs avec lui, a une connaissance des événements futurs *possibles* du jeu, bien qu'il ne soit informé de mes réactions à ses coups qu'à mesure que la partie se développe; mais sa puissance de calcul et de mémoire est telle qu'il peut aussitôt en calculer les conséquences et réagir de manière à parvenir à ses fins.

Si cette connaissance est accessible à l'ordinateur artificiel, dont je me sers *et qui est un objet*, producteur d'événements, *du cosmos* – et en tant que tel, ***mon ordinateur est un produit du cosmos*** –, on ne voit pas pourquoi le cosmos, qui a produit l'ordinateur, par l'intermédiaire des cellules biologiques qui ont produit l'homme qui a produit l'ordinateur, ne serait pas capable de la même connaissance à l'échelle des événements cosmiques – aussi bien historiques que familiaux ou individuels.

D'autant que mon ordinateur n'est qu'une projection dans la matière électronique des mécanismes de mon propre cerveau, qui a été construit par les cellules biologiques. Si c'est le cas, alors – et alors seulement – la coïncidence s'expliquerait de manière logique par le fait que Roy Baker et Agatha Christie auraient puisé, trente ans à l'avance, l'information touchant à l'existence future de Corinne – et à la mienne – et se seraient servis de cet imaginaire cosmique pour écrire le film et la nouvelle, exposant, de manière analogue sinon identique – parce que leur propre subjectivité intervient dans l'exploitation qu'ils peuvent faire de cette connaissance objective – des événements de l'existence à venir.

Si l'on comprend bien cela, on voit aussitôt la distance qui sépare l'inconscient ***pansémiotique*** ou le surréel des conceptions antérieures que Freud, Jung, Reich et Lacan ont pu s'en faire.

Dans un univers pansémiotique, le film de Hitchcock, *Soupçons*, le film de Roy Baker, *Troublez-moi ce soir*, la nouvelle d'Agatha Christie, le dialogue qui me fait dire "Il n'y a pas ***péril en la demeure***", tout devient signe, chargé d'une signification cachée, dont l'inconscient l'a chargé, afin de se faire saisir de la conscience et de lui signifier le destin même du cosmos. C'est pourquoi nous disons que la réalité et l'inconscient sont pansémiotiques. Ce terme, formé du mot ***sémiotique*** – qui signifie ***théorie générale des signes*** – et du préfixe grec ***pan – tout*** – signifie la ***théorie selon laquelle tout, dans le cosmos, est signe.***

La pansémiotique montre donc que le réel est le mode matériel concret d'expression de l'inconscient dialectique et pansémiotique et que cet inconscient ne saurait en aucune manière être réduit ni à l'inconscient freudien et lacanien, produit subjectif du seul imaginaire individuel – fût-il "structuré comme un langage" –, ni à l'inconscient collectif chargé d'archétypes de Jung, ni à l'éther tout-puissant de Reich, bien qu'il intègre, en les dépassant, toutes ces conceptions.

Dans les années qui ont suivi, Corinne m'a semblé vivre à peu près normalement, faisant de la peinture. Elle a encore fait des poussées de délire mais il semble qu'elle soit mieux parvenue à les maîtriser. La bouffée délirante s'empare d'elle lorsqu'elle est en état d'excitation et disparaît lorsque cesse l'excitation.

Il est vrai qu'elle revient de loin et qu'elle n'a pas fait d'autre tentative de suicide. Ses amis, dont une neuropsychiatre, n'en reviennent pas. Il reste qu'elle n'a pas repris une existence vraiment adaptée au monde extérieur et qu'elle continue de vivre, sans équilibre véritable, entre le réel et le surréel. Pour y parvenir, il aurait fallu qu'elle poursuive la psychothérapie qu'elle a abandonnée et qu'elle puisse avoir une vie de couple. Mais non, elle s'est repliée sur elle-même et sur sa fille. En ce sens, sans être un échec total, le cas de Corinne n'est pas vraiment une réussite. Mais ce n'était pas un cas facile.

Le fond du problème tenait au choix qu'il lui fallait faire entre le monde de l'enfance et celui des adultes. Le monde de l'enfance est défini par trois caractéristiques : l'enfant y est entièrement pris en charge par les adultes ; il n'a pas à se soucier vraiment du réel et du principe de réalité qui s'oppose à ses désirs, raison pour laquelle il tape du pied quand on refuse de lui décrocher la lune ; il peut donc vivre essentiellement dans l'imaginaire et l'onirique, l'univers des fées, des génies ou de Goldorak. L'adulte, lui, est contraint par le principe de réalité à trouver un équilibre en son rêve – auquel il finit le plus souvent par renoncer – et la réalité à laquelle il lui faut s'adapter.

Entièrement prise en charge, sur le plan matériel, par la société, Corinne a cherché à se faire prendre entièrement en charge, sur le plan psychologique, par les autres – notamment par moi, au moyen du transfert, ce que je ne pouvais ni ne voulais faire. C'était, pour elle, le moyen de rester dans le monde de l'enfance et d'éluder le problème de la nécessaire adaptation au monde des adultes. Sans doute y avait-il, à ce choix, un certain confort. Mais l'enfant est le jouet du monde qui l'entoure, et d'abord de ses parents. Il ne maîtrise ni ceux-ci ni celui-là. Il y avait donc aussi, à cela, un certain inconfort : demeurer perpétuellement le jouet aussi bien du réel que du surréel qui l'entourent.

C'est ainsi qu'alors que, des années durant, j'avais pris la peine de tenter de lui expliquer, de manière rationnelle, les relations du réel et du surréel, se détournant de moi, parce qu'elle ne pouvait pas s'emparer de moi comme la fillette en jaune de son tableau s'empare de la poupée désarticulée qu'elle tient dans la main gauche, elle devait choisir, à ma grande irritation, de se tourner vers les Témoins de Jéovah – alors même que je la croyais tirée d'affaire. Entre la théorie logique des rapports du conscient et de l'inconscient, que je lui proposais et qui n'exclut nullement la "divinité", c'est-à-dire la conscience absolue comme terme même du monde, et le décret arbitraire d'un dieu, absurde parce qu'exclusivement subjectif et féerique, issu de l'enfantillage d'une religion primitive – et infantilisante comme toutes les religions –, elle choisissait le dieu de l'enfance, dont on est éternellement le jouet.

Sans doute cette volte-face visait-elle à me faire enrager – d'une certaine manière elle avait trouvé là le moyen enfantin de me "punir" de m'être dérobé à ce qu'elle attendait de moi. Naturellement, ce qui compliquait les choses, c'est que je n'étais pas alors vraiment un thérapeute, que l'on consulte comme un patient parmi d'autres, et que la relation amicale que nous entretenions présentait une ambiguïté plus facile à résoudre pour un praticien dans son cabinet – encore que le grand problème *irrésolu* de la psychanalyse soit la liquidation du transfert.

Mais il était clair qu'entre l'âge adulte et l'enfance, elle trouvait celle-ci plus confortable que celui-là. D'autant qu'elle n'avait guère de contact qu'avec sa propre fille, image impotente d'elle-même.

Etre adulte, c'est apprendre tant bien que mal à maîtriser, autant que possible, le monde qui nous entoure ou, en tout cas, notre rapport à ce monde. Mais, si le réel n'est bien qu'un système de signes par lequel le surréel – inconscient en tout cas à nos yeux – cherche à se faire saisir de la conscience, être adulte, c'est maîtriser la relation du réel au surréel dont nous sommes le siège, c'est-à-dire la relation de notre conscient à l'inconscient. Si l'inconscient ou le surréel est l'ordinateur de toute l'information mathématique possible du monde, si notre cerveau est le miroir autoréfléchissant de cette information et si, enfin, l'échange d'information entre notre conscience et l'inconscient est permanent, cela signifie que nous agissons sur la "pensée" de l'inconscient tout autant que cette "pensée" de l'inconscient agit sur nous qui la superstructurons.

Cela signifie donc que nous pouvons modeler l'inconscient et, partant, le destin autant que ce destin nous modèle nous-mêmes. Si donc comme l'affirmait Freud – *Wo es war, soll es werden*[1] –, le déterminisme de notre existence est absolu, il ne nous empêche nullement d'agir sur lui et, par conséquent, de déterminer nous-mêmes notre destin, sans nous contenter de le subir, ce qui est le propre de tout système cybernétique.

En d'autres termes, nous serions des pantins aux mains de l'inconscient mais des pantins qui tiendraient eux-mêmes, dans leurs mains, les inconscientes ficelles qui les font agir.

C'est cela, finalement, que je ne suis pas parvenu à faire comprendre à Corinne. Elle préférait, comme les enfants et les psychanalystes, fonctionner essentiellement sur son hémisphère droit, celui de la subjectivité, plutôt que de fonctionner aussi sur le gauche, celui de l'objectivité.

[1] Où ç'était, ça doit être.

DEUXIEME PARTIE

LE REVE ET L'HYPNOSE

XI

L'INTERPRÉTATION DES REVES

Nous croyons avoir démontré de manière suffisamment convaincante, au moyen du cas de Corinne, que l'inconscient ou, pour mieux dire, le surréel, loin de ne s'exprimer, dans le réel, qu'au moyen des rêves, des lapsus et des actes manqués, s'y exprime également au moyen de signes qu'il faut apprendre à lire.

Mieux, nous avons montré que l'inconscient ou, pour mieux dire, le surréel, loin de n'être qu'un imaginaire individuel – qu'on ne pourrait interpréter que par rapport à la subjectivité de l'individu – est, en vérité, le système *objectif* – donc *inconscient* – de l'information cosmique. Nous avons également montré que la matière n'est qu'une superstructure de cette information, consciente lorsqu'il s'agit de matière moléculaire dotée d'un cerveau.

Enfin, nous avons montré que l'inconscient, ou, pour mieux dire – afin de le distinguer de l'inconscient subjectif et réducteur des psychanalyses –, le surréel, était capable de produire *objectivement*, dans la vie de tous les jours, des signes chargés d'une signification cachée qu'on peut apprendre à déchiffrer.

C'est pourquoi nous disons que l'inconscient, dont nous parlons, est *l'inconscient pansémiotique,* en ce sens que, d'une part, tous les objets, les êtres et les événements du monde en sont le produit et que, d'autre part, tous les objets, les êtres et les événements de la vie quotidienne – comme de l'Histoire – sont des signes produits par l'interaction cybernétique réciproque de l'inconscient et de ces objets, de ces êtres et de ces événements.

C'est assez dire la distance qui sépare *l'analyse* de la psychologie des profondeurs ou psychanalyse de la *synthèse pansémiotique.*

Dès lors, le rêve n'est plus la seule "voie royale" qui conduise à la conscience de l'inconscient. Les signes de la pansémiotique en sont une autre. Nous y reviendrons à la fin de cet ouvrage.

Par ailleurs, c'est un fait que des psychothérapeutes de plus en plus nombreux – la grande majorité d'entre eux, semble-t-il – négligent d'interpréter les rêves de leurs patients. De surcroît, quand ils le font, ils se contentent d'une interprétation vague et floue, qui laisse subsister des zones d'ombre.

C'est pourquoi, avant d'aborder un cas de névrose, celui d'Alexandre, et de conclure, je voudrais, dans ce chapitre, donner un exemple d'interprétation de rêve, afin que le grand public ait une idée plus précise de la manière dont cela fonctionne.

Voici le rêve que me raconte Jacques B.

"Je suis sur une esplanade aux formes géométriques irrégulières. Il fait nuit. Il y a beaucoup d'immeubles. C'est dans un quartier populaire. Il y a pas mal de gens qui marchent. L'esplanade est éclairée, les fenêtres des immeubles aussi. Il y a beaucoup de lumière. Tout à coup un chat saute d'une fenêtre. J'entends une mère qui gronde son fils pour avoir jeté le chat par la fenêtre. Puis c'est un énorme berger allemand qui tombe depuis un balcon. Je le vois près de moi, la tête et une patte avant séparées du corps et baignant dans son sang. Les badauds accourent. Deux autres chiens sont précipités par les fenêtres. Je m'éloigne, dégoûté par le spectacle, en disant : "Qu'est-ce qu'ils ont, ces chiens ? Il y a comme un vent de folie !""

Freud a donné la clé de l'analyse des rêves dans *L'Interprétation des rêves*, ouvrage auquel le lecteur peut se reporter. Je n'y reviendrai pas ici. Je dirai simplement que, plus un rêve est étrange, plus il comporte d'images ou de faits insolites ou bizarres, plus il est chiffré et apparemment inexplicable, plus il est signifiant et, par conséquent, intéressant. C'est évidemment le cas du rêve de Jacques, qui est particulièrement étrange. Ce qui incite au rêve est toujours un événement récent – qui date le plus souvent de la veille – qui s'est produit dans la réalité.

En l'occurrence, la veille du rêve, Jacques est allé faire ses courses dans un supermarché de la place Félix-Eboué, sorte d'esplanade aux formes irrégulières. C'était jour de marché. Il y avait beaucoup de monde. Tel est donc l'événement de la réalité qui l'a incité au rêve.

Jacques précise qu'il a acheté des barquettes de viande, qui contenaient du sang – ce qui l'a dégoûté. En sortant, il avait aux mains les deux sacs en plastique garnis de ses emplettes. Tandis qu'il passait devant un café, son attention a été attirée par un superbe berger allemand allongé sur le trottoir. Une dame âgée lui a demandé de l'aider à traverser la rue, ce qu'il a fait – il en était tout heureux.

Soudain lui vient une autre idée. Depuis trois jours un stand de gibier a été installé au supermarché, il y a vu un lièvre dégoulinant de sang. Voici qu'il se rappelle qu'il y a, chez ses parents, à la campagne, trois bergers allemands ou plutôt deux – le troisième est mort d'un cancer. L'un des deux autres a été écrasé par une voiture, neuf ans plus tôt. On a manqué lui couper une patte arrière. Mais, finalement, le vétérinaire a préféré l'opérer. L'animal a conservé sa patte mais il souffre maintenant d'un cancer de l'articulation. Agé de douze ans, il ne vivra sans doute plus très longtemps.

Les associations d'idées, dont on voit clairement qu'elles sont bien liées aux événements du rêve, viennent spontanément, sans qu'on ait besoin de les solliciter. Jacques se rappelle alors qu'à la campagne sa mère tue parfois des poulets ou des lapins. Quand elle leur coupe la tête au tranchoir, il détourne les yeux pour ne pas voir sa mère dans ce rôle meurtrier.

Je l'interroge alors sur ses rapports avec sa mère.

Il me précise qu'il est homosexuel, que ses parents ignoraient son inversion et qu'à son retour du service militaire, quatre ans plus tôt, il s'est enfui de chez eux en jetant, par la fenêtre de sa chambre, ses affaires qu'il avait emballées dans deux sacs en plastique, semblables à ceux du supermarché. Après quoi il est sorti, les mains vides, comme pour aller faire une course.

En possession de tous ces éléments, nous pouvons maintenant interpréter ce rêve étrange qui est soudain parfaitement clair.

L'esplanade illuminée dans la nuit symbolise les rapports du conscient (la lumière) et de l'inconscient (l'obscurité). Le chat, animal sournois, évoque la manière sournoise par laquelle le rêveur s'est enfui de chez ses parents, emballant ses affaires dans deux sacs en plastique qu'il a jetés par la fenêtre. Les sacs du supermarché lui ont rappelé, dans les associations d'idées faites à propos du rêve, cet épisode de sa vie, vieux de quatre ans. C'est donc sa propre mère qui, dans le rêve, le gronde pour avoir jeté le chat, qui n'est autre que lui-même, par la fenêtre, ce qui rappelle l'épisode de la fuite.

L'altercation entre la mère et le fils du rêve symbolise le conflit qui existait entre sa mère et Jacques, conflit d'autant plus aigu, même s'il était latent, que, dans la réalité, le jeune homme s'est enfui en cachette, incapable qu'il était d'affronter sa mère qui, visiblement, le terrorisait.

Le berger allemand, tombé d'une fenêtre, comme le chat, rappelle les chiens de la maison familiale. Le sang dans lequel il baigne – et qui dégoûte Jacques aussi bien dans les barquettes de viande qu'à la campagne, chez sa mère – représente la blessure causée au rêveur par sa propre mère. La tête tranchée du chien, qui est, comme le chat jeté par la fenêtre, une autre représentation du rêveur, symbolise la terreur que sa mère inspirait à Jacques : elle était capable de violence et son fils fermait les yeux, quand il la voyait trancher la tête des lapins et des poulets.

La patte avant du chien, coupée dans le rêve, rappelle la patte arrière du chien, qui a manqué être coupée dans la réalité. L'inversion de la patte arrière à la patte avant symbolise l'inversion du fils qui a pour origine la blessure que lui a infligée sa mère et la terreur qu'elle lui inspirait. Mieux cette inversion indique encore que la patte avant du rêve symbolise le sexe de Jacques, inversé par l'homosexualité, c'est-à-dire un sexe coupé ou castré. Le chien, qui symbolise Jacques, baigne dans son sang comme les animaux tués à la ferme par sa mère.

Dans le rêve, Jacques fuit le spectacle en disant : "Il y a comme un vent de folie !" Ceci symbolise son refus de voir la réalité de ses rapports avec sa mère qui a causé sa fuite, laquelle avait bien un aspect dément, que le rêve lui représente.

Il est donc clair que tout ce qui frappe Jacques, dans la réalité qui l'entoure, ce sont des signes – le sang, les sacs en plastique, le berger allemand, la vieille dame – qui lui rappellent, à son insu, des événements capitaux de son existence qu'il n'a toujours pas dépassés et le conflit, toujours noué, qu'ils symbolisent. Nous sommes donc fondés à conclure – ce que n'a pas fait Freud – que, si le rêve est la voie royale qui mène à la connaissance de l'inconscient, c'est parce qu'il rassemble, dans un raccourci saisissant, les signes de la réalité, symboliques d'un conflit psychologique que la conscience tend à refouler – dans le réel, Jacques ignore et ne cherche pas à savoir pourquoi le sang de la barquette de viande le dégoûte, pourquoi le berger allemand lui paraît superbe et pourquoi il est tout heureux d'aider la vieille dame à traverser, il ne voit pas non plus la signification des sacs en plastique qui évoquent sa fuite –, et il les rassemble dans une mise en scène symbolique, étrange et même surréaliste qui est réalisée par l'inconscient, c'est-à-dire par le surréel, au sein d'une conscience endormie – ce qui lui facilite les choses – mais qui oppose encore des résistances à la prise de conscience du surréel, d'où la manière détournée, spiralée et subtile de la mise en scène.

Dans le rêve, deux forces antagonistes s'opposent : l'inconscient et le conscient. Si ces deux forces s'affrontent bille en tête, elles se bloquent et se neutralisent. Aucun progrès n'est plus possible. Elles sont donc contraintes à tourner, en spirale, l'une autour de l'autre, comme les masses chaudes et les masses froides d'un cyclone, ce qui leur permet littéralement de se visser l'une dans l'autre, comme deux ondes hélicoïdales et, par conséquent, de s'interpénétrer. Alors elles se synthétisent dans une mise en scène étrange, qu'il faut apprendre à déchiffrer, mais qui est d'autant plus signifiante qu'elle est plus étrange.

Il apparaît alors clairement que le rêve n'est bien qu'une synthèse des signes symboliques par lesquels le surréel se présente, dans le réel, à la conscience afin de se faire saisir d'elle. Et c'est là une démonstration supplémentaire de la nature pansémiotique de l'inconscient, de la réalité quotidienne et, finalement, du cosmos.

Quant au désir inconscient exprimé par le rêve, c'est celui de dépasser le conflit de l'enfance, qui oppose le fils à sa mère. Ce qui permet cette conclusion, c'est l'un des souvenirs que l'analyse du rêve a rappelés au rêveur : il a, la veille, aidé une vieille dame, symbole de la mère vieillissante, à traverser la rue et il en était tout heureux. Précisément parce que ce geste, qui était donc bien aussi une représentation pansémiotique de l'inconscient, symbolisait l'harmonie retrouvée entre la mère et le fils.

Pour finir ce bref chapitre, quelques mots à propos de l'hypnose.

C'est par l'hypnose que Freud devait être conduit à la découverte de l'inconscient – psychanalytique –. Il avait été l'élève, à la Salpétrière, de Charcot qui traitait l'hystérie par l'hypnose. L'idée que cette technique était une évidente voie d'accès à l'inconscient devait s'imposer à lui et c'est sous hypnose qu'il devait conduire ses premières analyses. Mais, s'étant bientôt aperçu que les résultats qu'il obtenait ainsi n'étaient pas stables, il devait finir par renoncer à l'hypnose et par pratiquer ses cures à l'état d'éveil, laissant au patient la liberté de ses associations d'idées – pratique qui lui avait d'ailleurs été imposée par une cliente.

Curieusement, l'hypnose, récemment remise à la mode par certains analystes, comme feu le Dr Chertok, connaît actuellement un regain de popularité chez de nombreux praticiens.

C'est avec raison que Freud l'avait abandonnée comme moyen de conduite de l'analyse. Le patient, en effet, conserve mieux en mémoire les découvertes qu'il fait éveillé. Mais peut-être ne fallait-il pas l'exclure absolument. L'hypnose, en effet, peut être utilisée efficacement dans trois cas précis : elle peut aider à retrouver un souvenir ou une explication quand l'analyse éveillée n'y parvient pas ; elle peut servir de tranquillisant ; enfin elle peut guérir certaines maladies d'origine nerveuse quand la médecine classique n'y parvient pas.

En voici trois exemples.

Un vendredi de juin, un étudiant de mes patients me téléphone, bouleversé, en pleine dépression. "Mes examens commencent lundi, me dit-il. Dans l'état d'angoisse où je me trouve, je vais tout rater !" Il est presque en larmes. Je le fais venir sur le champ et lui fais une séance d'hypnose d'une heure, au cours de laquelle je le tranquillise et l'assure qu'il réussira ses examens sans difficultés. Après la séance, il est parfaitement détendu, toute angoisse dissoute. Plus de nouvelles de lui quand, trois semaines plus tard, il me téléphone, enchanté. Il a réussi tous ses examens sans exception.

Quatre mois durant, j'ai eu en cure une jeune fille de dix-neuf ans qui souffrait de dépression et de spasmophilie depuis six ans. Elle faisait régulièrement trois crises par semaine. Aucune médecine, aucun traitement n'en était venu à bout. Après trois mois d'analyse, la dépression avait disparu. Seule persistait la spasmophilie, dont les crises étaient pourtant moins fréquentes. Je lui propose de lui faire des séances d'hypnose. Elle accepte. Au bout de trois séances, la spasmophilie avait disparu.

Enfin, un autre de mes patients, un jeune homme, auquel j'avais demandé de m'indiquer les noms de héros, de lieux et les titres d'ouvrages ou de films qui l'avaient frappé depuis l'enfance, me cite *Vingt mille lieues sous les mers*.

"Pourquoi cet ouvrage vous a-t-il frappé ?
– Je ne sais pas.
– L'avez-vous lu ?
– Non.
– Avez-vous vu le film ?
– Non.
– Savez-vous de quoi il retourne ?
– Non."

Impossible de lui faire découvrir la raison pour laquelle ce titre l'a frappé ! Je décide de le mettre sous hypnose et de l'interroger. Et là, il découvre spontanément la raison qui lui échappait à l'état d'éveil : ce titre le frappe parce qu'il symbolise "son propre écrasement sous sa mère qui l'étouffe" !

Telles sont les raisons pour lesquelles j'utilise, le cas échéant, l'hypnose, non pas pour l'analyse même mais en complément, soit pour tranquilliser le patient, soit pour lui permettre de retrouver un souvenir particulier, soit comme curatif dans le cas de maladies somatiques d'origine évidemment nerveuse.

TROISIEME PARTIE

LES YEUX D'OEDIPE

XII

Le chandail pue l'ovaire

Voici maintenant le cas d'Alexandre, qui a été réglé en moins de huit mois. Alexandre souffrait d'une névrose. Son cas me paraît également exemplaire, en ce sens qu'il montre, par son dénouement, que l'invisible danger, que le patient imagine et qui se trouve, dans l'inconscient, à la source de son angoisse, peut parfaitement prendre corps et se réaliser, de façon dramatique, dans le réel, à moins d'en avoir pris conscience auparavant et de l'avoir conjuré.

Et ceci prouve l'existence physique objective de l'inconscient – le tissu ondulatoire de l'espace-temps qui est toute l'information mathématique possible du monde –, qu'on ne saurait nier, comme Jean-Pierre Changeux, et qu'on ne saurait pas davantage réduire à "un imaginaire individuel", comme l'a fait Freud, sous peine de passer pour un esprit d'un autre âge, du XIXe, alors que la fin du XXe siècle est celle de la mise en évidence de l'inconscient en tant qu'ordinateur objectif de toute l'information cosmique.

Le 17 décembre 1985, le "walkman" sur les oreilles, débarque chez moi un garçon de vingt ans, pâle et blond, yeux bleus inquiets, intimidé.

"Ma vie est au point mort. Un ami m'a donné votre adresse. Je désire entreprendre une psychothérapie."

Enfoncé dans le fauteuil, les genoux à hauteur des yeux, se triturant les cheveux, comme pour se masquer le visage, Alexandre suinte la névrose et le "mal dans sa peau". Il a des envies de suicide.

"Voilà, je suis homosexuel. J'assume mal mon homosexualité. Ma première expérience avec un garçon date d'il y a quelques semaines. Décevante. La mort, la peur de la maladie et de la vieillesse m'angoissent. Le soir, je ne parviens pas à m'endormir. Je reste des heures à pleurer, seul ou au téléphone. Dans le métro, je suis totalement coincé, paralysé, sans oser bouger ni regarder les gens. J'ai l'impression qu'ils me fixent, tous, et devinent mon homosexualité. Je suis pâtissier dans une entreprise de restauration industrielle. La cuisine me dégoûte. Je voudrais faire de la gestion mais je n'ose pas aller voir le chef du personnel. Mes parents, qui sont plutôt de gauche, n'acceptent pas l'homosexualité. "Chez moi, pas de flics, pas de curés, pas de pédés !" dit ma mère. La seule expérience sexuelle que j'ai eu avec une fille s'est soldée par un échec. J'étais impuissant. Je voudrais devenir bissexuel, fonder un foyer, avoir des enfants. Si j'étais bissexuel, il me semble que mes parents accepteraient mieux mon homosexualité. Mais, bien sûr, je ne leur en ai jamais parlé !"

Il choisit, lui-même, de venir me voir le mercredi après-midi.

Le seul souvenir qu'Alexandre ait de son enfance – un désert sans histoire ! – c'est qu'à quatre reprises, entre quatre et huit ans, il a perdu, le 1er mai, pour la fête du Travail et du muguet, au cours d'une promenade en forêt, un pull-over tricoté par sa mère. Surprenante et énigmatique répétition d'un acte manqué !

Nous en découvrons vite la raison. Etouffé par la protection excessive, infantilisante et castratrice de sa mère – symbolisée par le pull-over en plein mois de mai – Alexandre la rejette – perte volontaire quoique inconsciente du chandail – à l'occasion de la fête du Travail, en cueillant le ***muguet*** qui symbolise la ***mue du gai***, qu'il aimerait accomplir pour pénétrer dans le monde des adultes – symbolisé par la forêt où, dans les contes de fée, seul se risque le chasseur adulte et armé pour se défendre.

Cet acte manqué répétitif semble indiquer – au contraire de ce que croit vouloir Alexandre – non pas le désir de devenir bissexuel pour faire plaisir à sa mère mais plutôt celui de se débarrasser d'elle – elle inhibe son action aussi bien vis-à-vis des filles que des garçons – pour faire sa mue et vivre, gai, son homosexualité.

Pour lui, le chandail ***pue l'ovaire***. Sur quoi le jeune homme fait un rêve. Seul au volant d'une automobile – symbole de la puissance paternelle –, la colonne de direction entre les jambes, il voit un camarade de travail, plutôt viril, le visage mangé d'une courte barbe, s'approcher de lui, une seringue – symbole du sexe masculin avec son dard et son réservoir – à la main et, par la glace ouverte, lui "piquer les yeux". Mimique répulsive d'Alexandre qui a horreur des seringues et des aiguilles. Il se rend compte aussitôt qu'il a fait le rêve d'Oedipe et se rappelle qu'au lycée la pièce de Sophocle l'avait frappé. Il avait vu dans les rapports d'Oedipe et de sa mère comme une image de ceux qu'il entretenait avec sa propre mère "qui le couvait".

Il est assez surpris de constater que ses rêves aussi bien que ses souvenirs sont tous une représentation symbolique de ses rapports avec sa mère omniprésente et son père, aussi régulièrement absent dans ses rêves que dans la réalité.

Mieux, il perd ou il oublie régulièrement, depuis peu, sa carte orange – symbole et réalité de son identité dans les transports en commun, où elle est bel et bien anéantie par le regard culpabilisant des autres, prolongement du regard de sa mère et de sa famille. Il lui semble en effet que, soupçonnant son homosexualité, les autres devinent que ses "transports" (amoureux) ne sont pas ceux supposés du "commun". D'où le sentiment de perte, d'aliénation de son identité qu'il se représente inconsciemment par la perte répétée de sa carte de transport en commun. L'objet devient un *signe.*

Le simple fait d'en avoir pris conscience – le fait aussi que je me suis employé à lui montrer que l'homosexualité était une structure fondamentale et universelle de l'inconscient, au même titre que l'hétérosexualité – aboutit, au bout de deux mois de cure (deux heures d'affilée par semaine), à la suppression progressive mais cependant totale de son angoisse dans le métro et dans l'autobus. Il supporte également mieux son milieu professionnel. Dans le même temps, il semble prendre davantage de distance avec ses parents. Ainsi passe-t-il parfois le week-end à Paris au lieu de rallier systématiquement la maison familiale, en province, au bord de la mer, comme naguère. Il est aussi plus détendu au cours de nos entretiens. Il a abaissé la garde de ses genoux et triture moins souvent ses boucles blondes. Les progrès sont nets, évidents, rapides.

Au bout de quatre mois, il avoue :

"Au début, ça allait très mal, quand j'arrivais chez vous mais je me sentais mieux en sortant, pendant un jour ou deux. Ensuite pendant deux ou trois jours et, maintenant, toute la semaine. J'avais du mal à trouver votre bouton sur l'interphone. Maintenant, je le trouve tout de suite. Et mon image, que je voyais dans la porte vitrée et qui me faisait horreur, finit par me plaire.

– Et votre angoisse de la mort ?
– C'est fini.
– Vous ne pleurez plus seul, le soir ?
– Oh non !"

Il se sent mieux dans son milieu professionnel, notamment parce qu'il a compris que les perpétuelles plaisanteries sur l'homosexualité, qui y ont cours, ne révèlent que l'inconscient homosexuel de ses collègues. Il a fini par aller voir le chef du personnel, qui, charmant, lui a promis la première place vacante à la gestion. Il a répondu à des annonces dans une revue homosexuelle et fait deux ou trois connaissances. Si son angoisse de la mort a disparu, c'est parce que la pansémiotique, fondée sur la cosmogonie de la Relativité absolue, montre que le cosmos est soumis à l'éternel retour et que la pensée – constituée de systèmes d'ondes (physiques dans l'espace-temps, électriques dans le cerveau) est impérissable. L'idée que la conscience s'anéantit avec la disparition du corps biologique n'est qu'une illusion anthropocentrique – la plus scandaleuse de la science, qui n'en savait strictement rien, il faut bien le dire – sans aucun rapport avec la réalité physique et neurophysiologique. *La conscience est immortelle* et Alexandre s'en est convaincu grâce à la théorie que je lui ai exposée.

Quant à son désir de devenir bissexuel – pour plaire à sa mère et se faire mieux accepter des siens – il s'est dilué à mesure même qu'il mettait de la distance entre sa famille et lui. Mieux, ayant bien assimilé la théorie des signes, il pratique lui-même la pansémiotique dans sa vie de tous les jours. "Je comprends mieux le monde et je commence à le dominer, alors que, jusqu'ici, j'étais entièrement dominé par lui." Bref, Alexandre n'est plus étouffé par le milieu. Il respire. Son action n'est plus inhibée.

Il me raconte quelques rêves significatifs, qui représentent systématiquement son problème et que nous interprétons sans difficultés.

Enfin, au bout de six mois – alors que je sens la cure approcher de son terme, dans le délai qui me semblait raisonnable –, il a cessé d'égarer sa carte orange d'identité. En revanche, ce qu'il perd désormais, ce sont ses clés, qu'il a attachées à un énorme porte-clé en mousse... orange ! Précaution qui lui a permis de le retrouver, même dans le sable de la plage.

Le signe est clair. En affirmant son homosexualité –"transport", dit-on, peu "commun"–, il a cessé de perdre son identité, symbolisée par la couleur orange (dans *Ma Moitié d'orange*, Jean-Louis Bory dévoilait et affirmait son homosexualité). Mais il l'a accrochée à ses clés qui, par cette couleur symbolique, sont devenues celles de son identité. Il les perd encore parfois, notamment *chaque fois* qu'il passe le week-end chez ses parents. Mais, grâce à la mousse orange, il les retrouve. Bref, il tient en mains les clés de sa personnalité.

Il me raconte alors un rêve étrange.

Il se trouve dans une sorte de grange. Çà et là, des groupes de jeunes gens sont assis par terre. C'est alors qu'une panthère noire fait irruption et terrorise tout le monde. Elle a déjà dévoré deux ou trois personnes. Pris de panique, Alexandre se réfugie dans une pièce, au premier étage, où des jeunes écoutent de la musique. Mais une femme, d'allure un peu masculine et qui a les traits de la femme censeur de son ancien lycée, les oblige à partir. La panthère est toujours là. Alexandre se réfugie dans les combles, parmi les poutres qui le contraignent à se contorsionner. C'est alors qu'en bas des "flics" font irruption, dégainent leurs pistolets et lui tirent dessus. Fin du rêve.

L'incitation au rêve se trouve dans les événements de la journée précédente. Qu'a-t-il fait la veille ?

Il était chez ses parents.

"Il y avait de la famille. Après le déjeuner, ma mère a décidé qu'on irait à la plage. Elle a chassé tout le monde dans le jardin. Puis elle a fait trois voyages en voiture pour nous conduire à la plage. En y allant, elle a dit qu'il fallait qu'elle aille acheter un pantalon dans un magasin : "La Panthère rose". A la plage, tout le monde était assis par petits groupes dans le sable.

- C'est tout ?
- Oui."

Nous interprétons. La panthère noire qui terrorise tout le monde représente la mère autoritaire – qui porte le pantalon et veut aller en acheter un à "La Panthère rose". La grange symbolise donc la maison familiale, où, d'ailleurs, Alexandre se réfugiait dans sa chambre, au premier étage, pour écouter de la musique. La couleur rose rappelle l'homosexualité du fils castré par une mère masculine.

La femme-censeur du rêve – celle du lycée où il a appris l'histoire d'Oedipe – est encore une représentation de la mère et de la censure que la conscience exerce sur l'inconscient. Elle chasse Alexandre de la pièce fermée – symbole de la matrice féminine – où il s'est réfugié : masculine, elle le contraint donc à se détourner des femmes.

Puis c'est la panthère, maintenant, qui le contraint à se réfugier dans le toit – symbole d'autant plus phallique qu'il est fait de poutres, donc de troncs d'arbre, qui évoquent le sexe masculin et, par conséquent, l'homosexualité du jeune homme. Ces poutres l'obligent à se contorsionner, symbole des détours qu'il est contraint de prendre avec sa famille pour lui cacher son homosexualité. Apparaissent alors les "flics" qui symbolisent la loi, l'interdit et rappellent l'étonnant formule de la mère : "Chez moi, pas de flics, pas de curés", ce qu'on peut comprendre, mais aussi "Pas de pédés !", ce qui est plus étrange, à moins qu'inconsciemment la mère ne perçoive l'homosexualité réelle de son fils, dont elle est la cause, et celle, latente, de son mari. Ils dégainent leurs pistolets – symbole du sexe masculin – et tirent sur Alexandre.

Tout est clair. Pas une ombre dans l'interprétation du rêve, pas un détail qui n'ait sa signification.

Pour les vacances, Alexandre a résolu – pour la première fois de sa vie – de ne pas partir avec ses parents. Il ira seul, en camping, dans le Midi. Comme il cherche une tente, un de ses cousins s'esclaffe finement : "Vous entendez, Alex cherche une tente !" comme si l'homosexualité du jeune homme était le secret de Polichinelle, l'invisible vérité du conte d'Andersen – *Le Roi est nu*. Comme si, en fait, tout le monde la connaissait, alors que personne ne veut la voir, que tout le monde feint de l'ignorer.

En vérité, Alexandre en a trouvé deux. Outre celle du camping, il a fait la connaissance d'un garçon de son âge, avec lequel – amoureux – il est allé habiter, quittant le domicile de son oncle et de tante.

Au cours de notre dernière entrevue, avant les vacances, lui revient un autre souvenir d'enfance.

"J'étais nul en maths. Comme ça désespérait ma mère, elle me donnait des cours, le mercredi après-midi. Mais je n'y comprenais rien. Alors elle faisait des crises d'hystérie et se mettait à pleurer. Et je me mettais à pleurer avec elle.

– Et vous attendez aujourd'hui pour me dire ça !
– Ça vient tout juste de me revenir.
– Alors vous voyez la signification de ce souvenir ?
– Non.
– Qu'est-ce que c'est, les mathématiques ?
– L'instrument de la logique.
– Et la logique, c'est plutôt féminin ou plutôt masculin?
– Plutôt masculin.
– Oui, par opposition à l'intuition qui est plutôt féminine. Donc les mathématiques sont un instrument plutôt symbolique de la virilité non ?
– Oui.
– Et qu'est-ce qui désespérait votre mère ?
– Que je ne puisse pas m'en servir.
– Exact ! Comme si elle percevait, dans votre inaptitude aux maths, quoi donc ?
– Un manque de virilité.
– Et, ces cours, elle vous les donnait quand ?
– Le mercredi après-midi.
– Et, ici, qu'est-ce que je vous enseigne ?
– La théorie des signes.

– C'est-à-dire l'instrument d'analyse logique de l'inconscient. Or vous venez ici quel jour ?

– Le mercredi après-midi, dit-il en souriant, affalé dans son fauteuil, bras ballants, jambes écartées.

– Qui a choisi ce jour ?

– Moi, dit-il.

– Eh oui, vous voyez que, pour l'inconscient, *le hasard est la née cécité*. Vous avez choisi inconsciemment de reproduire le même jour, avec un homme, cette fois, le cours de logique et, symboliquement, de virilité que votre mère cherchait en vain à vous enseigner autrefois.

– Oui, mais, cette fois, je comprends.

– En outre, la première chose que vous m'ayez racontée – l'histoire du pull-over – était bien la représentation symbolique du problème – le conflit de l'enfance – que vous aviez à résoudre. Vous avez profité de votre entrée dans le monde du travail pour vous débarrasser de la protection inhibante de votre mère et vous muer en gai. Et le jeu de mots sur muguet, qui vous faisait tiquer, comme l'autre – *le chandail pue l'ovaire* –, n'était pas un hasard."

En septembre, Alexandre est revenu me voir pour me dire que tous ses problèmes étaient réglés – en vérité, *tous les problèmes* ne sont jamais réglés, ce qui supposerait d'avoir la conscience absolue – et qu'il cessait la psychothérapie. Laquelle avait duré sept mois et demi – une très brève durée par rapport aux psychothérapies traditionnelles qui durent trois, cinq, dix, quinze ans !

Il avait résolu son problème immédiat et retrouvé la forme parce qu'il en avait touché le fond. Non pas au moyen de coups de sonde aléatoires mais au moyen d'une analyse pratiquement complète, grâce à la théorie totale des signes – la pansémiotique.

Tout au début, il s'inquiétait de savoir en quoi l'interprétation d'un acte manqué, d'un rêve ou des signes du quotidien pouvait lui rendre le goût de vivre. Je lui expliquais que tout problème, quel qu'il soit, comporte en son énoncé même, sa solution. Sous une seule condition : que l'énoncé soit complet. Ce qui revient à boucler la solution du conflit sur son commencement.

Or – on le voit – la méthode pansémiotique ne consiste pas à donner des coups de sonde, à éclairer tel ou tel épisode, comme les autres psychothérapies, dans lesquelles subsistent beaucoup de zones d'ombre. Elle consiste à poser l'énoncé complet du problème – il se trouvait déjà dans l'épisode du chandail et du muguet , qui indiquait le besoin qu'avait le fils de s'affranchir de la tutelle maternelle –, dès les premières séances. Les dernières séances – en l'occurrence l'épisode de la leçon de mathématiques, qui révélait le fond du problème : la castration du fils par la mère – devaient ramener aux premières, comme la fin bouclée sur le commencement.

Ce qui s'est produit, puisque la leçon de mathématiques nous a ramenés à la séance de psychothérapie du mercredi, par laquelle Alexandre, pour vivre et vaincre son inhibition, devait se débarrasser de l'emprise de sa mère et, jetant le pull-over, vivre sa mue en gai.

Dès lors le problème, entièrement énoncé, était conscient et, de ce fait, résolu. Alexandre n'avait plus qu'à faire un choix. Ce qu'il a fait. La boucle de la psychothérapie était bouclée.

Il faut souligner que la décision finale du sujet était différente de son désir initial. Je ne l'ai pas influencée. Je me suis contenté, d'une part, de banaliser l'homosexualité (mieux vaut vivre gai avec les garçons qu'impuissant avec les filles), d'autre part, de souligner en souriant que l'aveu à sa mère le libérerait plus complètement et qu'enfin, comme il vaut toujours mieux avoir deux cordes à son arc, s'il avait l'occasion de le bander aussi avec les filles, ce ne serait pas plus mal.

Alexandre s'est contenté de me regarder en souriant. Après tout, l'objectif essentiel – supprimer l'angoisse et l'inhibition de l'action – était atteint.

En vérité, il ne l'était pas entièrement.

L'origine d'un déséquilibre psychique, tel qu'une névrose – qui se traduit par une mauvaise "respiration" de l'influx nerveux : la dépression –, se trouve dans un conflit qui oppose l'inconscient à la conscience (laquelle refoule le désir inconscient, qui, cependant, s'exprime dans le rêve, dans les actes manqués et surtout, sous formes de signes, dans les événements ordinaires du quotidien). C'est le verrouillage du conflit refoulé qui provoque la dépression, dans le cas des névroses, la rupture avec le réel, le délire et la dissolution du moi, dans le cas des psychoses.

Tant que ce verrouillage n'est pas totalement déverrouillé, le sujet court un danger imaginaire mais que l'inconscient peut réaliser.

Alexandre s'était refusé à avouer la vérité à ses parents. Mais, comme il avait quitté l'appartement de son oncle, force lui avait été de dire qu'il vivait ailleurs, "chez une amie". Il avait cependant refusé de donner son adresse et son téléphone et même de "la" présenter à ses parents. Et pour cause ! Il se refusait même à l'emmener chez ceux de ses amis qu'il avait mis au fait de son homosexualité, par crainte de la révéler à ceux qui l'ignoraient.

Or, le lendemain de son anniversaire, il me téléphone.

"Alexandre ! Comment ça va ?

– Jusqu'à hier ça allait bien. Mais hier c'était mon anniversaire. J'étais invité chez Catherine mais je n'ai pas voulu y emmener mon ami, Pierre. Je craignais qu'on ne devine nos relations.

– Mais c'est absurde ! Et alors ?

– Pendant que j'allais chez Catherine, Pierre était allé m'acheter un cadeau d'anniversaire. Il roulait en moto, à 120 km/h, à 17 h 30, quand une voiture l'a renversé.

– Pas possible !

– Si, il est à l'hôpital. Il n'a eu qu'une blessure superficielle à la jambe, mais il a eu la peau arrachée. Il faudra lui faire une greffe.

– Ah ! C'est un signe, un avertissement, cette affaire. Voyez, aussi longtemps que vous continuerez de porter un masque, de refouler votre véritable identité, à vos parents, à vos amis, vous vous exposerez à un danger de cette nature. D'autant que je ne crois pas que l'accident de Pierre soit un hasard. Il y a un aspect suicidaire dans cet accident. Comme si Pierre, par là, prenait acte du fait qu'en refusant de l'emmener avec vous vous niez son existence, le jour même de votre anniversaire, symbole de la naissance de votre identité. D'où cet acte heureusement manqué, mais qui est tout de même un acte de mort par lequel, inconsciemment, il proteste.

– Mais ce que vous me dites me culpabilise encore davantage.

– Vous vous êtes culpabilisé tout seul. Il faut que vous mettiez les choses au clair vis-à-vis de votre entourage – ceux en tous cas avec qui vous avez des relations. C'est le seul moyen de vous libérer et d'écarter tout danger.

– Je vais en parler à mes parents. Pas tout de suite mais je vais le faire.

– Tant mieux.

– Vous savez, il y a autre chose.

– Quoi donc ?

– Hier, à 17 h 30, au moment où Pierre avait son accident, j'ai manqué blesser un automobiliste qui descendait de voiture, Porte Maillot. L'aile de ma voiture l'a touché... à la jambe."

Si Alexandre avait encore des doutes sur l'existence objective et le pouvoir de l'inconscient *pansémiotique*, cette étrange coïncidence, ce signe du destin les avait levés.

QUATRIEME PARTIE

RÉEL ET SURRÉEL OU LE NOUVEAU MONDE

XIII

La question du suicide

Les deux cas que nous avons exposés posent la question du suicide. Toutes les névroses et les dépressions de l'énergie nerveuse qu'elles entraînent la posent également.

Dans *Le Mythe de Sisyphe*, Albert Camus déclare qu'il n'y a qu'un problème philosophique sérieux : le suicide et que la plus pressante des questions à laquelle il faut répondre est de savoir "si la vie vaut ou non la peine d'être vécue". C'est en effet parce qu'on a soudain l'impression que la vie ne vaut plus la peine d'être vécue qu'on se suicide, de manière brutale, en se jetant sous un train ou dans le vide, en avalant des barbituriques, ou de manière lente, par la drogue, le cancer ou d'autres maladies. Que la question du suicide soit la plus pressante, c'est l'évidence, quand on constate l'effrayant développement, dans le monde moderne, de la drogue, des cancers et des suicides brutaux, notamment des adolescents auxquels on n'a pas pu démontrer que la vie valait la peine d'être vécue.

Mais alors qu'est-ce qui fait que la vie vaut ou non la peine d'être vécue ? C'est, nous semble-t-il, le fait qu'elle ait un *sens* ou qu'elle n'en ait pas – ou plus. On se suicide, en effet, parce qu'on s'aperçoit, un beau jour ou, de préférence, un jour de pluie, tout horizon bouché, que la vie n'a soudain plus de sens. C'est d'ailleurs là la cause véritable et fondamentale de toutes les névroses et de toutes les dépressions nerveuses.

C'est que, le cerveau étant un système logique, personne ne s'intéresse vraiment à ce qui n'a pas de sens, même s'il s'agit de sa propre vie. On dit que l'espoir fait vivre. C'est vrai : l'espoir fait vivre parce qu'il est lié à un but, qui donne un sens à l'existence, vers lequel on tend et qu'on espère atteindre. Sans ce but, il ne reste que le désespoir qui est une bonne raison de mourir et sans doute même la seule.

Le but, qui est un projet, implique le sens, qui est un trajet, et par là-même donne au sujet son objet. Mais le sens n'existe que s'il y a une logique qui relie le sujet à son objet. Cette logique, parce qu'elle relie le sujet à l'objet qu'il doit atteindre et qu'elle implique donc un projet et le trajet de son accomplissement, c'est la *syntaxe*, c'est-à-dire l 'ordre et l'arrangement des choses entre elles. Syntaxe qui est celle de la dialectique du sujet et de l'objet, du projet et du trajet, dégagée par Bruno Duval et géométrisée par le modèle de la Relativité absolue.

Il n'y a donc pas d'espoir sans logique, parce qu'alors il n'y a pas de sens. Et c'est pourquoi on se suicide.

La question du suicide se ramène donc à celle des rapports du ***sens*** et du ***non-sens*** – ou de ***l'absurde.***

A un sens ce qui est ***logique***, c'est-à-dire tout événement qui se produit, sous la ***pression*** de la ***nécessité,*** comme ***un rapport de cause à effet.***

Par exemple : la canicule les déshydratant, les hommes (sujets) ont soif (objet) ; de ce fait, ils gagnent des points d'eau (trajet) où ils se désaltèrent (projet). Les quatre propositions s'enchaînent logiquement les unes aux autres : parce qu'elle déshydrate, la canicule (cause) crée la soif (effet), c'est-à-dire un ***besoin*** qui engendre, chez l'homme (sujet) un ***projet*** : la quête de l'eau qui étanche la soif (objet) – observons que le projet naît d'un besoin ; quant à l'eau, elle étanche la soif parce qu'elle réhydrate. Il n'y a là rien que de logique et l'ensemble à un sens, lequel est fonction d'un besoin, la soif, et d'un projet qui en découle, boire.

La seule proposition qui fasse question, c'est de savoir pourquoi il y a canicule mais on sent bien que celle-ci aussi a une explication logique : l'alternance des saisons due à la gravitation. Bref, l'enchaînement des événements se produit bien sous la ***pression de la nécessité***, laquelle n'est rien d'autre que la logique des rapports de cause à effet qui régit les mouvements de la matière et de l'énergie (sauf, paraît-il, au niveau des particules de la microphysique!) : ***le déterminisme.*** C'est ce même déterminisme de la logique qui régit le mouvement des mathématiques (la succession des équations) et de la syntaxe (la succession des mots dans la phrase).

Le ***déterminisme*** est donc ***ce qui fait sens.***

Or, comme par hasard, jamais les maladies mentales et les suicides n'ont été plus nombreux que depuis que les physiciens quantiques prétendent que le mouvement des particules microphysiques est ***indéterministe***, ce qui revient à dire qu'elles se promènent dans l'espace ***sans aucune pression de la nécessité.*** Les particules de la microphysique, qui se promènent dans les ondes de l'espace qu'elles font vibrer – comme les impulsions électriques de l'influx nerveux se propagent le long des nerfs et des synapses qu'elles font vibrer – et qui produisent, de ce fait, toute la nervosité ondulatoire cosmique, seraient-elles alors le jouet des dépressions indéterministes du hasard ?

N'a pas de sens ce qui est *illogique*, donc *absurde*, c'est-à-dire tout événement qui se produit sous *la dépression du hasard*, comme un *effet sans cause.*

Eh oui, si la nécessité est pression, le hasard ne peut être que dépression. Le hasard absolu, c'est, par définition même, le Vide infini. Or, le Vide infini, c'est, par définition même, la dépression absolue de l'espace infini, c'est-à-dire l'inertie absolue, qui est l'absence absolue de toute matière, de toute énergie, de toute substance spatiale et même temporelle, bref le néant infini, auquel aspire, pour détendre les spires du stress qui bloquent sa re-spiration, le candidat à la drogue et au suicide !

S'il se produit un événement quelconque, dans le Vide infini – l'apparition d'un corpuscule d'éther, d'une ou de plusieurs particules, d'une étoile, du cosmos (les physiciens quantiques prétendent qu'il vient de là !) ou de Mélusine –, ce ne peut être que par hasard absolu, puisque ce sera en l'absence absolue de toute pression de la nécessité, c'est-à-dire de la logique déterministe. L'événement ne répondra pas à un projet, ni à un besoin. Il sera le produit absolument accidentel, aléatoire de l'indéterminisme absolu. Il n'aura aucun sens.

L'*indéterminisme* est donc l'*absence* de besoin, *de projet et, partant, de sens.*

Or, comme par hasard, si j'ose dire, on se suicide – ou on se drogue ou on fait un cancer, voire un sida —, en général, parce que, la vie ayant perdu son sens, on se trouve précisément en état de *dépression aiguë* – comme Corinne et comme Alexandre –, sans aucune énergie et sans aucun projet, c'est-à-dire en phase d'*inertie*, devant une vie apparemment *vide.*

La question du suicide se ramène donc à celle des rapports du logique et de l'absurde, qui se ramène elle-même à celle des rapports du déterminisme et de l'indéterminisme ou, si l'on préfère, de la nécessité et du hasard. Or cette dernière question se ramène elle-même aux rapports de *la dépression* et de *la pression* ou, pour être plus précis, de *l'inertie* et de *l'énergie* – la dépression nerveuse est, en fait, une perte de l'*énergie* nerveuse qui laisse le sujet en proie à l'*inertie* du vide –, c'est-à-dire, en fait, du *non-sens* et du *sens.*

Il n'y a là rien que de logique : l'énergie, entraînant un mouvement, a bien un sens, même si celui-ci n'est qu'une direction dans l'espace ; l'inertie, immobile, n'en a pas.

Nous voici donc face à *la question du sens* – question psychologique et philosophique dont on voit qu'elle est en rapport étroit avec la *question physique des rapports de l'énergie et de l'inertie.*

Si donc Albert Camus avait raison d'affirmer que la plus pressante des questions est celle du suicide, il avait tort d'ajouter que Galilée avait bien fait de ne pas se suicider en continuant d'affirmer que c'est la Terre qui tourne autour du soleil et non l'inverse, car – écrivait-il – "cela est profondément indifférent. Pour tout dire, c'est une question futile" ! On voit en effet que cette question de la gravitation, qu'il considérait comme futile, est précisément celle des rapports de l'énergie et de l'inertie dont nous venons de montrer qu'elle est intimement liée à la question du suicide. C'était d'ailleurs une gageure, de la part d'Albert Camus, que de prétendre traiter du mythe de Sisyphe, qui est le plus pesant des mythes de la pesanteur, en excluant d'emblée de son ouvrage la question – "futile" – de la gravitation, qui pose précisément le problème de la pesanteur. Il semble que le prix Nobel, faute d'apercevoir le paradoxe, ait traité la question du suicide avec quelque légèreté.

Quant à la question du sens, la mort d'Albert Camus m'apparaît lourde de signification. Il est mort, en effet, le 4 janvier 1960, à 13 h 55, dans la *Facel-Vega* de son éditeur, Gallimard, qui venait de heurter un platane sur la route de *Sens* à *Paris.* Il tournait le dos à Sens... que l'automobile venait de quitter et on devait retrouver dans la poche de son imperméable le billet, inutilisé, du train qui était *censé* le ramener sain et sauf dans la capitale, plutôt que de le faire mourir de manière apparemment *insensée* sur la route de Paris à Sens. Car ce train l'y aurait en effet ramené si, préférant les chemins hasardeux de la liberté automobile, Camus n'avait pas renoncé, au dernier moment, aux voies déterminées par la contrainte de la Société Nationale des Chemins de Fer français.

La liberté suppose en effet l'indéterminisme et l'absence de destin. La contrainte, au contraire, suppose le déterminisme et l'existence du destin. Et l'étrange est qu'Albert Camus ait *délibérément* choisi de se rendre au rendez-vous que, peu après Sens, lui avait fixé le destin que, tout au long du *Mythe de Sisyphe,* il avait nié. Comme si, par sa mort même et l'ironie macabre du billet de train inutilisé, il apportait, malgré lui, *inconsciemment,* le démenti de son oeuvre.

Le mythe de Sisyphe est l'archétype même de la vie qui n'a pas de sens. Parce qu'il aurait dérobé le secret des dieux – qui est, bien évidemment, celui de la vie éternelle – Sisyphe est en effet condamné par eux à rouler éternellement, au sommet d'une montagne, un énorme rocher qui, sitôt hissé, redégringole de sa propre masse au fond de l'abîme des Enfers, d'où il faut le remonter. Si le rocher redégringole, c'est bien évidemment parce que Sisyphe, *épuisant* à mesure de l'ascension *son énergie*, en atteint le degré zéro, c'est-à-dire le *point d'inertie* au sommet même de la montagne.

Sinon il lui suffirait de caler le rocher, du pied, avec le minimum d'énergie. Mais, ce minimum d'énergie, il ne l'a plus et le voici en proie à l'inertie : il roule en même temps que son rocher, comme s'ils ne faisaient qu'un. Et pourtant, paradoxalement, il dispose d'une énergie infinie, puisque le supplice recommence inlassablement, comme si sa chute le régénérait...

Quel supplice plus affreux peut-on imaginer que ce perpétuel et inutile effort auquel le héros est condamné pour l'éternité ? Valéry disait que cet effort n'était pas inutile : Sisyphe se faisait les muscles. Mais, si fort que soit le goût du culturisme, l'évidence est là : le sens même de la vie du héros, du fond de l'abîme au sommet de la montagne, sitôt atteint, est inversé et nié : le rocher redégringole. Aucun espoir ne lui est laissé, en dehors de l'ascension éternelle, éternellement suivie de la chute. Le héros ne peut même pas se suicider puisqu'il est immortel comme un dieu !

Analysant ce mythe, qui est celui de l'absurdité totale – la vie de Sisyphe n'a aucun sens – et de l'absolu désespoir, Albert Camus, oubliant que Sisyphe était immortel et que la mort même ne mettrait jamais fin au supplice, y voyait une symbolique de la vie humaine – l'absence même de sens qui, durant la majeure partie du XXe siècle, a dominé la pensée humaine, dans la philosophie, dans l'art, dans la littérature, dans un certain cinéma et jusque dans la politique qui n'a abouti qu'à deux guerres mondiales, à la menace du suicide nucléaire collectif, à la division de la planète par des murailles, à Berlin, en Chine et à Jérusalem et, aujourd'hui, à l'anéantissement de toute foi et de toute idéologie en même temps, toutefois, qu'à la chute du mur de Berlin.

Son ouvrage, qui était le constat de l'absurdité de l'existence, Camus le concluait, paradoxalement, par ces lignes – que Jacques Monod, mort d'un cancer, et qui concluait, lui, à la solitude absolue de l'homme, apparu par *absolu hasard* "dans l'immensité indifférente de l'univers", a mises en exergue de son essai, *Le Hasard et la Nécessité* :

"A l'instant subtil où l'homme se retourne sur sa vie, Sisyphe, revenant vers son rocher, contemple cette suite d'actions sans lien qui devient son destin, créé par lui, uni sous le regard de sa mémoire et bientôt scellé par sa mort (sic). Ainsi, persuadé de l'origine tout humaine de tout ce qui est humain, aveugle qui désire voir et qui sait que la nuit n'a pas de fin, il est toujours en marche, le rocher roule encore. Je laisse Sisyphe au bas de la montagne ! On retrouve toujours son fardeau. Mais Sisyphe enseigne la fidélité supérieure qui nie les dieux et soulève les rochers. Lui aussi (comme Oedipe) juge que tout est bien. Cet univers désormais sans maître ne lui paraît ni stérile ni futile. Chacun des grains de cette pierre, chaque éclat minéral de cette montagne pleine de nuit, à lui seul, forme un monde. La lutte elle-même vers les sommets suffit à remplir un coeur d'homme. Il faut imaginer Sisyphe heureux."

On a bien lu : la vie humaine est absurde, elle n'a pas plus de sens que celle de Sisyphe, qui consiste à voir aussitôt défait le travail accompli ; malgré cela, "parce que la lutte vers les sommets suffit à remplir un coeur d'homme", "il faut imaginer Sisyphe heureux" ! A moins que le héros n'ait été alpiniste, on ne voit pas bien pourquoi. La logique du raisonnement nous échappe. Et les centaines de millions, pour ne pas dire les milliards de déprimés, qui existent sur la planète et qui, tous, ont un comportement plus ou moins suicidaire et qui souvent même aboutit au suicide individuel ou au suicide collectif qu'est la guerre, ne confirment guère cette conclusion surprenante d'optimisme insensé.

C'est pourquoi la mort d'Albert Camus, le dos à Sens et face au destin, qui avait, ce jour-là, pris la forme d'un platane, me paraît exemplaire.

N'est-il pas surprenant, en effet, que, dans un univers selon lui sans orientation, le tout récent adaptateur du *Chevalier d'Olmedo*, de LOPE de VEGA, ait tourné le dos à Sens, dans une FACEL-VEGA, dont le seul nom semblait vouloir le remettre FACE à ELLE, VEGA, qui fut, il y a treize mille ans, l'étoile polaire[1], c'est-à-dire l'astre du sens et de l'orientation, et qui devrait – si le cosmos matériel existe encore – le redevenir dans treize mille ans ! A dire vrai, cette mort ne me paraît pas seulement exemplaire. Elle semble comme un signe.

Mais, ce signe, d'où vient-il ?
Toute la question est là.

A cause de la saisissante et macabre ironie du billet de train, on incline, bien sûr, à penser qu'il s'agit d'un signe du destin, c'est-à-dire d'un déterminisme absolu et inéluctable qui gouvernerait le cosmos et tout ce qu'il contient : la nécessité. Mais, d'une part, si c'était le cas, on ne voit pas très bien comment un déterminisme aussi implacable pourrait faire

[1] On observera que LOPE DE VEGA, par interpolation des lettres de Lope peut se lire POLE DE VEGA.

place à l'ironie macabre du billet de train. D'autre part, si le destin est cette implacable nécessité, sans partage, dont le déterminisme nous priverait de tout choix et de toute liberté, pourquoi diable a-t-il laissé à Camus le choix de venir librement à sa rencontre, en ***automobile* – *qui se meut par soi-même*** –, comme par hasard peu après Sens ?

L'humour – certes noir – qui entoure cette mort donne à penser que les choses sont un petit peu plus compliquées et que le déterminisme, si inéluctable puisse-t-il être au plan global du cosmos, ménage tout de même des zones de relative liberté.

"Ce qui vient après la mort est futile", avait imprudemment écrit Camus. Or voici que sa mort même pose, avec bien plus de force que son oeuvre, le problème même du sens de la vie qu'il niait. Celui de l'orientation que la topographie résout par rapport à la nouvelle Vega – l'Etoile polaire.

Camus se trouvait, en effet, dans son château de Lourmarin, près d'Aix-en-Provence, le 4 janvier 1960. Il avait résolu de rentrer à Paris par le chemin de fer. La visite impromptue de son éditeur, Michel Gallimard, qui rentrait dans la capitale en voiture, devait, au dernier moment, le faire changer d'avis et opter pour la mort, comme par un inconscient suicide – et comme pour susciter, trente ans plus tard, une réflexion qu'à ma connaissance personne, jusqu'ici, n'avait faite mais qui est bien l'objet de ce chapitre.

Cette mort, en apparence aussi absurde que celle du chevalier d'Olmedo, assassiné au détour d'un chemin par un jaloux, est un signe. Un signe, semblable à ceux que nous avons vus dans le cas de Corinne et dans celui d'Alexandre, de la nature pansémiotique du cosmos et des rapports du conscient et de l'inconscient, c'est-à-dire de l'information dont nous sommes conscients et qui constitue ce que nous appelons le réel et de l'information mathématique cosmique dont nous sommes inconscients et qui est ***l'envers du réel*** ou le ***surréel***, puisqu'elle constitue l'océan des vibrations ou des fonctions d'ondes électromagnétiques dans lesquelles baignent le réel et nous-mêmes.

La question qui vient immédiatement à l'esprit est la suivante : Albert Camus pouvait-il échapper au déterminisme du destin qu'il niait et qui a pourtant conduit à la mort, sur la route de Sens à Paris, celui qui n'avait pas fait le pari sur le sens de la vie ?

La réponse, si paradoxale qu'elle paraisse, est oui et la preuve en est l'ironie macabre du billet de chemin de fer retrouvé dans la poche de l'imperméable. Camus aurait pu échapper au destin, s'il avait cru aux signes que le destin manifeste à l'intention de la conscience, comme une information qui permet à celle-ci de choisir, parmi les diverses voies qui s'offrent, celle qu'elle veut emprunter, en fonction de son projet, même si toutes ces voies sont, en fin de compte, déterministes. Car alors il aurait pu faire l'analyse de l'ensemble des signes de son ultime voyage, telle que nous venons de la faire et repousser l'offre mortelle de Gallimard.

Mais, pour cela, il lui aurait fallu croire au destin et aux signes, c'est-à-dire aux rapports du conscient et de l'inconscient.

Sur le plan technique, l'explication de notre réponse est simple.

Toute l'information qui sert au cerveau humain à élaborer sa pensée vient de l'espace-temps, c'est-à-dire de l'ordinateur, entièrement déterministe, de toutes les fonctions d'ondes possibles du monde. Ces vibrations ou fonctions d'ondes sont, nous l'avons dit, reconstituées par l'intermédiaire des synapses, sous forme de vibrations d'ondes électriques, dans la surface de nos cellules nerveuses, où elles deviennent les images et la pensée conscientes, individualisées par la subjectivité propre à chaque sujet. Mais, à mesure même qu'elle se forme, dans la couche électrique de nos cellules nerveuses, notre pensée s'imprime, sous forme de vibrations, dans les ondes électromagnétiques de l'espace-temps, qui nous traversent tous azimuts. Si bien que, sitôt formées, dans *l'ordinateur autoréfléchissant de fonctions d'ondes électriques* qu'est notre cerveau, notre pensée retourne s'imprimer dans *l'ordinateur cosmique des fonctions d'ondes électromagnétiques* qu'est l'espace-temps.

Cet ordinateur cosmique, que nous pouvons maintenant appeler *l'Esprit*, puisque nous y puisons toute l'information qui constitue notre conscience, donc notre âme, prend donc aussitôt une connaissance *objective* de notre pensée *subjective* et cette connaissance agit sur l'ordinateur cosmique, qu'elle informe, puisqu'elle complexifie encore davantage les vibrations de ses ondes qu'elle superstructure.

Mais, cette superstructure complexifiée de la pensée cosmique peut revenir aussitôt à notre conscience, si nous sollicitons la mémoire de l'ordinateur cosmique, ce que nous faisons, comme M. Jourdain de la prose, *chaque fois que nous réfléchissons* – et rien d'autre que ce double échange *cybernétique* d'information entre l'inconscient et le conscient et entre le conscient et l'inconscient ne peut expliquer que *la pensée progresse* !

De surcroît, l'information superstructurée de l'ordinateur cosmique se traduit également dans le réel sous forme de signes. C'est pourquoi non seulement nous superstructurons nous-mêmes, sans le savoir, notre destin mais encore le destin ne cesse pas de nous informer de ce qu'il nous réserve. Si bien que nous avons le pouvoir inconscient d'agir sur notre propre destin et, par conséquent, de le modifier. D'où l'image que nous avons employée d'un pantin suspendu à des ficelles qu'il tient lui-même entre ses mains.

C'est ce double échange cybernétique et permanent d'information entre le conscient et l'inconscient qui, seul peut expliquer *logiquement* ou *rationnellement* les ahurissantes coïncidences de signes que nous avons observées dans le cas de Corinne. Laquelle parlait avec raison d'un "complot ourdi contre elle" et qui "la manipulait" mais en refusant de comprendre et de voir que ce complot était ourdi *conjointement* par l'inconscient et par elle-même, qui interagissait avec l'inconscient et les instruments inconscients du réel dont il se servait.

Naturellement, la tentation était trop forte de renoncer à la logique – c'est-à-dire à la loi même du cosmos, qui est toute la Mathématique possible du monde, laquelle est l'instrument même de la logique – pour se réfugier dans la féerie, imaginant que les gens de la télévision la voyaient à travers l'écran et programmaient les coïncidences, ou dans le mysticisme le plus vulgaire, se faisant faire un brin de conduite par les Témoins de Jéhovah !

C'était encore la voie enfantine de la facilité, le recours à Mélusine ou à Dieu, dans son aspect anthropomorphique le plus trivial et le plus révoltant, celui de la subjectivité absolue qui n'est soumise à aucune loi, pas même à la loi suprême, la loi absolue, de laquelle découlent toutes les autres : LA LOGIQUE. Or Dieu lui-même est soumis, comme nous-mêmes, à la logique, parce qu'il est la Logique et que, s'y soumettant, il ne se soumet qu'à lui-même.

Sans la logique, aucun sens n'est plus possible et, si rien n'a de sens, à quoi bon poursuive les sciences et la philosophie, à quoi bon même vivre ? Sans logique, c'est-à-dire sans enchaînement de cause à effet, donc sans déterminisme – mais un déterminisme sur lequel nous pouvons agir –, il ne reste que le hasard, c'est-à-dire l'absurde total, bref le Vide infini auquel il convient au plus vite de retourner.

C'est là, nous semble-t-il, ce que le destin nous signifiait en écrasant sur un platane, sur la route de Sens à Paris, celui qui n'avait pas fait le pari sur le sens de la vie.

XIV

Vers la théorie cosmique des rapports du conscient et de l'inconscient

A la lumière de ce qui précède, nous pouvons considérer comme acquis que le cosmos est bien de nature pansémiotique. C'est-à-dire qu'il constitue le système de signes par lesquels le surréel, à l'origine inconscient, cherche à se faire comprendre de la conscience, à travers le réel, afin de prendre l'absolue conscience de lui-même.

Le cerveau humain – ordinateur autoréfléchissant – apparaît alors clairement comme le miroir que le cosmos – ordinateur spatio-temporel de toute l'information mathématique et cosmique – a progressivement construit, en interaction avec les précurseurs de l'homme et avec l'homme lui-même, pour se comprendre intégralement lui-même.

Dès lors, le sens même du monde et de son évolution est clair et défini par un projet, un trajet, un objet, un sujet et un verbe.

Le projet est constitué par la substance même du cosmos – dès son apparition –, c'est-à-dire par la *quantité potentiellement infinie* de l'information mathématique (l'ensemble *infini* des vibrations ou fonctions des ondes électromagnétiques). Cette information, du fait même qu'elle est *quantitativement infinie*, constitue, en puissance, la *connaissance infinie* et, par conséquent, *la conscience absolue*. Mais, *qualitativement voisine de zéro*, elle est, à l'origine, presque absolument inconsciente. Elle constitue donc *l'inconscient quasiment absolu*, tant qu'elle ne s'est pas superstructurée jusqu'à produire un *réflecteur conscient et autoréfléchissant, le cerveau*, capable de la réfléchir consciemment.

Le projet, incarné par la substance inconsciente du cosmos, est donc, à l'origine, *inconscient* et, par conséquent, *objectif*. Mais il est bien la prise de conscience absolue de l'inconscient par le conscient. L'émergence même – au bout de douze milliards d'années d'évolution – de la conscience et la connaissance que l'homme – en moins de cinq millénaires sur douze milliards d'années – a acquise du monde le prouvent. A moins, bien sûr, d'être aveugle à l'évidence, c'est-à-dire absolument inconscient, donc absolument objectif – inconscience revendiquée, en toute naïveté, jusqu'à ces dernières années, par la science, qui a pourtant fini par se rendre compte que l'observation absolument objective des phénomènes n'était qu'un leurre.

Le trajet est l'évolution même, dans le temps, de l'espace inconscient à l'espace-temps conscient. L'objet est le cosmos, initialement inconscient, qui a pour objectif – à l'origine inconscient – d'atteindre à l'absolue conscience au terme même de son évolution. Quant au sujet, c'est la conscience finale absolue, qui s'est saisie de son propre complément : l'objet même, initialement inconscient, du cosmos finalement devenu absolument conscient et, de ce fait, absolument subjectif.

Bref, la conversion, comme le souhaitait Paul Valéry, de la mathématique en poésie !

Le verbe, c'est-à-dire l'action, c'est la dynamique même de l'énergie cosmique. Et là se pose un problème. On nous dit en effet que cette énergie initiale, concentrée, si l'on en croit le traitement rigoureux des équations d'Einstein par Robertson et Walker, dans un point mathématique, c'est-à-dire un ***point de néant*** – de dimensions nulles –, serait entrée en expansion, il y a quelque douze milliards d'années : le "Big Bang". Le cosmos et nous-mêmes serions donc le produit de cette formidable expansion. Formidable en effet, puisque le point mathématique initial a fini par former une sphère d'énergie et de matière de 24 milliards d'années-lumière de diamètre, au sein de laquelle évoluent mille milliards de galaxies, contenant chacune cent milliards de soleils semblables au nôtre, et, selon toute vraisemblance, des milliards de systèmes solaires identiques au nôtre.

On voit dans le rapport de ces dimensions astronomiques que le monde serait donc noué, comme l' ombilic de l'énergie finie – le noeud de Gordios – entre le Zéro et l'Infini... Ombilic qui est déjà celui d'Oedipe, puisque, comme Oedipe, le monde et nous-mêmes sommes inconscients de notre origine cosmique.

On nous dit encore qu'au cours de cette expansion du rayonnement ondulatoire de l'énergie originelle se sont formés successivement des particules, des atomes, des étoiles, des systèmes solaires – comme le nôtre – et des galaxies.

On nous dit cela, d'une part, parce que ces objets existent et, d'autre part, parce qu'on nous prend pour des imbéciles.

En effet, un rayonnement d'ondes en expansion ne peut en effet rien faire d'autre que rayonner des ondes en ligne droite, voire courbée, aussi longtemps que ces ondes conservent leur énergie. Il ne peut en aucun cas *former quoi que ce soit* s'il ne rencontre pas d'obstacle, d'écran, de barrage, de verrou qui le bloque, le retourne sur lui-même et le *réfléchisse*, de manière *dialectique*, rayonnement *réfléchi* au sein du rayonnement *incident*, comme *l'antithèse* au sein de la *thèse*. Alors – et alors seulement – la *coïncidence* des deux énergies *dialectiquement contraires* – mais néanmoins complémentaires, parce qu'elles sont le miroir l'une de l'autre – peut aboutir à une *synthèse* : la formation d'une superstructure qui pourrait être celle des particules atomiques.

Mais, de tout cela, les physiciens ne pipent mot. Cette logique élémentaire, ils semblent l'ignorer. Or la seule façon dont le rayonnement des ondes de l'énergie initiale ait pu se *réfléchir* lui-même, c'est de former, par lui-même, le moyen de sa propre *réflexion physique* : un réflecteur!

Et la seule façon dont un rayonnement d'ondes en expansion peut se réfléchir lui-même, afin de se superstructurer en une substance matérielle, c'est qu'à mesure que les ondes s'éloignent du foyer d'énergie qui les rayonne, elles refroidissent, deviennent *inertes* et bientôt *cristallisent* en un miroir hermétiquement clos : le réflecteur!

Si cela se produit, alors, la température de l'intérieur du cosmos va se conserver et alors – et alors seulement – les ondes rayonnées par le foyer de l'Univers – principe et réalité *phalliques* – vont être réfléchies par le miroir, l'Anti-univers – principe et réalité *matriciels*. Alors – et alors seulement –, le cosmos étant le modèle même de la sexualité – phallus d'énergie coïtant avec une matrice d'inertie, le "moule" mais pas encore la moule –, l'énergie incidente et l'énergie réfléchie, par l'inertie, vont pouvoir se superstructurer et former toutes sortes d'objets de plus en plus complexes, de la particule à la galaxie, de la molécule d'ADN (qui est une cristal, donc un miroir!) jusqu'à l'homme. Homme, dont le cerveau et tout le corps, faits de structures cristallines, seront le miroir réfléchissant et le réflecteur du miroir cosmique et de tout ce qu'il contient.

Alors on a une *dialectique de l'énergie et de l'inertie*, c'est-à-dire du feu et de la glace – sa cristallisation –, sans laquelle il ne saurait y avoir la moindre réflexion, ni physique, ni psychique – la réflexion psychique n'étant qu'une superstructure complexe de la réflexion physique.

Telle est la seule et unique façon logique et *nécessairement dialectique*, dont un rayonnement en expansion puisse fabriquer non seulement de la matière mais encore une matière bio-atomique *nécessai-*

rement cristalline et, de ce seul fait, *réfléchissante*. Sans cette cristallisation du cosmos, il ne saurait y avoir de structure cristalline ni de molécules ni d'hommes dans le cosmos. Mieux, sans cette cristallisation – qui ne consiste qu'à fabriquer un miroir, par le simple et naturel refroidissement des ondes –, il ne saurait y avoir de mémoire dans le monde!

Pourquoi?

Mais tout simplement parce que le rayonnement en expansion n'est que de l'espace et du *temps* en expansion. Or, si ce temps ne se retourne pas sur lui-même et ne se réfléchit donc pas, il est incapable de revenir sur lui-même et de se remémorer quoi que ce soit. Si le cosmos n'est qu'incident, il exclut la réflexion et, de ce seul fait, il exclut absolument la mémoire.

Or il y a des cristaux, des miroirs et de la mémoire dans le monde. Les physiciens, apparemment, l'ignorent. Et l'on voit bien, dans le récit des deux psychothérapies que nous avons fait, que tout le problème, pour dénouer les conflits qui paralysent l'action, consiste à déverrouiller les "noeuds" du cerveau pour convertir l'inertie d' une pensée figée, et verrouillée, qui paralyse la mémoire et l'action – le verbe – en un double mouvement d'énergie – l'énergie incidente qui parcourt le trajet du passé vers le futur et l'énergie réfléchie qui parcourt le trajet du futur vers le passé – afin de prendre conscience de l'inconscient, donc de comprendre tout ce qui s'est passé et de s'en libérer.

Le cosmos n'est alors pas simplement "structuré comme un langage", selon la célèbre formule de Lacan. *Il est le langage* – tout le *logos* possible du monde – défini par une grammaire, dont le modèle est la physique même de l'énergie pourtant métaphysique de l'inconscient. Ou, pour mieux dire, du *surréel*. A savoir le rayonnement incident du foyer, qui nécessairement refroidit, à mesure même qu'il s'en éloigne, cristallise en un miroir d'inertie objective (laquelle n'est que de l'énergie cristallisée), et, dès lors, réfléchit le rayonnement incident.

Le foyer d'énergie incidente est alors le sujet qui va vers son objet : sa propre cristallisation en objet – l'énergie cristallisée en inertie –, qui le réfléchit et, de ce fait, lui permet de se "voir", donc de se réfléchir.

Sans cette réflexion physique initiale – dont la réflexion psychique ne sera qu'une superstructure –, rien, répétons-le avec force, ne peut logiquement expliquer qu'il y ait non seulement de la réflexion mais encore de la matière dans le cosmos. Sans cette cristallisation de l'énergie, qui verrouille le cosmos, le rayonnement originel ne peut que poursuivre son expansion, à l'infini, sans rien produire. Absolument rien!

C'est cette grammaire physique – qui est la dialectique thermodynamique de l'énergie (subjective) et de son inversion : l'inertie (cristalline et objective) – qui constitue le modèle de la grammaire verbale et qui régit le rapport pansémiotique même des signes entre l'objet inconscient, qui les symbolise, et le sujet conscient qui les réfléchit. Et ceci aussi bien dans le langage verbal que dans l'analyse pansémiotique des signes qui vise à la synthèse du subjectif (thèse) et de l'objectif (antithèse).

Tout ceci nous conduit logiquement à redéfinir l'aliénation et, partant, les troubles psychologiques et les maladies mentales.

L'aliénation, c'est – nous l'avons dit – le fait d'être rendu autre que soi-même par la perte de tout ou partie de soi. Faute d'être absolument conscient de soi-même, du monde qui l'entoure et dont il est tout à la fois le produit et le producteur, l'homme est nécessairement aliéné. Il est incapable d'avoir présente à l'esprit, en un seul instant du temps, ne serait-ce que la mémoire entière d'un seul mois de sa vie.

Sa mémoire, partie essentielle de son être, lui est donc, en permanence, ôtée – elle fuit son cerveau. Et c'est heureux sinon, entièrement encombrées par les ondes, immobilisées et fixées, des images de son passé, ses cellules nerveuses ne pourraient plus en connaître de nouvelles ni même penser. Elle lui est donc aliénée comme sa pensée consciente, qui s'imprime sitôt formée, dans les ondes de l'espace : l'inconscient collectif qui l'emporte et qu'il lui faut solliciter pour se la remémorer. Il est donc évident que, pour être absolument désaliéné, il faudrait posséder la connaissance et la conscience absolues, ce qui reviendrait à rendre la totalité de l'inconscient conscient.

La conscience absolue, qui consiste donc à prendre conscience de tout l'inconscient, est l'une des caractéristiques essentielles que l'on prête à Dieu. Nous sommes donc fondés à conclure que Dieu est, par définition même, la prise de conscience absolue de l'inconscient, laquelle est le projet même du cosmos. Le projet du cosmos est donc bien d'atteindre à Dieu ou, pour mieux dire, à la *conscience absolue.*

Ce terme nous paraît, en effet, bien préférable à celui de Dieu, dans la mesure où il n'implique aucune idée de religion, c'est-à-dire de morale sociale, d'esprit de paroisse, d'anathème, de fanatisation, de soumission à un clergé, de fragmentation du monde et de division des hommes, chaque religion prétendant, bien évidemment, être la seule à détenir la parole même de Dieu.

Il se trouve que le cosmos est le processus même de la désaliénation, c'est-à-dire de la prise de conscience de l'inconscient. Il se trouve aussi que rendre l'inconscient conscient est l'objet même de la psychothérapie, en général, et des psychanalyses en particulier.

Cela signifie-t-il que la psychanalyse, dont nous avons vu qu'elle avait tout l'aspect d'une religion, est la quête même de la divinité ou de la conscience absolue et que, par conséquent, l'inconscient serait l'Esprit même de la conscience absolue ?

Si l'on en croit Freud, la réponse est non. L'inconscient, selon lui, ne serait, en effet, que le lieu d'où émaneraient les pulsions fondamentales de vie et de mort et où seraient refoulés les désirs coupables et interdits de l'enfance.

En revanche, si l'on en croit Jung, la réponse pourrait bien être oui. Pour Jung, en effet, l'inconscient est chargé d'archétypes, c'est-à-dire de structures fondamentales préformées du psychisme, parmi lesquelles le concept et l'image de Dieu ; de ce fait, l'inconscient est collectif et il tend à incarner dans la personne du thérapeute – divinisé par le patient – l'image même de dieu.

Si l'on en croit Reich, enfin, la réponse pourrait être positive à condition de remplacer le concept de Dieu par celui de *l'éther*. En effet, chez Reich, la divinité ou, en tout cas, la toute-puissance n'est pas le Dieu subjectif des Eglises mais l'éther (l'énergie d'orgone), force objective de la nature mais qui a cependant toutes les caractéristiques de la divinité, hormis la subjectivité et la nature métaphysique.

L'éther est en effet de nature physique, il emplirait tout l'espace, vibrerait sous l'action de la lumière et pourrait constituer les "éons" des gnostiques, c'est-à-dire les puissances éternelles émanées de l'Etre suprême et par lesquelles s'exerce son action sur le monde. Observons, au passage, que l'éther, formellement récusé par Einstein – l'expérience de Michelson et Morley, ayant montré que la lumière se propageait à la même vitesse, tous azimuts, autour de la source lumineuse, semblait infirmer l'existence de l'éther, en tout cas de l'éther en tant que gelée –, semble faire un retour en force, depuis les années quatre-vingts, notamment avec cette fameuse "énergie du vide" ou énergie de masse quasiment nulle que supposent les modèles inflatoires du cosmos.

En vérité, l'idée fondamentale des psychanalyses – freudienne, jungienne, reichienne et lacanienne –, qui constituent, en dépit de leurs divergences, les divers étages d'une même construction, est la même que celle des religions.

Pour les religions – en particulier judéo-chrétiennes –, il s'agit de connaître la volonté d'un être tout-puissant, Dieu, dont on ne sait rien, hormis qu'il a fait connaître sa volonté en illuminant les prophètes au moyen d'un mystérieux intermédiaire, le Saint-Esprit, sorte de sas spirituel qui peut aussi bien communiquer avec l'homme qu'avec Dieu lui-même.

Dieu apparaît tout à la fois comme l'essence absolue dont procède l'essence relative de l'homme. Lequel est soumis à deux tentations ou deux impulsions contradictoires, que lui inspirent l'ange blanc, émanation divine, et l'ange noir, émanation diabolique. Dieu est tout à la fois le contraire et l'envers abstrait de l'homme : il est le principe de l'unité quand l'homme est celui de la division, il est absolument conscient quand l'homme est relativement inconscient ; sa nature est surréelle et abstraite quand celle de l'homme est réelle et concrète.

Il est en outre censé être le créateur de l'homme et du monde. Sa volonté, supposée morale parce que, collective, elle vise à réunir, donc à socialiser (mais en s'incarnant dans le monde n'a-t-elle pas tendu, tout au contraire, à diviser, donc à individualiser et à diaboliser ?) et sa nature éternelle, qui implique l'immortalité, sont nécessairement opposées à la volonté de l'homme, immorale parce qu'individualisée elle tend à diviser, donc à désocialiser, et à sa nature mortelle, qui implique la mort (la vie n'a pas de but plus évident que de mourir et il faut tuer la vie des uns pour nourrir celle des autres).

Cet antagonisme est la source de tous les conflits qui, opposant l'homme à Dieu, se résolvent soit par l'abandon des tentations matérielles et individuelles qui rapprocherait la personnalité de l'homme de celle de Dieu, soit par l'abandon des inclinations spirituelles et collectives qui rapprocherait la personnalité de l'homme de celle du Diable, ou encore se superstructurent par une combinaison des tendances antagonistes.

Le modèle du dépassement et, par conséquent, de la divinisation de l'homme, qui consiste, pour l'homme inconscient, à prendre la conscience même de Dieu, est tout naturellement celui de Jésus, c'est-à-dire de l'incarnation même de Dieu dans l'homme, qui devient alors le symbole de l'inconscient devenu absolument conscient.

Notons, à cet égard, que les Juifs, qui ont bien compris la nature cosmique de l'événement – la prise de conscience absolue du monde par lui-même –, récusent Jésus, en tant que *fil* de Dieu, et attendent toujours le Messie annonciateur de l'événement apocalyptique. Quant aux chrétiens, qui ont bien compris la nature également humaine de l'événement – pour se fondre, Dieu et l'homme doivent nécessairement participer de la même essence –, il leur fallait un signe immédiat de cette incarnation du divin dans l'humain, déjà établie dans la Genèse, à travers Adam. Ils l'ont donc rétablie avec Jésus.

Or, si l'homme, comme la création, n'est que la matérialisation de l'essence même de Dieu, sa ***diabolisation*** – le ***symbole*** même de ***l'unité divine*** se divise dans l'ensemble des ***diaboles*** (***dia*** signifie ***diviser*** et c'est le sens même du mot ***Diable***) de la création –, c'est un fait que tout objet du monde et, par conséquent, Jésus lui-même, est un fragment de la divinité, mais, bien sûr, pas la totalité de la divinité à lui seul.

Théoriquement, pour les religions, l'homme doit exécuter la volonté – supposée morale – de Dieu afin d'avoir un comportement adapté à la socialisation qui est une forme humaine de la tendance à l'unité divine. Mais, en pratique, il doit satisfaire aux exigences contradictoires de la volonté – morale – de Dieu, de la réalité qui, le plus souvent, s'y oppose, et du modèle héroïque des saints et des prêtres. Pour y parvenir, il lui faut connaître la volonté divine par l'intermédiaire des ministres de Dieu, les prophètes et les prêtres, sorte de médiums, qui la connaissent parce qu'ils se sont voués à la connaissance du créateur et qu'ils sont donc inspirés par l'Esprit saint.

Pour les psychanalyses, il s'agit de connaître les désirs d'un objet, également tout-puissant – puisqu'il est le détenteur des pulsions mêmes qui animent l'homme –, l'inconscient, dont on ne sait rien, hormis qu'il a fait connaître les éléments de sa nature en éclairant les pères de la psychanalyse (et même ceux d'entre eux que Freud qualifiait de prophètes), au moyen d'un mystérieux intermédiaire, le préconscient et le rêve, sorte de sas intellectuel entre l'inconscient et le conscient.

L'inconscient apparaît tout à la fois comme l'essence – relative chez Freud et Lacan mais absolue chez Jung et sans doute aussi chez Reich – dont procède la conscience relative de l'homme, soumis à deux pulsions contradictoires, celle de vie et celle de mort, que lui inspirent la libido, chez Freud, l'énergie cosmique, chez Jung, et l'éther, chez Reich.

Il est tout à la fois le contraire et l'envers de l'homme : il est le principe de l'unité (il contient, pour Freud, l'ensemble fusionné des pulsions contraires et des désirs coupables et refoulés de l'enfance; il contient pour Jung, l'ensemble des archétypes du psychisme et l'image même de Dieu; il contient pour Reich, la toute-puissance de l'éther ; notons enfin que Lacan ouvre la voie à l'idée qu'il pourrait être le Verbe puisqu'il est "structuré comme un langage"), quand l'homme en est la division ; il est absolument inconscient quand l'homme est relativement conscient.

Sa nature est, pour Freud, sous-réelle (il aimerait bien localiser l'inconscient dans le cerveau). Pour Jung, elle est surréelle, pour Reich, elle est éthérique, pour Lacan, elle est verbale.

Il est en outre censé être le créateur de l'homme puisque les pulsions qui l'animent existent déjà, nécessairement, au niveau des ADN (dont Freud, et peut-être même Reich et Jung, n'avait pas connaissance), des protéines et des cellules biologiques.

Celles-ci, animées par la pulsion de vie, tendent à se reproduire dans le cadre social et collectif de l'ensemble organique du corps, mais, animées par la pulsion de mort, elles ne tendent plus qu'à se reproduire pour elles-mêmes, hors du cadre social et collectif du corps, solitaires et non plus solidaires, dévorant tout l'oxygène du corps qu'elles asphyxient : c'est le cancer.

L'inconscient est peut-être aussi le créateur du monde – ce que suggèrent les physiciens quantiques qui voient l'origine du cosmos dans le Vide, nécessairement infini et absolument inconscient.

Son désir, supposé immoral parce qu'individualisé il tend à ne satisfaire que l'individu (mais la société n'est-elle pas une forme collectivisée des désirs des individus et même la réalisation d'une aspiration inconsciente à l'unité divine ?), et sa nature apparemment mortelle (l'inconscient individuel censé disparaître avec la mort de l'individu) sont forcément opposés à la conscience, nécessairement sociale et morale de l'homme, parce que, collective, elle tend à unir, donc à socialiser, et à son irrépressible désir d'immortalité, qui implique la divinité et la divinisation, c'est-à-dire la fin du sacrifice perpétuel qu'est la communion, la vraie – pas celle que singent certaines Eglises –, à savoir la nature autophage, cannibale et vampirique, d'un monde condamné à ne se nourrir que de lui-même symbolisée par la Cène ("Buvez mon sang, mangez mon corps !") que les Juifs croient conjurer par le système casher qui ne fait que la cacher.

Cet antagonisme est la source de tous les conflits qui, opposant l'homme conscient à l'inconscient individuel, se verrouillent en complexes qui superstructurent la personnalité de l'individu, s'il résout le conflit et le dépasse, ou, au contraire, l'inhibent et l'aliènent, si, faute de le résoudre, il en demeure le prisonnier.

Le modèle du dépassement et, par conséquent, de la désaliénation, qui consiste pour l'homme conscient à prendre conscience de l'inconscient, est tout naturellement celui du psychothérapeute, qui est l'incarnation de l'inconscient, dont il est censé détenir les clés et qui devient alors à la fois le symbole et le moyen mêmes de la désaliénation.

Notons, à cet égard, que Freud – juif –, qui a bien compris, en matérialiste et individualiste qu'il était, la nature matérielle et individuelle de l'inconscient (individuel), a voulu le réduire à une structure incarnée dans l'appareil psychique de l'homme, à l'inverse de ce qu'ont fait les juifs à propos de Jésus. Alors que Jung – catholique –, qui a bien compris, en spiritualiste collectiviste qu'il était, la nature immatérielle et collective de l'inconscient (collectif qui n'exclut pas l'inconscient individuel), a voulu l'étendre à une structure désincarnée du cosmos, à l'inverse des chrétiens qui ont voulu incarner Dieu en Jésus. C'est-à-dire que, tandis que Freud voulait réduire le symbole aux diaboles, Jung cherchait à étendre les diaboles au symbole qu'ils signifiaient.

Théoriquement, pour les psychanalyses, l'homme est spontanément poussé à satisfaire les pulsions – amorales – de l'inconscient afin d'avoir un comportement adapté à l'individualisation, en lui-même, de l'inconscient, c'est-à-dire à la tendance de l'inconscient à la division (à supposer avec Jung que cet inconscient, à l'origine collectif, se divise à travers les individus). Mais, en pratique, il doit satisfaire aux exigences contradictoires de la "volonté" – amorale – de l'inconscient, de la réalité qui, le plus souvent, s'y oppose et du *surmoi* (le modèle héroïque des éducateurs et de la conscience).

C'est-à-dire qu'il lui faut trouver un équilibre, toujours fragile, entre ces exigences contradictoires. Pour y parvenir, il lui faut connaître l'inconscient par l'intermédiaire de ses ministres, les pères de la psychanalyse et les psychanalystes, sortes de médiums (à l'origine ils utilisaient l'hypnose), qui le connaissent parce qu'ils se sont voués à sa connaissance et qui, d'une certaine manière, en sont l'incarnation, afin de déverrouiller les conflits et les complexes, qui bloquent l'épanouissement de la personnalité, et de permettre une meilleure adaptation de l'individu au milieu social.

Naturellement, de la même manière que, pour les religions, le cosmos est l'involution de Dieu qui se divise en individus, à la fois complémentaires et antagonistes, en s'investissant dans la création, mais qui évolue vers son unité finale (le retour à Dieu), pour les psychanalyses – pourvu qu'on veuille bien les considérer comme les divers étages d'une tour spiralée qu'il reste à achever –, l'humanité constitue la division et l'individualisation de l'inconscient collectif qui ne tend qu'à prendre (voire à reprendre) la conscience collective de son unité perdue à travers les individus qui en prennent conscience. D'où la divinisation du thérapeute (aperçue par Freud, établie par Jung et véritablement réalisée, de manière caricaturale, par Lacan, le "Père sévère", aveugle parce qu'il "perd ses verres" comme dit Bruno Duval). D'où l'image même de Dieu que Jung découvre dans l'inconscient collectif. D'où, bien sûr, aussi, l'incarnation par Reich dans l'éther – l'énergie d'orgone – de la puissance éternelle, source de toute existence. Puissance que les religions nomment l'Esprit saint et les gnostiques, les éons.

Il est clair que les psychanalyses ou, pour employer une expression plus générale, les divers aspects de la théorie des rapports du conscient et de l'inconscient constituent la forme moderne – et déjà dépassée – des religions archaïques. Lesquelles ont perdu toute signification non pas tant parce que, de nature conservatrice – les Eglises tendant à l'éternité sont nécessairement conservatrices en ce sens qu'elles sont incapables de comprendre que l'éternité, qu'elles conçoivent comme le temps immobile, est, tout au contraire, l'absence de temps et, par conséquent, d'espace –, elles restent attachées à des valeurs, des rites, des usages, un décor et des vêtements d'un autre âge – le passé – (mais c'est bien là le signe d'une mentalité pathologiquement attachée à la conservation et à l'immobilisme : les Eglises ne sont que des conserves, comme les boîtes de petits pois, dont elles n'ont cependant pas l'utilité) que parce qu'elles ont oublié le sens profond et véritable de leurs dogmes et de leurs sacrements désormais réduits à la mécanique de rites désincarnées et de signes détachés de leur signification symbolique.

On peut trouver une autre preuve que les psychanalyses sont la forme moderne des religions archaïques dans le mythe même de la Genèse biblique qui, si on l'analyse, apparaît comme le modèle anaphorique même de la psychanalyse.

La Genèse biblique est faite de deux récits qui semblent correspondre à deux phases distinctes et quasiment antagonistes de la création. Dans le premier récit (ch. 1 versets 1 à 31 et ch. 2, versets 1 à 4), l'homme, dominant le monde, est créé "à l'image de Dieu", c'est-à-dire comme la synthèse unitaire des contraires, symbolisés par les principes opposés du mâle et de la femelle. Il est donc ***androgyne*** et ***non divisé*** – c'est-à-dire non dépossédé d'une partie aliénée de lui-même –, comme cela est clairement indiqué dans le verset 27 : "Dieu créa l'homme à son image, à l'image de Dieu il *le* créa, homme *et* femme il *les* créa".

Il s'agit donc bien d'un être singulier, dans lequel est incorporée la pluralité des sexes et des contraires. Et, de fait, Dieu étant, par essence même, l'Absolu, il doit inclure dans son unité la pluralité de tous les contraires, notamment du masculin et du féminin. Fait "à son image", l'homme l'inclut alors lui aussi : il est fait Dieu, matérialisé dans la création, et, bien sûr, aucun interdit ne lui est opposable ni opposé : il peut manger de "toute la verdure" du jardin d'Eden – à l'exclusion des animaux, certes, mais pour la seule raison qu'il est alors végétalien.

Il est donc clair, dans ce premier récit, que l'esprit même de Dieu, c'est-à-dire la conscience absolue, emplit l'homme lui-même, qui est, en fait, le cosmos et qui, n'étant pas inconscient, n'est aucunement aliéné. Fin du premier récit qui est celui, divin, de l'unité.

Le second récit (ch. 2 et 3), qui reprend les événements cosmiques après le chômage du septième jour où la création semble connaître un instant d'inertie, est celui de la division, diabolique, de l'apparition de l'inconscient et de l'interdit.

En effet, Dieu plante au milieu du jardin "l'arbre de la connaissance du bien et du mal", symbole de la conscience absolue et, par conséquent, unitaire des contraires, représentés par les principes positif et négatif du bien et du mal. Et, cette conscience ou, en tout cas, cette connaissance (qui peut être inconsciente) absolue, qui est l'apanage même de Dieu, celui-ci interdit aussitôt à l'homme d'en manger sous peine de devenir mortel et, par conséquent, de perdre une autre caractéristique divine : l'immortalité.

Sur quoi Dieu plonge l'homme, encore androgyne et divin, dans "un profond sommeil", c'est-à-dire dans l'inconscience. Sa conscience absolue et divine lui est alors aliénée. Puis, sous prétexte de lui donner une compagne (en vérité, parce que l'on est maintenant dans la phase de la division), il le ***divise en deux,*** le dépossédant de sa moitié féminine et créant, du même coup, la sexualité – qui est le moyen de recréer, dans l'enfantement, l'unité divisée des sexes opposés. C'est alors le corps même de l'androgyne et, du même coup, celui de l'homme et celui de la femme, qui, pour moitié, sont aliénés.

Naturellement, l'homme et la femme sont maintenant déchirés entre deux pulsions contraires, le désir de la division qui les pousse à s'opposer, à se repousser et à refuser la conscience de l'inconscient, à savoir l'arbre de la connaissance des contraires, et le désir de l'unité qui les pousse à s'unir – et, du même coup, à multiplier leur division à travers leur descendance – et à dévorer le fruit de la connaissance divine, c'est-à-dire à prendre conscience de l'inconscient – ce qu'ils font et ce qui va perpétuer le dialectique de l'unité et de la division, par synthèses et analyses successives, pour toute la durée du temps.

Ce faisant, ils reprennent possession d'une partie divisée de la connaissance et de la conscience divines, qui ne vont pas cesser de se multiplier et, par conséquent, de se diviser à travers l'évolution de la création jusqu'à la fin des temps.

En d'autres termes, c'est la connaissance ***symbolique*** – c'est-à-dire unitaire – même de Dieu, le *Symbole*, qui ne va pas cesser de se diviser en ***diaboles*** et en connaissances ***plurielles*** donc ***diaboliques***, c'est-à-dire de se ***diaboliser*** jusqu'à la fin des temps, à travers la dialectique du symbole (l'unité) et des diaboles (la division). Diable du grec ***diabolein*** : ***diviser*** signifie, répétons-le, la division même du symbole ou de l'unité, qui est Dieu.

C'est là très exactement ce que Dieu signifie à l'homme et à la femme dans l'avant-dernier verset (22) du second récit de la création : "Voilà que l'homme est devenu comme l'un de nous [c'est un dieu divisé en diables qui parle de lui, désormais, au pluriel !] pour connaître le bien et le mal [c'est-à-dire la dialectique des contraires et, notamment, de l'unité divine et de sa diabolique division] ! Qu'il n'étende pas maintenant la main, ne cueille aussi de l'arbre de vie [le secret même de l'origine de l'être et du cosmos], n'en mange et ne vive pour toujours !" Car, en effet, s'il en dévoile l'origine, il saura que le cosmos est soumis à ***l'éternel retour*** et que, de ce fait, l'homme comme le monde revivront éternellement leur vie, car, comme le dit si justement Nietzsche, "on peut mourir d'être immortel" !

Il est donc clair que le récit de la Genèse biblique est le récit même de l'aliénation originelle du cosmos et de l'homme, qui court à travers toutes les genèses de toutes les religions. Mais le plus remarquable est qu'on y trouve, quelque deux mille neuf cents ans avant Freud, tous les ingrédients et même le ***schéma fondamental*** de la psychanalyse. Et ceci dans un psychodrame mythique qui prétend représenter la genèse du cosmos, de l'homme et des sexes, ce qui tend à prouver que le visionnaire ou le prophète qui a écrit ce texte en a puisé les éléments dans une information nécessairement ultra-humaine, c'est-à-dire dans une connaissance cosmique et collective, à laquelle tout le monde peut avoir accès et qui ressemble, à s'y méprendre, non seulement à l'inconscient freudien mais encore à l'inconscient jungien et même reichien. Et surtout, bien sûr, à l'inconscient pansémiotique!

En effet, à l'origine du cosmos, qui sera tout, il y a le Père éternel, c'est-à-dire la puissance génitrice androgyne hors du temps et de l'espace : le TOHU-BOHU, le désert et le VIDE – rigoureuse anagramme de DIEV–, c'est-à-dire le RIEN – rigoureuse anagramme de NIER. Le rien est en effet la négation de tout mais c'est aussi bien le négatif de tout, c'est-à-dire du plein. La Genèse biblique est donc bien une expression poétique de la logique dialectique des contraires : VIDE et PLEIN, TOUT et RIEN.

S'investissant dans le Plein, le Vide, c'est-à-dire le Père éternel – observons incidemment qu'en tant que vide matriciel le Père éternel fait alors davantage penser à la Mère éternelle qu'au Père –, va donc nécessairement disparaître et se matérialiser en se divisant dans sa propre création. L'unité divine du vide se plie et, du même coup, s'emplit des plis, des replis et des complies de la division diabolique du Plein. La dialectique du Vide et du Plein est donc bien celle de l'unité – Dieu – et de la division – les diables.

Voici donc Adam, matérialisé dans l'espace-temps mais bientôt privé de la connaissance de son géniteur. Il souffre déjà du complexe d'Oedipe, ignorant qu'il est de son origine qui lui est aliénée. Endormi, il est inconscient. Divisé en homme et en femme, il se réveille dans la conscience des contraires et de sa propre aliénation.

Cependant, la connaissance qu'il a perdue de son origine et de sa fin est là, à portée de la dent de l'Adam, – de sa dent et de Satan – sous la forme de l'arbre, évident symbole phallique de l'inconscient, autour duquel est, précisément, enroulé le serpent, qui symbolise la voix et les voies détournées, spiralées, reptiliennes que l'inconscient doit prendre pour se faire entendre du conscient.

Mais le serpent – "le plus rusé des animaux du jardin" –, en tant que structure spiralée, ondulatoire, comme le poulpe des Grecs et l'intelligence d'Ulysse, symbolise aussi, tout à la fois, le ruban de Moebius et l'intelligente torsion du droit (le retors est autour du tronc droit) et, par conséquent, de l'interdit, qui permet la synthèse des contraires.

L'homme, symbole de l'exhibition, et la femme symbole de l'inhibition, sont alors partagés entre les deux pulsions contraires du désir de la conscience, qui les pousse à dévorer la connaissance – ce que le conscient chargé de la mémoire de l'inconscient leur défend – et du désir de l'inconscience, qui les pousse à refuser la connaissance – ce dont l'inconscient, qui n'a de cesse de devenir conscient, les dissuade. Fort heureusement pour l'avenir du cosmos qui, sans cette dynamique, serait demeuré inerte et se serait conservé dans l'immobilisme de l'Eglise de l'inconscient.

Ces deux pulsions sont bien, dans le récit, la pulsion de vie et la pulsion de mort, puisque Dieu, prononçant l'interdit, leur dit qu'ils "mourront" s'ils dévorent sa connaissance, quand le serpent, les incitant à l'enfreindre, leur affirme qu'ils "ne mourront pas" mais que "leurs yeux s'ouvriront" et "qu'ils seront comme des dieux (donc des Diables, division de Dieu) qui connaissent le bien et le mal", à *savoir voir* le *Ça* ou la dialectique des contraires qui sont à l'origine du monde.

Dévorant le fruit, qui est la connaissance de l'inconscient, Adam et Eve dévorent la conscience de Dieu. Du même coup, comme Oedipe, ils tuent le Père éternel, disparu dans sa propre création, d'où le péché originel qui se perpétuera dans la culpabilisation. Naturellement, cette prise de conscience, qui exige la mort du père, consiste à s'emparer de la puissance paternelle et à l'exercer dans la sexualité. L'arbre n'est pas seulement l'inconscient, c'est aussi l'arbre de vit d'Adam, qui devait être non pas un pommier mais un chêne et dont Eve saisit, entre ses lèvres, le fruit qui est le gland, pratiquant le coït avec le premier fellah à Sion. Bref, il ne manque rien au récit, ni la sexualité,ni les pulsions, ni le complexe d'Oedipe, ni l'inconscient, ni l'interdit. Et, le plus surprenant est que Freud, qui ne semble pas s'en être aperçu, n'en ait jamais fait mention dans aucun de ses ouvrages.

Si le récit de la Genèse, qui fonde tout à la fois le judaïsme, le christianisme et l'islam, est le récit de l'aliénation originelle de l'homme, c'est que les religions n'ont pas d'autre objet que de désaliéner l'homme. A cette fin, elles ne proposent rien d'autre qu'une théorie, certes rudimentaire, de l'aliénation originelle, qui serait due à la séparation oedipienne de l'homme et de son créateur, laquelle aurait entraîné, chez l'homme, la perte de la nature divine et, par conséquent, de la conscience absolue et de l'immortalité. Elles proposent également une théorie, tout aussi rudimentaire, des rapports du conscient absolu (Dieu) et de l'inconscient relatif (l'homme).

Or l'ensemble des psychanalyses constitue bien aussi une théorie, beaucoup plus élaborée, quoique très incomplète, des rapports du conscient et de l'inconscient, qui a également pour objet – théorique – de désaliéner l'homme.

Mais il en va de même des grandes philosophies. Toutes cherchent à expliquer l'origine même du monde, cause de l'aliénation humaine, à comprendre sa finalité et, par là-même, le sens de la vie humaine.

Ainsi Hegel nous explique-t-il qu'à l'origine il y avait *l'Idée*, pure et abstraite, qui s'est incarnée dans le monde matériel, afin de prendre, au terme de l'Histoire, la pleine conscience d'elle-même qui désaliénera l'esprit humain. Ainsi Marx, renversant, avec Feuerbach, la perspective d'Hegel, nous dit-il qu'à l'origine il y avait la Matière inconsciente qui, s'étant superstructurée en cerveau humain, a fini par produire les idées et la conscience. La finalité de l'homme est donc d'atteindre au bonheur absolu par la répartition équitable des biens matériels qui désaliénera le corps humain.

Là encore, on le voit, il ne s'agit de rien d'autre que de théories des rapports du conscient et de l'inconscient et, par conséquent, de la désaliénation – spirituelle chez Hegel, matérielle chez Marx.

Quant aux sciences, elles n'ont pas d'autre objet que d'expliquer la manière dont s'articulent entre eux les divers niveaux de l'organisation cosmique et, finalement, de découvrir l'origine même et la fin (dans les deux sens du terme) du cosmos, ce qui revient, par définition même, à découvrir le projet qu'il remplit, donc à comprendre le sens du monde et de la vie humaine, comme le montrent très clairement les derniers développements de la physique.

Or comment ne pas voir que chercher à découvrir l'origine du cosmos, c'est très exactement chercher à liquider le complexe de l'Oedipe cosmique, à tel point que plusieurs astrophysiciens, et non des moindres, découvrent, à cette origine, le cadavre même de Dieu que la science avait tué et enterré ? Et comme ne pas voir qu'à chercher l'origine même du cosmos les astrophysiciens et les cosmologistes, transposant leur propre complexe d'Oedipe sur "l'Univers", ne cherchent rien d'autre, comme les philosophes, qu'à découvrir la cause première du cosmos – dont ils sont inconscients – et qui est donc l'inconscient dont ils cherchent à se saisir ?

N'est-il pas, à cet égard, hautement significatif que deux des origines possibles du cosmos, proposées par la physique, entre 1930 et 1990, soient le Zéro, issu des équations (rigoureusement traitées par Robertson et Walker) de la Relativité et le Vide quantique – qui ne peut être qu'infini –, de la physique quantique, c'est-à-dire l'origine nulle et l'origine infinie ?

En effet, dans les années Trente, deux physiciens américains, Robertson et Walker, ont tous deux trouvé, séparément, une solution possible des équations d'Einstein pour l'instant zéro du temps, c'est-à-dire avant que l'espace-temps cosmique où nous sommes n'apparaisse. Selon cette solution – répétons-le –, à l'instant zéro du temps, le cosmos où nous sommes était absolument condensé dans un...point mathématique, de dimensions nulles, le Zéro, dont la température et la densité étaient infinies.

Naturellement, la plupart des physiciens n'ont jamais considéré cette solution que comme une curiosité, mais quelques-uns, dont Stephen Hawking, la mentionnent comme une origine possible, sans cependant l'admettre. Toutefois, l'intérêt de cette solution réside en deux faits. Le premier est que, réduisant l'origine du cosmos à un point de néant, la logique ultime des travaux d'Einstein aboutit à réduire le Père, en effet éternel, puisque hors de l'espace et du temps, au Père Zéro, ce qui est une manière parfaitement oedipienne de l'anéantir ! Le second est que, de ***densité et de température infinies,*** le Zéro est alors ***l'énergie infinie*** qui ne peut que fuser à vitesse infinie, sous ***la pression infinie de la nécessité absolue*** et, forcément, se vider en vide infini, son contraire !

Depuis les années quatre-vingts, en revanche, certains physiciens quantiques, opérant une volte-face à 180°, nous disent que, tout au contraire de venir du Zéro, de dimensions nulles, le cosmos viendrait du Vide quantique, qu'on ne peut imaginer que de dimensions infinies, de densité et de température nulles (température négative infinie), duquel les particules auraient pu jaillir soudain en nombre suffisant pour former notre monde ! L'intérêt de cette hypothèse réside en deux faits. Le premier est que, étendant l'origine du cosmos à l'infini vide, la logique ultime de la physique quantique, qui en tient pour le hasard, aboutit à supprimer le Père éternel au profit de la matrice vide et infinie de la Mère éternelle, qui ressemble alors curieusement à Dieu – l'infinitude est l'une de ses caractéristiques essentielles avec... l'éternité ; or, dans le Vide infini, il n'y a ni espace (substantiel) ni temps ! Le second est que, de densité et de température nulles, le Vide quantique infini est l'inertie absolue (contraire de l'énergie absolue du Zéro), c'est-à-dire l'absence absolue de toute pression de la nécessité et, par conséquent, ***la dépression absolue du hasard absolu*** !

Or si le Zéro, de pression infinie, se vide à vitesse infinie en son contraire, le Vide infini, celui-ci, par son ***inertie absolue***, freine automatiquement la vitesse infinie et alors doit nécessairement apparaître une substance spatio-temporelle, c'est-à-dire l'espace-temps du cosmos fini où nous pourrions être... C'est alors la Relativité absolue !

Nous aurons l'occasion d'en reparler dans d'autres ouvrages mais, en attendant, ce qu'il est intéressant de souligner, c'est que les deux tendances radicalement opposées – la relativiste et la quantique – de la physique moderne aboutissent, l'une à réduire le Père éternel à zéro, c'est-à-dire à retrouver le geste même d'Oedipe à l'origine même du monde, tandis que l'autre, situant cette origine dans la matrice vide de l'Infini, comme dans un désir inconscient d'inceste avec la Mère cosmique, retrouve le coït même d'Oedipe avec sa mère à l'origine du monde.

Mieux, elle situe cette origine dans l'Infini, absolument vide donc aléatoire, mais, du même coup, elle la situe dans l'essence même – l'infinitude – de Dieu ! Dieu sans doute inversé en femme mais Dieu tout de même. Et d'ailleurs, Dieu, en tant qu'absolu, doit aussi bien être la matrice infinie et vide que le phallus zéro mais absolument plein de Robertson et Walker !

Il reste qu'il est tout de même assez ahurissant de retrouver le mythe même d'Oedipe dans les deux genèses du cosmos que nous propose la physique ou plutôt la cosmologie moderne. Car cela tendrait à prouver que la physique et la psychologie des profondeurs ont bel et bien une origine commune qui hante toujours l'espace-temps cosmique et que les physiciens ne font rien d'autre que soigner leur complexe d'Oedipe à travers la cosmologie !

La physique, comme la philosophe, comme les psychanalyses et, finalement, comme toute activité humaine, n'est qu'une thérapie de l'aliénation.

Il devient donc clair que ce ne sont pas seulement les religions et les psychanalyses qui cherchent la théorie des rapports du conscient et de l'inconscient, afin de désaliéner l'homme. C'est tout l'ensemble des activités humaines qui n'a pas d'autre objet pour la seule raison que l'homme est aliéné. Et il le sera aussi longtemps qu'il n'aura pas découvert le sens même du monde et, partant, de sa vie, sa raison d'être. Et aussi longtemps qu'il le restera, spontanément, d'instinct cosmique, toute son activité – même quand elle n'est qu'un dérivatif ou une distraction – sera nécessairement orientée vers sa désaliénation – ou l'oubli de son aliénation. Ceci, de façon aussi vitale et impérieuse qu'il lui faut spontanément emplir son estomac et ses intestins quand il sont vides et les vider quand ils sont pleins. Car, bien que la Sécurité sociale – qui ne rembourse pas l'analyse psychique mais le médecin –, le Collège de France et les divers gouvernements de la République, depuis Louis XVI, l'ignorent, l'homme est aussi doué d'un cerveau, ***producteur d'une activité spirituelle*** et qui fonctionne comme ses intestins.

L'homme ne fait essentiellement rien d'autre que chercher le sens même de sa vie et du monde qui l'a produit, quelle que soit la diversité des disciplines et des méthodes, d'ailleurs complémentaires – de la religion à la science en passant par les échecs, le sport et la philosophie –, qu'il emploie à cette fin. Son cerveau, producteur de sa conscience, a autant faim que son corps même si cette faim, spirituelle, ne vise qu'à connaître son origine et sa fin, donc le sens de son essence.

Si donc l'aliénation est la caractéristique la plus fondamentale de l'humanité, on est naturellement conduit à distinguer quatre grands types d'aliénation, qui sont fonction de l'inconscient et du conscient, c'est-à-dire de la double nature – réelle et surréelle – du cosmos.

La PSYCHOSE sera donc l'état de délire qui consiste à ne voir que le ***surréel*** et à vivre comme hors du réel, sans y être aucunement adapté. La psychose caractérisera donc le délire ***surréaliste*** du délirant, du mystique, de l'artiste, du poète, voire du philosophe et du scientifique (Hegel et Teilhard de Chardin par exemple). Il s'agira alors d'une PSYCHOSE SURRÉALISTE.

Mais, le système étant dialectique, il existe, ***à l'opposé*** de la PSYCHOSE SURRÉALISTE, une psychose tout aussi dangereuse et bien plus répandue, la PSYCHOSE RÉALISTE, état tout autant délirant – bien qu'on le remarque moins –, qui consiste à ne voir que le *réel* et à vivre dans l'exclusion du surréel. C'est l'état, très courant, de l'épicier qui est convaincu que l'existence humaine ne consiste qu'à vendre des patates et du beurre ou du chef d'entreprise qui croit qu'elle ne consiste qu'à fabriquer et vendre des automobiles ou des boites de conserve. C'est aussi l'état de certains philosophes et de certains scientifiques (Marx, Engels, ou Jacques Monod par exemple, mais on pourrait citer des contemporains, le Collège de France étant, à cet égard, une remarquable pépinière). C'est bien évidemment la psychose réaliste qui se trouve à l'origine du lénino-stalinisme et qui a régné sur l'Union soviétique jusqu'à la chute du mur de Berlin.

Le psychotique n'a, en principe, pas de mal à vivre, qu'il soit réaliste ou surréaliste, puisque l'envers du monde où il vit – le réel pour le surréaliste ou le surréel pour le réaliste –, à ses yeux, n'existe pas. Il ignore donc tout du conflit entre le réel matériel et le surréel spirituel.

La névrose est l'état de conflit entre la vision que l'individu a du réel et celle qu'il a du surréel, l'une ne concordant pas et même s'opposant à l'autre. Il y a alors deux sortes de névroses principales, antagonistes, dialectiquement opposées : la NÉVROSE RÉALISTE, où la vision dominante est celle du réel, et la NÉVROSE SURRÉALISTE où la vision dominante est celle du surréel.

Le névrotique a du mal à vivre et se sent mal dans sa peau, à cause du conflit qui le divise entre les deux perceptions antagonistes qu'il a du réel et du surréel.

Mais, bien sûr, à partir de ces quatre types principaux, toutes sortes de combinaisons sont possibles et l'homme dit normal ne cesse pas d'osciller entre ces quatre types de comportements pathologiques.

Nous ne développerons pas davantage cette théorie dans cet ouvrage. Nous nous contenterons de souligner, d'une part, que les prophètes et une partie des prêtres sont des psychotiques surréalistes et que les religions constituent une thérapie – inefficace, bien sûr, parce qu'elles sont des systèmes *totalitaires*[1] et, par conséquent, aliénants – de la psychose surréaliste, d'autre part, que les philosophes et les scientifiques matérialistes sont des psychotiques réalistes et que le marxisme – tout comme la Bourse et les affaires – constitue une thérapie – également inefficace parce que totalitaire et aliénante – de la psychose réaliste. Précisons aussi que le capitalisme est également une thérapie matérialiste, totalitaire –

[1] Est totalitaire tout système qui prétend englober la totalité et s'y appliquer alors qu'il n'en englobe qu'un fragment.

même s'il applique les principes du totalitarisme avec beaucoup de subtilité et, par conséquent, de perversité que les régimes politiques totalitaires – et aliénante.

Sans doute serait-il souhaitable de mettre au point une thérapie synthétique moderne, plus efficace que les thérapies psychanalytiques ou psychologiques actuelles, dont la durée même – on reçoit le patient une demi-heure par semaine et la cure peut se prolonger des années ! – est un aveu d'échec.

Encore faut-il bien voir qu'une thérapie synthétique ne peut venir que d'une théorie synthétique et véritablement cosmique des rapports de la conscience et de l'inconscient. Théorie qui définisse clairement ce qu'est l'inconscient et qui dissolve l'angoisse essentielle et fondamentale de la mort. Et il n'y a pas d'autre moyen d'y parvenir que de démontrer que la mort – la plus anthropomorphique des illusions humaines – n'existe pas. Ce qu'affirment les religions sans le démontrer !

Cette théorie, nous en avons esquissé les grandes lignes. Il convient, pour conclure, de la reprendre et de la développer, en précisant ce qu'est la conscience et la manière dont elle fonctionne par rapport à l'inconscient.

XV

La genese des formes

Nous avons montré que le champ des ondes électromagnétiques, qui sont le fil de trame du tissu de l'espace-temps, est le champ de toute l'information mathématique possible du monde. Ce tissu est donc, en puissance, l'ensemble des modèles mathématiques de tous les objets du monde et la théorie préalable de tous les événements possibles du monde.

En tant que puissance mathématique infinie, absolue, il est donc l'ordinateur cosmique de toute l'information mathématique du monde, mais une information mathématique inconsciente et, par conséquent, objective, qui est donc bien l'inconscient collectif et cosmique. De surcroît, l'information qu'il constitue est à l'origine *élémentaire,* comme la surface sans ondes ni vibrations d'une étang au repos.

Cette information ne va se *complexifier,* c'est-à-dire former un enchevêtrement de vibrations de plus en plus complexe, comme la surface de la mer agitée par la tempête, et, du même coup, créer les modèles de plus en plus complexes d'objets, d'êtres et d'événements de plus en plus complexes, qu'à mesure même de l'agitation croissante de l'espace-temps – agitation provoquée par le mouvement même des particules, des étoiles et des êtres vivants au sein des ondes.

Par exemple, un caillou jeté dans une eau au repos ne provoque que des ondes circulaires concentriques. Mais dix cailloux, jetés dans la même eau au repos, provoquent des ondes concentriques qui interfèrent entre elles et sont donc beaucoup plus complexes. Eh bien, de la même manière, les vibrations du tissu de l'espace-temps, à l'origine simples et élémentaires, correspondent à une pensée simple et élémentaire. Mais, l'agitation du tissu spatio-temporel ne cessant de croître, les vibrations des ondes et les interférences deviennent de plus en plus complexes et donc correspondent à une pensée de plus en plus complexe.

L'idée est certes scandaleuse dans la mesure où le champ cosmique des ondes électromagnétiques apparaît alors comme la forme moderne de l'esprit inconscient, qui prendrait conscience de lui-même à travers l'évolution de la matière, devenue biologique et consciente, en quoi son énergie se serait superstructurée.

Elle n'est cependant pas nouvelle. Hegel, au tout début du XIXe siècle, ignorait tout du champ électromagnétique mais, ayant repris les "idées" de Platon, il pensait que la matière n'est qu'une incarnation de *l'Idée*, pure et absolue, qui se trouverait – selon lui – à l'origine du monde, et que c'est à travers son incarnation matérielle que l'Idée, se faisant Esprit, prenait, à mesure de l'évolution de l'Histoire, la pleine conscience d'elle-même.

Sans doute la thèse d'Hegel (les idées créatrices de la matière) n'était-elle pas dialectique, au contraire de ce que croyait son auteur, dans la mesure où elle excluait son antithèse (la matière créatrice des idées), bientôt soutenue par Feuerbach et Marx. Néanmoins, c'est bien cette thèse que nous retrouvons dans le champ électromagnétique cosmique, défini comme l'inconscient ordinateur de la Mathématique cosmique.

Si scandaleuse que soit, aux yeux de certains, cette thèse, elle n'est pourtant pas absurde. Ce sont bien, en effet, les vibrations des ondes électromagnétiques – plus précisément des ondes hertziennes qui sont une certaine longueur des ondes électromagnétiques – qui véhiculent, dans l'espace, les images et l'information sonore des programmes de la télévision et de la radio, ainsi que nous l'avons expliqué au début de l'ouvrage. C'est donc l'évidence que les ondes électromagnétiques sont le véhicule d'une information constituée par leurs vibrations. Mais une évidence aussi simple, donc aussi difficile à concevoir, que la solution du problème de l'oeuf de Christophe Colomb. Une évidence qui nous ouvre aussi au véritable Nouveau Monde.

Qui a jamais vu une onde électromagnétique ? Personne.

Pourtant, quand nous regardons les images de la réalité qui nous entoure, nous ne voyons rien d'autre que les vibrations du champ d'ondes électromagnétiques dans lequel nous baignons ; et personne ne met sérieusement en doute que ces ondes vibrantes véhiculent, à la vitesse de la lumière, aussi bien les images de la réalité qui nous entoure que les images que nous voyons sur notre poste de télévision.

Si l'on ajoute à cela que la matière, atomique (particules, atomes, étoiles) et biologique (acides désoxyribonucléiques ou ADN qui constituent les gènes, protéines qui constituent l'enveloppe cellulaire des gènes, cellules et êtres *vivants* ou, pour mieux dire, *bio-atomiques*), ne peut rien être d'autre qu'une très complexe superstructure de l'énergie originelle – dont les ondes électromagnétiques – qui constituait le cosmos à son apparition [1], on voit bien qu'il y a une relation logique nécessaire entre l'inconscient ordinateur collectif de toute l'information mathématique cosmique et le conscient ordinateur individuel et autoréfléchissant – producteur de la conscience – qu'est notre cerveau. Il y a même là l'explication logique des rapports de l'inconscient et de la conscience qu'il nous faut maintenant développer.

Jean-Pierre Changeux, dans *L'Homme neuronal,* nous explique que la conscience ne serait que le produit de l'ensemble des régulations physico-chimiques des cellules du cerveau, qu'il décrit dans son livre. Quant à définir ce qu'est la conscience, pas une livre de son ouvrage ne s'y applique. Il n'y mentionne même pas la théorie du fonctionnement holographique des cellules nerveuses de Karl Pribram – qui fait pourtant aujourd'hui autorité dans le monde entier.

Curieusement, l'un des chapitres s'intitule "Le cerveau en pièces détachées". Et l'ouvrage fait penser à un garagiste qui tenterait d'expliquer le fonctionnement d'une automobile en la démontant entièrement mais sans rien dire de l'essence, de la combustion et de l'explosion qui entraîne les pistons, l'arbre à cames et l'arbre de transmission qui fait tourner les roues : presque rien sur l'activité électrique des cellules nerveuses et pas un mot sur leur fonctionnement holographique.

Jacques Monod faisait de même, dix ans plus tôt, dans *Le Hasard et la Nécessité,* lorsqu'il décrivait le mécanisme des ADN., auquel il prétendait réduire tout l'être vivant, sans se soucier des rayonnements électromagnétiques de haute fréquence qui font, précisément, muter le code génétique ! Il affirmait que *la totalité de l'information constituant l'individu se trouvait dans les gènes des cellules (les noyaux d'ADN), que le système ADN-protéines "intensément conservateur, fermé sur soi-même" était "absolument incapable de recevoir quelque enseignement que ce soit du monde extérieur".* (Il est toujours imprudent, même pour un prix Nobel, de clore aussi absolument un système, car cela ne révèle pas tant la clôture du système que la fermeture d'esprit et, bien sûr, d'intelligence, de son auteur, qui ne cherche alors qu'à nous faire prendre l'ADN et lui-même pour la divinité).

Il ajoutait que les êtres vivants devaient nécessairement s'expliquer intégralement, de leur forme à leur comportement, par l'information de

[1] Sauf, bien sûr, à admettre avec certains physiciens quantiques, que les particules seraient sorties toutes faites du Vide (exclusif du Zéro), ce qui est tout de même mélusinien et difficile à avaler car la science aboutit alors non pas à Dieu mais à Charles Perrault.

leurs ADN, dont il avait lui-même, avec Jacob et Lwoff, élucidé le code. D'ailleurs, il faisait de la "morphogenèse autonome" (le fait qu'au contraire des artefacts les êtres vivants se façonneraient eux-mêmes sans aucune intervention de l'extérieur) l'un des trois critères caractéristiques des êtres vivants – les deux autres étant la réplication invariante des ADN et la téléonomie (leur faculté de nourrir un projet : celui de se reproduire). Il rejetait donc la théorie des "champs morphogénétiques", extérieurs aux êtres vivants mais auxquels ceux-ci devraient leur forme.

Or, depuis trente ans que le code génétique a été élucidé, on n'a strictement rien trouvé d'autre, dans les gènes de nos cellules, que leur propre plan de structuration et celui des protéines qu'ils fabriquent et qui constituent, notamment, l'enveloppe de la cellule biologique. On n'y a pas trouvé la moindre trace du plan des formes de l'individu, d'une quelconque information qui dicterait aux cellules qu'elles doivent constituer le coeur, l'oeil, l'estomac ou la peau ou qui déterminerait un comportement quel qu'il soit, physique ou psychologique.

Le biologiste britannique Rupert Sheldrake, auteur de *A New Science Of Life*, publié à Londres en 1981, avait été frappé par une analogie qui existe entre les oeufs des êtres vivants, les aimants et les hologrammes.

Lorsqu'on scinde un oeuf de libellule en deux, on n'obtient pas deux moitiés de libellule mais bel et bien deux libellules entières quoique plus petites. Lorsqu'on saupoudre une feuille de papier, sous laquelle on a placé un aimant, de limaille de fer, celle-ci s'organise spontanément en lignes courbes, d'une pôle à l'autre de l'aimant, suivant le champ électromagnétique de ce dernier. Si l'on brise ensuite l'aimant en deux fragments et que l'on recommence l'opération, chacun des deux fragments ne reproduit pas une moitié du champ électromagnétique initial mais bel et bien deux champs entiers, quoique plus petits, comme on peut s'en convaincre par l'expérience. Enfin, lorsque l'on brise une plaque holographique en deux, on n'obtient pas deux moitiés de l'image gravée sur la plaque mais bel et bien deux images entières, quoique plus floues que l'image initiale.

On peut diviser la plaque holographique en quatre, en huit fragments ou davantage, le résultat sera toujours le même. Chacun des fragments est capable de reproduire l'intégralité de l'image parce qu'il contient, en chacun de ses points, non pas une partie spécifique mais la totalité des informations qui constituent l'image. C'est pourquoi, comme l'eau cent fois diluée (de moitié en moitié de moitié et ainsi de suite) de Benveniste, chaque fragment de l'hologramme conserve la mémoire entière de l'image initiale, qui ne devient plus floue, à mesure de la fragmentation, que parce que la quantité d'information diminue.

Frappé par ces analogies et sachant que les cellules biologiques ne contenaient aucune information touchant à leur destin particulier et à la forme globale de l'individu qu'elles devaient constituer, Rupert Sheldrake eut donc l'idée que la genèse des formes des êtres bio-atomiques était gouvernée par un champ spatial particulier ou champ morphogénétique. Ce champ, sans doute constitué d'informations holographiques, devait, selon toute vraisemblance, guider l'assemblage des cellules en tissus, la spécification des tissus en organes et la forme générale, adoptée dans l'espace, par les êtres bio-atomiques, d'une manière analogue à celle dont le champ électromagnétique de l'aimant imposait à la limaille de fer la forme qu'elle adoptait spontanément dans l'espace.

L'idée du champ morphogénétique n'était, en vérité, pas nouvelle. Deux embryologistes, Alexander Gurwitsch et Paul Weiss, l'avaient déjà émise dans les années Vingt. Jacques Monod – plus subtil que Changeux omettant de citer Pribram – l'avait même évoquée, dans son ouvrage, mais pour la repousser du pied, avec tout le dédain dont sa prodigieuse suffisance le rendait capable. La morphogenèse des êtres bio-atomiques devait s'expliquer, selon lui, par des interactions "stéréospécifiques" entre cellules. Mais Sheldrake, allant beaucoup plus loin, suggérait que le champ morphogénétique n'expliquait pas seulement la genèse des formes des êtres bio-atomiques mais encore leur comportement !

Selon lui, les habitudes et les comportements des espèces s'élaborent, à mesure de l'expérience, qui croît avec la durée de l'espèce, et s'inscrivent – sans doute sous forme holographique –, comme une mémoire spécifique, dans les champs morphogénétiques particuliers de chaque espèce. C'est ensuite la "résonance morphique" entre ce champ et les individus de l'espèce qui génère la mémoire des comportements spontanés chez les individus de l'espèce.

A l'appui de sa thèse, Sheldrake cite certaines expériences convaincantes dont la plus surprenante est celle du labyrinthe à rats de William McDougal, psychologue à l'Université de Harvard.

Soucieux de vérifier l'hypothèse de la transmission génétique des caractères acquis, McDougal devait réaliser une curieuse et plutôt stupéfiante expérience entre les années Vingt et Cinquante.

Dans un labyrinthe aquatique, en forme de T, il lâchait des rats à la base du T. La branche supérieure du T offrait deux voies possibles : celle de gauche était éclairée mais sans issue, celle de droite était obscure mais avec une issue. Sachant que les rats nageraient spontanément vers la voie éclairée mais sans issue, McDougal entendait déterminer le temps qu'il leur faudrait pour comprendre que l'issue du labyrinthe se trouvait au bout de la voie obscure. L'expérience devait naturellement se poursuivre trente ans durant afin de porter sur plusieurs générations de rats.

A son grand étonnement, McDougal devait constater que les générations plus récentes résolvaient le problèmes plus rapidement que les précédentes. A la vingt-deuxième génération, les rats résolvaient le problème dix fois plus vite qu'à la première ! La mémoire de la solution s'inscrivait-elle dans les gènes des nouvelles générations – comme l'affirmait Jacques Monod et comme le voulait la génétique fortement marxiste de l'époque ?

Pour le savoir, il suffisait d'utiliser des rats provenant d'autre lignées que celles qui avaient fait l'apprentissage. Stupéfaction : les rats de ces autres lignées résolvaient aussi le problème plus rapidement ! Le progrès se transmettait donc non pas seulement aux lignées entraînées mais à l'ensemble de l'espèce ! Dès lors il était établi que la connaissance de la solution ne pouvait pas être transmise par les gènes mais bel et bien par un système de mémoire indépendant de la génétique. D'autant que la voie obscure, munie d'une issue, était électrifiée et qu'en l'empruntant les rats couraient le risque d'y recevoir des décharges !

Voulant réfuter ces résultats, un chercheur écossais du nom de Crew reprit l'expérience. Or, alors que les premiers rats de McDougal avaient dû être plongés des centaines de fois dans le labyrinthe avant d'en trouver l'issue, certains des rats de Crew trouvèrent la solution dès les premières immersions et, qui plus est, le trajet qui permettait d'éviter toute décharge électrique ! Les rats de Crew étaient d'autres lignées que ceux de McDougal, dont les conclusions se trouvaient donc confirmées : la connaissance de la solution se transmettait bien, spontanément, à toute l'espèce et par une autre voie que celle de la génétique ou l'apprentissage.

Sheldrake en conclut à l'existence, pour chaque espèce, d'un champ morphogénétique qui contiendrait, sous forme holographique – c'est-à-dire sous forme d'interférences de vibrations d'ondes –, non seulement le plan des formes de chaque espèce mais encore l'information déterminant les comportements automatiques innés – mais en fait acquis par les générations précédentes – ainsi que la mémoire de l'apprentissage propre à chaque espèce. L e *joli ciel* serait, en somme, le *logiciel* des formes des espèces et de leur comportements.

Naturellement, Jean-Pierre Changeux n'a pas davantage pris la peine de se renseigner sur les travaux de Sheldrake que sur ceux de Pribram. Naturellement aussi, ces champs ne sont ni statiques ni définis une fois pour toutes, puisque les espèces, évoluant, peuvent changer de forme ou engendrer des mutants, et acquérir de nouvelles connaissances. Ils sont mobiles et capables d'évolution, de complexification et d'enrichissement. Ils expliquent la transmission à l'espèce tout entière des comportements acquis par des individus, et par-delà la mort de ceux-ci.

Le champ morphogénétique est donc un champ d'information. Or nous avons montré que le champ électromagnétique est un champ d'information. De là à penser que les champs morphogénétiques ne sont que des structures holographiques particulières du champ électromagnétique, il n'y a qu'un pas qu'à notre connaissance personne n'a jusqu'ici franchi mais qu'il faut maintenant franchir.

C'est là la thèse que nous soutenons. Il ne reste qu'à la développer et à la vérifier.

Tout d'abord, nous savons qu'il existe une analogie essentielle entre le champ électromagnétique de l'espace-temps et le cerveau : le premier est l'ordinateur de toute l'information mathématique cosmique, qui constitue l'inconscient collectif ou le surréel ; le second est l'ordinateur autoréfléchissant de toute l'information mathématique individuelle – et collective à travers la culture – qui devient la pensée consciente. De surcroît, le cerveau ne peut être rien d'autre, répétons-le, qu'une complexe superstructure du tissu même de l''espace-temps.

La question est donc de savoir si le tissu d'ondes électromagnétiques de l'espace-temps est bien la mémoire cosmique, ce qui suppose que les entrelacs des interférences de ses vibrations d'ondes soient les moires holographiques de cette mémoire.

La réponse est oui puisqu'il est capable de véhiculer l'information visuelle et sonore des programmes de la radio et de la télévision. Mais cela suppose aussi que les mêmes moires holographiques puissent se reproduire dans le cerveau – de l'homme, du rat etc.

La réponse a été fournie par Karl Pribram, neurophysiologiste à l'Université de Stanford, Californie.

XVI

Les moires de la mémoire

Karl Pribram devait être frappé par le fait qu'en dépit de la destruction de zones considérables du cortex cérébral, le cerveau pouvait conserver sa mémoire intacte. Tout se passait en effet comme dans les phénomènes que nous avons évoqués. L'oeuf de libellule qui, en dépit d'une amputation de moitié, reproduisait la libellule entière. L'aimant coupé en deux, dont chaque moitié reproduisait un champ électromagnétique entier. L'hologramme, dont chaque fragment reproduisait l'image intégrale.

Il devait en conclure que la mémoire de l'information était diffusée à travers tout le cerveau et non pas localisée dans des endroits précis, de la même manière que chaque fragment de l'hologramme contient la totalité de l'information constituant l'image.

Deux autres énigmes se présentaient. L'une est que le cerveau soit capable de reconnaître un objet en dépit de la distance, de l'angle sous lequel il est présenté et de la déformation des perspectives alors que, théoriquement, il ne devrait le reconnaître que s'il lui est chaque fois représenté dans des conditions identiques à la première présentation. L'autre est que, bien que les fonctions de chaque organe soient commandées par des zones cérébrales bien définies, les "graphes", c'est-à-dire les combinaisons des neurones qui déclenchent l'influx nerveux correspondant à ces fonctions (par exemple l'écriture), puissent se transmettre d'une zone cérébrale à une autre. Ainsi est-il possible, pour un droitier, d'écrire avec la main gauche, voire avec les orteils.

Pour expliquer la nature ondulatoire de la lumière, c'est-à-dire des ondes électromagnétiques qui véhiculent les photons, Young avait eu, au XVIIIe siècle, l'idée que la lumière pouvait produire des phénomènes analogues à ceux des ondes d'eau. Quand on jette plusieurs cailloux en même temps dans une mare d'eau dormante, il se forme des ondes concentriques qui s'élargissent et finissent toutes par se rencontrer, par interférer les unes avec les autres et par former des figures complexes.

John Eccles avait émis l'idée que les échanges électriques d'influx nerveux entre les cellules devaient se produire d'une manière analogue. Selon lui, lorsque les trains d'ondes nerveuses, parcourant divers nerfs, parvenaient par leurs ramifications à une même cellule ou un même groupe de cellules nerveuses, il devait se produire des interférences de ces divers influx et la formation de figures géométriques complexes dans la couche électrique qui enveloppe la membrane de chaque cellule.

Cherchant à comprendre comment une zone cérébrale donnée, détruite à 98 %, pouvait, avec 2 % seulement de ses fibres, conserver sa capacité de mémoire, Karl Pribram eut l'idée que les figures d'interférences de divers trains d'ondes de l'influx nerveux, dans le cerveau, possédaient les mêmes propriétés que l'hologramme. Si c'était le cas, alors le tissu cérébral, même s'il n'en subsistait qu'une partie, devait pouvoir, comme l'hologramme, restituer la totalité de l'image (dans le cas de la vision par exemple). Et ceci permettait d'expliquer le fait qu'on n'ait jamais trouvé la moindre trace des fameux "engrammes" qui localiseraient la mémoire dans le cerveau.

Il nous faut ici donner quelques explications techniques.

L'hologramme est un procédé, découvert par Gabor, en 1948, qui permet de reproduire, sur une plaque holographique analogue à la plaque photographique, des objets en relief réel, c'est-à-dire en trois dimensions, de telle manière que, si l'on se déplace autour de l'image projetée, on voit l'objet sous la même succession d'angles que si l'on se déplaçait autour de l'objet réel. Et cela expliquerait bien sûr pourquoi le cerveau peut reconnaître un objet même s'il lui est présenté sous des angles différents !

Ce procédé de reproduction en relief à trois dimensions (et non pas sur un plan) a été rendu possible grâce aux propriétés de la lumière dite cohérente obtenue grâce au laser.

Pour comprendre ce qu'est la lumière cohérente, il faut reprendre l'image des cailloux jetés dans l'eau et qui forment des ondes d'interférences, c'est-à-dire des cercles en creux et en crêtes qui alternent et qui interfèrent, lorsque deux ou plusieurs cercles ou ondes circulaires se rencontrent. Si la crête d'une onde rencontre la crête d'une autre onde, les deux crêtes se chevauchent et on obtient une crête plus haute. Si deux creux interfèrent, on obtient une dépression plus profonde. Si une crête et un creux se rencontrent, ils se compensent et à cet endroit l'eau revient au repos.

Si l'on fait vibrer en même temps, c'est-à-dire en phase, deux points de la surface d'une eau au repos, on obtient une alternance régulière des creux et des crêtes ou des pressions et des dépressions qui interfèrent. Si les vibrations sont provoquées de manière irrégulière, comme en mer par exemple, elles ne sont pas en phase. On obtient alors des figures d'interférences irrégulières ou incohérentes.

Il en va de même pour la lumière. Si des vibrations lumineuses cohérentes se superposent, elles produisent des franges d'interférences, c'est-à-dire l'alternance de lignes claires (là où les creux s'ajoutent aux creux ou bien les crêtes aux crêtes) et des lignes noires (là où les crêtes et les creux se compensent).

Pour obtenir des interférences, il faut donc de la lumière cohérente, qui est précisément fournie par le laser. En outre, la lumière du laser est monochromatique, c'est-à-dire que, constituée par des ondes d'une seule fréquence, elle ne produit qu'une seule couleur. Grâce au laser, Gabor inventa donc l'hologramme.

Le procédé consiste à diviser en deux, au moyen d'un miroir sans tain, un rayon émis par un laser. On a alors deux faisceaux de fréquence identique et en phase. Le premier faisceau, réfléchi par un miroir, passe à travers une lentille divergente qui l'étale sur toute la plaque holographique qu'il illumine. Le second faisceau, également réfléchi par un miroir, passe à travers une autre lentille qui le fait diverger sur toute la surface de l'objet que l'on veut holographier et qu'il illumine. L'objet réfléchit la lumière qui l'éclaire dans toutes les directions, notamment dans celle de la plaque holographique balayée par le premier faisceau.

Par conséquent, chaque point de la plaque est imprimé par les deux faisceaux de même fréquence qui s'y superposent. Mais la phase des ondes de chacun des deux faisceaux est fonction du trajet parcouru par les ondes. Or ce trajet, pour le second faisceau qui éclaire l'objet, est fonction de la distance de chaque point de l'objet à la plaque, donc de la forme même de l'objet. Les ondes des deux faisceaux se combinent et forment des franges d'interférences sur la plaque, c'est-à-dire l'alternance de raies claires (ondes en phase) et de raies noires (ondes déphasées) et de zones intermédiaires plus ou moins éclairées ou assombries.

Le relief de l'objet et l'intensité de la lumière qui l'éclaire se trouvent donc enregistrés sur une seule et même plaque qui, développée, constitue l'hologramme, c'est-à-dire une surface ***moirée*** – les moires de la mémoire – sans aucune ressemblance avec l'objet holographié.

Pour voir l'objet en relief véritable, il faut, d'une part, éclairer la plaque par-devant au moyen d'un faisceau laser que l'on fait diverger à travers une lentille et que, d'autre part, l'observateur se place derrière la plaque holographique. Le faisceau laser interfère avec l'hologramme et par conséquent il réémet la lumière dans les mêmes directions et avec les mêmes intensités que lors de l'enregistrement. C'est pourquoi non seulement l'observateur voit l'objet non pas sur la plaque mais à l'endroit même où cet objet a été holographié, c'est-à-dire au-delà de la plaque, mais encore, s'il se déplace, il le voit sous la série des divers angles sous lesquels l'objet lui apparaîtrait s'il se déplaçait réellement autour.

Eh bien, de la même manière que Young avait pressenti l'analogie qui existait entre les interférences des ondes de l'eau et celles de la lumière et que John Eccles avait pressenti l'analogie des interférences entre les ondes lumineuses et les ondes de l'influx nerveux, Karl Pribram devait pressentir que les cellules nerveuses fonctionnaient à la manière d'un hologramme, ce qui résolvait d'un coup les trois énigmes de la conservation de la mémoire, en dépit d'importantes destructions du territoire cérébral, de la reconnaissance des objets quels que soient l'angle et la distance et de la transmission de l'information d'une aire cérébrale à une autre, sans apprentissage préalable.

Pour vérifier que deux instruments de musique jouent la même partition, il suffit qu'ils soient en phase (qu'ils jouent en même temps), ce dont on s'assure par la perception d'une seule et même mélodie. Cela signifie que les interférences des vibrations des ondes sonores provoquées par un instrument coïncident très exactement avec celles de l'autre. Les fréquences des vibrations étant en phase, tout se passe comme si un seul instrument jouait (seul le volume sonore double). On peut alors affirmer que les deux instruments jouent la même partition.

Pour vérifier que les cellules nerveuses utilisaient le même mode de fonctionnement que l'hologramme, il suffisait de vérifier que des groupes spécifiques de ces cellules réagissaient de la même manière aux motifs créés par des interférences d'ondes d'une même fréquence donnée. Si tel groupe de cellules spécifiques était capable de reconnaître des ondes d'une fréquence particulière et de vibrer à ces ondes à l'exclusion de toutes autres, eh bien les cellules nerveuses se comportaient bien en effet comme l'hologramme.

L'idée que les cellules de l'appareil auditif sélectionnaient ou identifiaient les fréquences d'ondes sonores, émise il y a un siècle par Ohm, devait être vérifiée par George Von Bekesy, de l'Université d'Hawaï. L'oreille interne se comporte bien comme une corde vibrante. Bekesy devait d'ailleurs démontrer qu'il en va de même de la peau.

Karl Pribram montra, à son tour, que, mis en présence de deux diapasons de même fréquence et en phase, le cortex cérébral réagissait comme

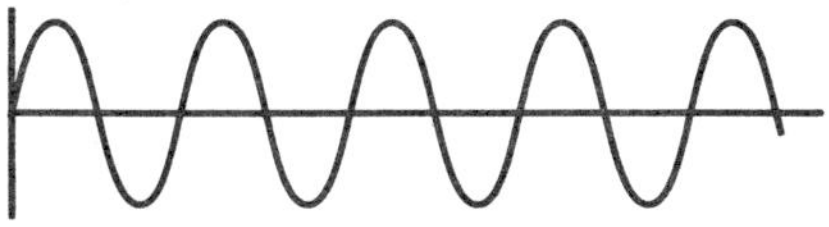

Courbe X

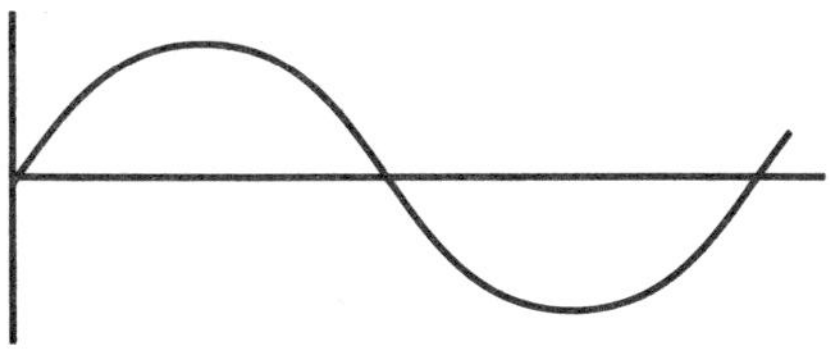

Courbe Y

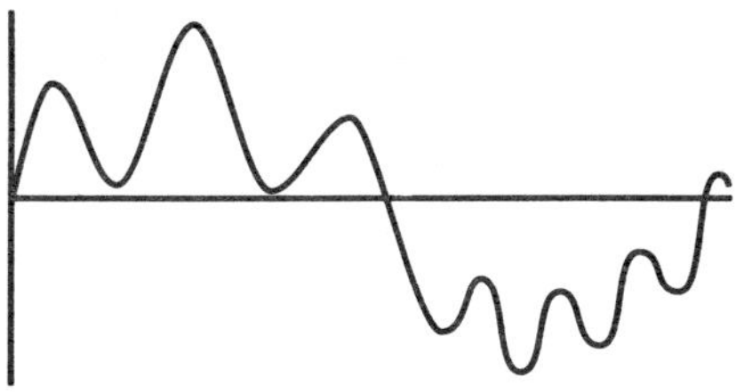

Courbe Z

Voici le schéma qui explique la transformation en série de Fourier. On voit clairement que la fonction d'onde complexe de la courbe Z est la synthèse des deux sinusoïdales simples X et Y. On peut donc analyser la fonction d'onde complexe Z en la réduisant aux deux sinusoïdales simples X et Y.

s'il n'en percevait qu'un seul. Il en conclut logiquement que le cortex réagissait à l'interférence des ondes de deux systèmes de même fréquence comme l'oreille et comme la peau et que le comportement des cellules nerveuses, capables de reconnaître les fréquences auxquelles elles vibrent, obéissait donc nécessairement aux mêmes lois mathématiques que l'hologramme.

L'analyse mathématique qui explique le fonctionnement de l'appareil auditif, de l'hologramme et du mode de perception des cellules nerveuses est la *transformation en série* de Fourier. Sans entrer dans les détails, nous dirons simplement que la transformation en série de Fourier est une méthode mathématique qui permet très précisément de transformer une fonction d'onde complexe – c'est-à-dire une vibration d'onde complexe – en la somme d'une série de fonctions sinusoïdales simples. Le schéma de la page 223 montre clairement comment la fonction complexe Z n'est que le produit des fonctions simples X et Y,en quoi on peut la décomposer.

Eh bien, c'est très précisément cette propriété de réduction des formes complexes en des formes simples qu'utilisent aussi bien l'hologramme, la peau et l'appareil auditif que les cellules nerveuses.

Dans le cas de l'hologramme, la vibration complexe Z, analysée par la vibration lumineuse X, imprime sur la plaque holographique une frange qui exprime la vibration simple Y. Lorsqu'après développement de la plaque sensible on éclaire la frange avec une onde lumineuse identique à celle qui a servi à l'impression de la plaque et qui, en l'occurrence, serait la vibration simple X, on voit apparaître la vibration complexe Z.

La preuve était donc faite que les cellules nerveuses, comme les ondes électromagnétiques de l'espace-temps, fonctionnent sur le mode holographique et que, par conséquent, le cerveau et la conscience fonctionnent sur le même mode que le tissu de l'espace-temps – c'est-à-dire que l'inconscient pansémiotique.

XVII

L'ESPACE MAGNÉTIQUE ET LE MIROIR DE LA PENSÉ

De tout ceci, naturellement, il n'y a pas un mot dans l'ouvrage de Jean-Pierre Changeux. Et pourtant le fait que les cellules nerveuses fonctionnent de manière analogue à l'hologramme est essentiel pour comprendre ce qu'est la conscience – ce que nous allons tenter d'expliquer maintenant.

Lorsque nous fermons les yeux, les images cessent de parvenir à notre cerveau. Nos yeux clos cessent en effet de capter les vibrations très complexes des ondes électromagnétiques de l'espace-temps qui constituent les images de la réalité extérieure qui nous entoure, tout comme elles constituent le programme émis par l'émetteur de la télévision, que capte notre antenne et que décode notre récepteur.

Mais, dès que nous ouvrons les yeux – dans le cas de la vision, bien sûr –, ceux-ci captent les vibrations des ondes électromagnétiques, qui véhiculent les photons, et ils les codent en impulsions électriques (de notre influx nerveux) qui cheminent le long de nos nerfs optiques juqu'aux synapses, qui relient entre elles nos cellules nerveuses et qui vibrent alors comme des cordes de piano, et aux cellules nerveuses.

Ces impulsions créent des ondes électriques dans la surface électrique de nos cellules nerveuses et ces ondes électriques interfèrent entre elles, formant des fonctions d'ondes très complexes. Ces ondes très complexes reconstituent donc, dans notre cortex cérébral, les mêmes interférences de vibrations que celles des ondes électromagnétiques de l'espace-temps, et nos cellules nerveuses les analysent alors, comme des images holographiques.

En d'autres termes, les images de la réalité extérieure, constituées par des vibrations d'ondes électromagnétiques, sont reconstituées, sous forme d'ondes électriques, à la surface même de nos cellules nerveuses qui les analysent sur le mode de l'hologramme. Et c'est cela qui devient notre vision consciente ! Tout le métabolisme cellulaire, décrit par Jean-Pierre Changeux, n'est que le support physico-chimique de ces phénomènes électriques *qui sont la conscience.*

Jean-Pierre Changeux, à cause de sa vision matérialiste, a voulu réduire la conscience aux échanges de substances chimiques, alors qu'elle demeure un phénomène essentiellement énergétique. Il a simplement confondu le socle et la statue.

Ceci posé, étant donné que nos cellules, nerveuses ou pas, sont des structures cristallines et que la vision consciente est le produit de vibrations d'ondes électriques dans la surface de ces structures cristallines, nous sommes fondés à conclure que *la conscience n'est rien d'autre que vibrations d'ondes au sein de structures cristallines.*

De tout ce qui précède, nous pouvons conclure que les vibrations des ondes électromagnétiques, qui trament l'espace-temps dans toutes les directions, sont bien de l'information.

Ceci revient à dire que les ondes électromagnétiques de l'espace-temps, constituant en puissance toutes les vibrations d'ondes possibles du monde – c'est-à-dire des fonctions d'ondes faites de figures géométriques concrètes mais qui peuvent être traduites sous forme d'équations abstraites –, sont toute la mathématique complexe possible du monde – à l'exclusion de l'arithmétique. Cela signifie également que cette mathématique *concrète* – si abstraites que soient les ondes électromagnétiques qui la constituent – est toute l'information possible du monde en même temps que *l'ordinateur cosmique de toutes les fonctions d'ondes possibles du monde*. Donc l'espace-temps est l'ordinateur absolu de toutes les fonctions d'ondes possibles du monde et, par conséquent, *le calcul absolu des probabilités de l'évolution cosmique.*

Si nous ajoutons à cela que la matière, atomique et biologique, n'est nécessairement rien d'autre qu'une superstructure complexe de ces ondes électromagnétiques, qui sont l'infrastructure spatio-temporelle du cosmos, il devient clair que la matière n'est qu'une superstructure de l'information mathématique que constitue le tissu même de l'espace-temps.

Il se trouve que le plus puissant agent mutagénique de la matière biologique – l'agent qui fait muter les ADN des cellules – est très précisément constitué par certains rayonnements des ondes électromagnétiques. On comprend alors les raisons mathématiques, c'est-à-dire logiques, qui ont fait que l'évolution, dirigée apparemment au hasard par ces rayonnements, ait fini par structurer le cerveau humain, c'est-à-dire un ordinateur autoréfléchissant qui ne réfléchit rien d'autre que les fonctions d'ondes de l'espace-temps, lequel est lui-même l'ordinateur de toutes les fonctions d'ondes possibles du monde.

Mieux, on comprend la surprenante adéquation qu'il y a entre les formes des êtres vivants et les formes du milieu auquel elles s'adaptent aussi bien que le surprenant équilibre qui se maintient, en dépit de l'évolution, entre les prédateurs, qui développent des mécanismes de course et d'attaque toujours plus puissants, et leurs proies qui développent des mécanismes de course et de défense toujours plus efficaces – équilibre toujours favorable à l'espèce sinon à l'individu. Cette adéquation et cet équilibre ne peuvent s'expliquer par rien d'autre que par les champs morphogénétiques de l'espace, propres à chaque espèce.

Jacques Monod croyait que l'évolution des formes des êtres bio-atomiques avait pour origine exclusive les mutations du code génétique des ADN qui en aurait détenu les plans. Ces mutations se produisant, selon lui, "au hasard", l'évolution tout entière devenait le produit d'une succession ininterrompue de "hasards", qui pourtant engendrait l'adaptation parfaite des espèces à leur milieu et l'équilibre stupéfiant des rapports des proies et de leurs prédateurs ! D'où le mot "miracle" qui revient à de nombreuses reprises sous sa plume.

Sachant aujourd'hui que les ADN ne contiennent pas le moindre alphabet de morphogenèse et que les rayonnements électromagnétiques de haute fréquence, qui provoquent les mutations génétiques, sont l'ordinateur de toute la Mathématique cosmique, la démonstration de Jacques Monod, qui n'était qu'une hypothèse, fait aujourd'hui sourire.

Il n'était pourtant pas besoin d'une longue réflexion ni d'un prix Nobel et d'une chaire au Collège de France pour comprendre que, si l'évolution ne s'était faite qu'au hasard, il n'y aurait eu aucune raison pour que les poissons ne développent pas des ailes à la place de leurs nageoires et les oiseaux des nageoires à la place de leurs ailes, voire des queues de billard.

En revanche, si les informations touchant à la forme du milieu et aux formes de l'espèce qui cherchait à s'y adapter se trouvaient prises en compte par le même ordinateur cosmique, à savoir le rayonnement électromagnétique qui, d'une part, balayait le milieu et,d'autre part, enregistrait, sous forme holographique, non seulement les formes mais encore l'expérience et les *désirs* d'adaptation de l'espèce, alors le hasard, prétendument absolu, de Jacques Monod ne se réduisait plus qu'à un calcul de probabilités de l'adéquation des formes (ou de l'équilibre entre proies et prédateurs), que l'ordinateur exécutait, en fonction des informations qu'il recevait du milieu et de l'espèce, qu'il *formait* et, par conséquent, *informait*, tout en faisant muter ses ADN – lesquels recevaient bien alors un enseignement de l'extérieur !

Après Buffon et Diderot mais soixante ans tout de même avant Darwin, Lamarck, au tout début du XIXe siècle, avait élaboré la théorie de l'évolution des espèces.

"Lamarck – écrivait Jacques Monod – pensait que la tension même des efforts déployés par un animal pour "réussir dans la vie" agissait en quelque manière sur son patrimoine héréditaire pour s'y incorporer et modeler directement sa descendance. Le cou immense de la girafe exprimait en somme la volonté constante qu'avaient eue ses ancêtres d'atteindre aux plus hautes branches des arbres. Hypothèse aujourd'hui [en 1970] inacceptable bien entendu... "

Mais hypothèse que le champ morphogénétique justifie entièrement, en 1991, compte tenu du fait que le "patrimoine héréditaire", loin d'être "exclusivement contenu" dans les gènes, comme le voulait Jacques Monod, se trouve, pour l'essentiel, dans l'information spatio-temporelle : l'Esprit inconscient et objectif, donc aveugle et néanmoins "voyant", qui constitue les jambes des individus de l'espèce, laquelle est le paralytique conscient et subjectif, donc voyant et néanmoins "aveugle" au rayonnement qui l'informe, le forme et le conduit tout autant qu'il informe, forme et conduit, lui-même, le rayonnement.

Si nous cherchons maintenant à tirer les conclusions philosophiques de ce qui précède (et dont on nous pardonnera le caractère un peu technique), voici ce que l'on peut dire.

Lorsqu'il est apparu, il y a environ douze milliards d'années, l'espace-temps cosmique dans lequel nous sommes était constitué d'ondes électromagnétiques. Etant, dès lors, en puissance, l'ensemble de toutes les vibrations (ou fonctions) d'ondes possibles du monde, il était l'inconscient mathématique, c'est-à-dire, en puissance, toute l'information mathématique objective possible du monde et, par conséquent, toujours en puissance, non seulement le calcul absolu des probabilités de son évolution mais encore l'ensemble potentiel des modèles mathématiques de tous les objets possibles du monde.

De surcroît, sachant qu'aucun événement ne peut se produire s'il n'est porté préalablement par une théorie, cet inconscient mathématique constituait, en puissance, la théorie évidemment très abstraite et mathématique, donc logique, de tous les événements à venir possibles du monde.

En d'autres termes, tous les objets, tous les êtres et tous les événements que compte aujourd'hui le cosmos étaient contenus, *en puissance*, dans cette information mathématique, tant en théories potentielles (les vibrations d'ondes de plus en plus complexes à venir) qu'en réalités matérielles à venir.

Bref, l'information très complexe parce que très superstructurée, qui constitue le cosmos que nous connaissons aujourd'hui, de la particule atomique au cerveau humain et de la fonction d'onde (qui, en tant que vibration d'onde n'est pas seulement de la mathématique mais est encore de la musique) à la théorie de la relativité et au *Parsifal* de Wagner, en passant par ce livre, était contenue, en tant que potentiel non révélé, dans cet inconscient mathématique, qui en était l'infrastructure et qui était donc aussi bien l'Idée, pure et abstraite, dont a parlé Hegel que le Verbe ou le Créateur *objectif* de toute la réalité à venir.

Cet inconscient mathématique, qui était donc toute la logique et toute l'information possible de l'espace-temps qui venait d'apparaître, n'avait apparemment pas d'autre projet, si l'on en juge par la suite de l'évolution que constitue l'Histoire, que de prendre la pleine connaissance et la pleine conscience de lui-même.

Ce projet n'était pas conscient, dans la mesure où il n'y avait pas alors, dans l'espace-temps, de conscience comparable à celle d'un cerveau animal et humain. Il n'impliquait donc pas de volonté *consciente* mais il était inhérent à la dynamique, sans le moindre doute dialectique, de l'énergie même qui constituait l'inconscient mathématique.

De surcroît, il était objectif – ce qui justifie le postulat de l'objectivité scientifique des phénomènes ! Eh oui, puisqu'il n'existait qu'à l'état, dynamique, de mathématique objective – ce qui justifie la formule du mathématicien André Lichnerowicz : “Le créateur, c'est la mathématique !” et l'obstination avec laquelle le mathématicien Alain Connes cherche, sans la trouver – d'autant qu'il s'est fourvoyé en s'associant à Jean-Pierre Changeux –, l'adéquation qui peut exister entre les mathématiques et la réalité cosmique. Adéquation qui émerveillait Einstein et qui étonne encore Henri Laborit, mais sans doute moins depuis que je la lui ai expliquée.

Cette adéquation vient de l'idée, simple comme l'oeuf de Colomb, mais que personne n'a encore entrevue, que, fait de vibrations (ou de fonctions) d'ondes, l'espace-temps est la Mathématique, dont notre cerveau, ordinateur autoréfléchissant, n'est que la superstructure et le miroir : il ne réfléchit rien que les fonctions d'ondes de l'espace-ordinateur cosmique, d'où son besoin de logique.

Naturellement, l'inconscient mathématique, sous l'impulsion de sa propre dynamique énergétique, n'a pas cessé, depuis son apparition, de se superstructurer en objets et en êtres matériels de plus en plus complexes, et ceci de manière toujours dialectique : particules atomiques, atomes, étoiles – soleils et biosphères –, galaxies et, enfin, à la surface des biosphères, dont les glaces fondaient sous le rayonnement solaire et mutagénique, molécules d'ADN. Lesquelles ont aussitôt tissé les protéines de la membrane cellulaire, dans laquelle elles se sont enfermées – constituant des cellules – et ont muté, sous l'action, certes aléatoire mais qui offrait toutes les possibilités d'adaptation des espèces au milieu, des rayonnements électromagnétiques du soleil. Expulsant dans les ondes des théories de particules, l'astre ne cessait de créer des vibrations d'ondes toujours plus complexes de l'espace-temps et, partant, les modèles mathématiques et holographiques d'objets et d'êtres de plus en plus complexes, jusqu'à l'homme.

Du coup, l'inconscient mathématique créait un cerveau, ordinateur comme lui-même mais *conscient* et du même coup *autoréfléchissant*. Dès lors, *l'inconscient mathématique* – donc objectif et logique – *se réfléchissait dans le conscient* et la connaissance du monde allait davantage progresser en quelque deux mille ans qu'elle ne l'avait fait en... douze milliards d'années ! Eh oui, puisque le cerveau ne réfléchit rien, nous venons de le montrer grâce aux travaux de Karl Pribram, que les vibrations géométriques ou les fonctions mathématiques des ondes électromagnétiques de l'espace-temps, qui n'est qu'un gigantesque hologramme, selon la transformation en série de Fourier.

Il est donc clair, au contraire même de ce que croyait pouvoir affirmer Jean-Pierre Changeux, que l'homme n'a jamais eu affaire à rien d'autre qu'à l'Esprit, c'est-à-dire les fonctions d'ondes de l'inconscient mathématique et cosmique, dans lesquelles il baigne, comme un poisson dans l'eau, et dont il n'est que la superstructure, tout comme les poissons originels n'étaient que la superstructure de l'océan prébiotique dans lequel ils baignaient.

Dès lors le monde a bien un sens qui n'est que de prendre l'absolue conscience de l'inconscient mathématique qui est l'Esprit du monde. Et c'est à cela qu'a servi la matière, qui en est la superstructure. A réfléchir l'espace magnétique, miroir de la pensée.

Nous avons donc maintenant la théorie cohérente et cosmique des rapports du conscient et de l'inconscient. Cette théorie définit de la manière la plus claire la conscience et l'inconscient. Et on voit non moins clairement que l'inconscient *pansémiotique et cosmique* qu'elle définit, s'il n'exclut ni l'inconscient freudien ni l'inconscient jungien, ne saurait en aucun cas s'y réduire. L'inconscient pansémiotique, soulignons-le encore une fois, est objectif, rationnel, mathématique et objectivement producteur de signes, porteurs d'une signification cachée – notamment celle du sens même du cosmos – qu'il faut apprendre à déchiffrer. Quant à la vérification expérimentale de cette théorie, elle nous est fournie aussi bien par l'expérience des rats du labyrinthe de McDougal et de Crew que par le "délire" de Corinne et le cas d'Alexandre.

Corinne avait bel et bien, dans son délire et dans l'idée du "complot ourdi contre elle", l'intuition d'une puissance, inconsciente à ses yeux, qui la manipulait, qui l'avait informée de la future mort de son mari et qui est bien l'inconscient collectif pansémiotique ou le surréel. Mais, trop matérialiste, elle ne pouvait pas comprendre la nature surréelle, quoique logique, de l'inconscient et elle voulait à tout prix le voir dans les objets matériels de la réalité qui n'en étaient que des représentations symboliques inconscientes.

Quant à Alexandre, nous ne sommes parvenus à dissoudre son angoisse de la mort – l'angoisse fondamentale de tous les névrotiques parce que la mort semble abolir le sens même de la vie – qu'en lui démontrant, au moyen de notre théorie, que la conscience individuelle survivait, dans l'espace inconscient et collectif, sous forme d'hologrammes et qu'il suffisait qu'elle repasse dans des cristallisations de cet espace pour que, par-delà la mort du corps biologique, nous reprenions conscience de nous-mêmes et du monde.

Mais ceci, qui est la découverte du véritable Nouveau Monde, dont l'Amérique de Colomb n'est qu'une symbolique matérielle et pansémiotique, parmi d'autres, est, comme disait Kipling, une autre histoire. Nous la publierons prochainement dans cette même Collection. L'année 1992 étant aussi, à cause de Colomb, un signe pansémiotique paraîtrait tout à fait indiquée.

Paris, le 17 janvier 1992.

Jean-Pierre Changeux
L'HOMME NEURONAL, Fayard-Pluriel, 1986

Jean Charon
CONNAISSANCE DE L'UNIVERS, Microcosme-Seuil, 1961.

Albert Einstein et Léopold Infeld
L'EVOLUTION DES IDÉES EN PHYSIQUE, Payot, 1963.

Sigmund Freud
INTRODUCTION À LA PSYCHANALYSE, Payot, 1969.
LE REVE ET SON INTERPRÉTATION, Idées-Gallimard, 1969.

Daniel.Goleman
"KARL PRIBRAM CHERCHEUR ET NEUROCHIRURGIEN",
Psychologies n°112, mai 79.

Stephen Hawking
UNE BREVE HISTOIRE DU TEMPS, Flammarion, 1989.

Carl Gustav Jung
DIALECTIQUE DU MOI ET DE L'INCONSCIENT, Idées-Gallimard, 1973.

Jacques Monod
LE HASARD ET LA NÉCESSITÉ, Le Seuil,1971.

Karl Pribram
LANGUAGES OF THE BRAIN, Brandon House.
BIOLOGY OF MEMORY
BEHAVIORAL ELECTROPHYSIOLOGY OF THE FRONTAL LOBES,
Academic Press.

Ilya Prigogine et Isabelle Stengers
LA NOUVELLE ALLIANCE, Idées-Gallimard, 1980.
Entre le temps et l'éternité, Fayard, 1988.

Wilhelm Reich
L'ETHER, DIEU ET LE DIABLE, Payot,1973.

Rupert Sheldrake
A NEW SCIENCE OF LIFE, Londres, 1980

Michael Talbot
L'UNIVERS : DIEU OU HASARD, J'ai lu, 1989.

L'Envers du réel ou l'inconscient et les signes

L'ASSOCIATION FRANÇAISE DE PANSÉMIOTIQUE
ET
LA REVUE PAN

L'Association française de pansémiotique a été fondée en 1987 par Daniel Daligand, Bruno Duval et Richard Sünder.
Elle rassemble ceux dont le but est de faire connaître la pansémiotique, théorie selon laquelle tout, dans le cosmos, est signe, porteur du sens même du monde.
Adhésions au siège social :AFP, 7 rue des Trois-Frères, 75018 Paris, tel : 42 62 22 48.
L'association édite une revue trimestrielle, PAN (abonnement d'un an, quatre numéros : 120 F ; abonnement de soutien à partir de 300 F).
L'association a également édité une plaquette intitulée LA PANSEMIOTIQUE, préface de Gilles Deleuze.

CET OUVRAGE A ÉTÉ REPRODUIT
ET ACHEVÉ D'IMPRIMER SUR ROTO-PAGE
PAR L'IMPRIMERIE FLOCH À MAYENNE
EN FÉVRIER 1992

N° d'impression : 31922.
Dépôt légal : février 1992.
(Imprimé en France)